JN326556

債権譲渡禁止特約の研究

石田　剛
Takeshi Ishida

商事法務

■はしがき

　財産権を物権と債権とに二分する現行民法典の体系は、私法上の法律関係を分析・調整するための枠組みとして、1世紀以上の長い間、日本民法学のありようを規定する1つの軸であり続けている。物権変動および債権譲渡をめぐる法律関係は、民法典中の物権総則と債権総則に分けて規定されている。両者は互いに独立した法領域として、それぞれ物権法・債権法固有の論理が妥当すると考えられているからである。民法総則には時効および法律行為に関する一般規定は存在しても、たとえば当事者の意思に基づく物権・債権の移転に共通する考え方として、意思主義や有因主義を抽出し、これらを「権利変動総則」として位置付ける作業が民法典編纂時に行われることはなかった。財産権の一般原則として自由処分性が掲げられているわけでもない。

　これまで筆者は、当事者の意思に基づいて財産の帰属関係が変動する二大局面といえる物権変動と債権譲渡という2つの法領域を横断的に観察し、双方の共通点と相違点を浮き彫りにするという問題意識から、物権と債権とを区分する体系の意義と問題点を考察してきた。本書は、その一環として、債権譲渡禁止特約の効力という具体的な問題に焦点を絞り、ドイツ法を比較法の素材として参照しつつ、現行民法466条2項をめぐる解釈論および近時の立法論の到達点を分析し、今後のあるべき方向性について提言することを目的としている。

　いうまでもなく、物権法定主義に服する物権においては、当事者が合意により物権の自由処分性を奪うことはできないのが原則である。物権の移転・処分を禁止する合意には債権的効果が認められるだけである。これに対して、債権に関しては、合意により自由処分性を奪うことも論理的には十分に可能である。しかし民法典はその466条1項において、債権の自由譲渡性を宣言している。このことが多様な債権関係の形成を当事者の自由な意思に委ねる債権法の基本的な考え方とどういう関係に立つのか。筆者

の問題意識は、突き詰めると、債権譲渡禁止特約をめぐる私的自治と取引安全との緊張関係をどのように調和させるか、という1点に収斂する。

この問いは究極的には、財産権の本質とは何か、自由な処分可能性は財産権の要素といえるか、という根本問題に遡るものであり、軽々に答えを導くことができる性質のものではない。現在、法制審議会における債権法改正作業においてこの問題が正面から取り上げられ、活発な議論が展開されているところである。そのような状況を前にして、本書においては、これまで判例・通説が所与の前提としてきた譲渡禁止特約の「物権的効果」という考え方の意義をいくつかの側面から再考し、債権法の基本原理に即した基礎的考察を深めるとともに、グローバル化した現代世界における債権流動化の要請と法の国際的調和の要請にも配慮したバランスのよい解釈論・立法論を展開するために、少しでも手掛かりになる比較法的考察と分析を示すことを心がけた。

本書は、2006年から2013年にかけて学内紀要および学術雑誌等に発表した論文をもとにしている。内容的に重複する箇所も決して少なくないが、これは、筆者の問題意識が、学生時代に譲渡禁止特約の効力に関する判例・通説の説明に対して直感的に抱いた素朴な違和感を出発点とし、以後20数年間にわたり終始一貫していることを意味している。本書に収めるにあたり、若干の章立ての組み換えと情報のアップデートのための加筆修正を行ったほかは、大筋において旧稿の内容をそのまま掲載している。非常に長い時間を要したわりに、本書の成果は微々たるものであり、筆者自身にとって、今後の研究の出発点を固めるという意味における一里塚にすぎない。読者諸賢からの忌憚のないご批判とご教示を賜ることができれば、望外の幸いである。

本書が成るにあたって、お世話になった方々のお名前を挙げ始めるときりがない。とりわけ、学部・大学院でご指導を賜った京都大学名誉教授の前田達明先生、錦織成史先生には、研究面における大所高所からのご示唆を頂戴したのはもとより、傍らで研究者・大学人としての心構えを学ばせて頂いた。筆者が大学院生になったばかりの頃から、既に民法学界の第一線で新進気鋭の学者として活躍されていた松岡久和先生、潮見佳男先生、

山本敬三先生には研究会・著述・その他の機会を通じて無数の学問的ご示唆とご教示を一方的に受け続けている。次に大学院生時代以来、年齢の近い先輩として、親しくも、時には辛辣に多くの知的刺激を与えてくださった、佐久間毅氏、大久保邦彦氏、古積健三郎氏のお名前を挙げることをお許しいただきたい。これらの方々のご指導なしに、浅学非才の筆者が本書をまとめることはおよそできなかったであろう。

さらに、かつて奉職した立教大学、同志社大学および目下在職中の大阪大学において、非常に良好な研究・教育環境に恵まれたことも大きな幸運であった。同僚として仕事をさせて頂いたすべての教職員の方々のご支援、そして教室の内外で学生のみなさんから頂戴した数々の知的刺激や叱咤激励が推進力となって、本書が日の目を見ることができたことを今、ひしひしと実感しており、感謝の念で一杯である。

また、本書の刊行にあたって、商事法務の岩佐智樹氏に大変お世話になった。何年も前からご提案を頂きながら、もっぱら筆者の怠惰と能力不足のために、無為のまま随分の月日が経過してしまったが、このたび、大阪大学法学部創立50周年基金のご助成を頂くことによって、実現することができた。さらに本書の校正作業において、大阪大学大学院法学研究科博士後期課程の溝渕将章氏および商事法務の下稲葉かすみ氏のご尽力を得た。この場に記して謝意を表したい。

最後に、私事にわたり恐縮であるが、遅く生まれた上に、生後の歩みも遅い末子を今まで辛抱強く見守り続けてくれた母 操と、所属を転々とし、流浪を続ける筆者と歩みをともにし、研究に集中することができるよう、献身的・全面的に支援してくれた妻 雅子に心からの感謝をこの場を借りて伝えたい。

なお本書は2012年度科学研究費補助金（基盤研究(c) 一般（課題番号24530092、研究代表者石田剛）に基づく研究成果の一部である。

2013年2月

石田　剛

■初出一覧

第 1 部
　序章
「譲渡禁止特約の現代的機能と効力」
　　内田貴＝大村敦志編『新・法律学の争点シリーズ 1 民法の争点』（有斐閣、2007 年）209〜210 頁
　第 1 章
「民法 466 条 2 項ただし書の『善意』の意義と証明責任──独日法を比較して」
　　新井誠＝山本敬三編『ドイツ法の継受と現代日本法 ゲルハルド・リース教授退官記念論文集』（日本評論社、2009 年）371〜396 頁
　第 2 章
「民法 466 条 2 項ただし書の解釈における『重過失』要件の意義と判断構造」
　　阪大法学 281 号（2013 年）37〜94 頁
　第 3 章
　書き下ろし

第 2 部
「債権譲渡禁止特約の効力制限に関する基礎的考察──ドイツにおける特約の生成・発展を中心に」
　　立教法学 70 号［井上治典先生追悼号］（2006 年）55〜160 頁

第 3 部
　第 1 章
「＜特集＞『債権法改正の基本方針』を読む──債権譲渡」
　　法律時報 81 巻 10 号（2009 年）30〜36 頁
　第 2 章
「＜特集＞債権法改正と担保法制──譲渡禁止特約の効力規制の将来像──債権観の揺らぎ・担保権者の利益という視点から」
　　法律時報 84 巻 8 号（2012 年）31〜37 頁

第 3 章
「将来債権の包括的譲渡後に締結された譲渡禁止特約の効力——民法（債権法）改正作業を契機とする一試論——」
　阪大法学 279・280 号［山下眞弘教授・吉本健一教授退職記念］（2012 年）157～191 頁

■凡例

1　法令名
　・　日本の民法典の条文引用の際は、本文・脚注いずれにおいても「民法」を省略し、条文数（例えば「466条2項ただし書」）のみを示す。
　・　ドイツの民法典の条文引用の際は、本文・脚注いずれにおいても「BGB」を省略し、条文数（例えば「§399Satz2」）のみを示す。
　・　日本国内の法令については、有斐閣版六法の略語または一般に用いられている略称によった。
　・　ドイツの法令については、Kirchner, Abkürzungsverzeichnis der Rechtssprache, 7. völlig neu bearbeitete und erweiterte Auflage, 2012 の略称によった。

2　引用文献の表記
　　雑誌論文の出典表記は一般に用いられている略称（「法律時報」掲記の略称）によった。

3　脚注
　　脚注は各部ごとに完結させている。したがって例えば、第1部で既出の文献・判例を第2部で再び引用する場合は、第1部の注を参照する方式をとっていない。

4　下級審裁判例
　　第1部第3節では未公刊の下級審裁判例もとりあげているが、これらはLEX/DBデータベースにより入手した。

債権譲渡禁止特約の研究

目　次

第1部　民法466条2項の趣旨と規範構造 …………………………… I

序　章　はじめに ……………………………………………………… 2
第1章　「善意」の証明責任 …………………………………………… 10
　第1節　問題提起　10
　第2節　ドイツ法概観　12
　第3節　日本法　20
　第4節　比較法的検討　26
　第5節　小括　31
第2章　判例法における無重過失の意義および判断構造 …………… 33
　第1節　問題提起　33
　第2節　預金債権をめぐる従来の議論　35
　第3節　近時における下級審裁判例の分析　50
　第4節　検討　69
　第5節　小括　83
第3章　譲渡禁止特約に違反した債権譲渡の「無効」 ……………… 86
　第1節　最判平成21・3・27が投げかけた問題　87
　第2節　従来の判例法の枠組み　91
　第3節　債務者の利益保護手段としての譲渡禁止特約　93
　第4節　本判決の射程および波及効果　98

第2部　ドイツ法における債権譲渡禁止特約 …………………………… 105

第1章　はじめに ……………………………………………………… 106
　第1節　債権譲渡禁止特約の対外的効力　106
　第2節　特約の効力制限論　109
　第3節　問題提起　111

目次　vii

第2章　BGBにおける債権譲渡法の体系と債権譲渡禁止特約　116
第1節　概観　116
第2節　債権譲渡禁止特約に関連するルール　123

第3章　処分制限規定の沿革
——§399Satz2と§137の成立史　130
第1節　前史——債権譲渡禁止特約（pactum de non cedendo）の生成　130
第2節　BGB立法過程　138
第3節　小括　145

第4章　譲渡禁止特約に反する譲渡の効力　147
第1節　§137と§399Satz2との関係　147
第2節　債務者の事後承諾と行為の有効化　154
第3節　小括　159

第5章　特約の効力制限論　160
第1節　問題の端緒　160
第2節　§399Satz2削除論　163
第3節　§399Satz2の目的論的縮減　165
第4節　良俗違反の法律行為　167
第5節　約款規制　170
第6節　法律効果面における目的論的縮減——相対無効説　174
第7節　小括　183

第6章　近時における議論の展開　185
第1節　当事者意思の探求　185
第2節　債務者に許される私的自治とその限界付け　191
第3節　特別法（§354aHGB）における対外効の否定　193
第4節　国際的動向との調和　198

第7章　考察　207
第1節　ドイツにおける法発展の総括　207
第2節　比較法的検討　216

第3部　譲渡禁止特約をめぐる諸問題の立法論的検討　227

第1章　債権譲渡法の立法課題
——債権法改正検討委員会案の検討　229

第1節　はじめに　229
　　第2節　将来債権の譲渡　230
　　第3節　債権譲渡禁止特約の効力　234
　　第4節　金銭債権譲渡の第三者対抗要件　240
　　第5節　小括　244
第2章　債権譲渡禁止特約の将来像
　　　　——債権者利益と担保法制の観点から　245
　　第1節　はじめに　245
　　第2節　債権譲渡取引の飛躍的発展と債権譲渡基本ルールの見直しの必要性　247
　　第3節　譲渡禁止特約の第三者への対抗力の認否　250
　　第4節　絶対的効力案と相対的効力案　257
　　第5節　展望　260
第3章　将来債権の包括的譲渡後に締結された譲渡禁止特約の効力　267
　　第1節　問題提起　267
　　第2節　日本法における議論状況　269
　　第3節　ドイツ法　276
　　第4節　検討　291

事項索引　299

第1部
民法466条2項の趣旨と規範構造

序章
はじめに

　債権法の世界には物権法定主義のような縛りがない。債権の内容は、公序良俗や強行規定に反しない限り、どのように形成することも可能であり、当事者の合意によって譲渡性のない債権を生み出すことも一応自由だと考えられる。当事者が法律関係を好きなように形成することができる多様性と柔軟性こそが、契約債権法の最大の特徴であるとともに、その魅力の源泉といってよいであろう。

　もっとも、民法典は債権の自由譲渡性を出発点としているから（466条1項）、公示がされない債権譲渡禁止特約の対外効を無限定に認めると、取引の安全を害するおそれがある。そこで、特約を善意の第三者には対抗することができないことにして、私的自治と取引の安全とのバランスをとっている（2項ただし書）。以上の規律は一見、特約をめぐる紛争を解決する穏当な基準であるように思えるが、民法典制定から今日に至るまでに生じた債権取引をめぐる状況の激変にともない、解釈論上も、立法論的にも、再検討の必要性を迫られている。

1 譲渡禁止特約の効力と機能

(1) 特約の意義
(i) 特約の対外効

　466条2項ただし書については、これまで2様の理解がなされてきた。1つは、特約の対外効を否定する見方であり（債権的効果説）、特約は譲渡人に不作為義務を負わせるにとどまり、特約違反の譲渡も有効であるが、債務者に悪意の抗弁を認めた規定と位置付ける考え方である。もう1つは、特約の対外効を原則として承認しつつ（物権的効果説）、第三者の認識を分

水嶺として、善意者に対してのみ効力を否定する、判例・通説の立場である。

　判例はさらに、ただし書の保護要件として第三者の善意無重過失を要求する結果[1]、悪意および重過失の譲受人への譲渡は無効とされる（ただし特約は強制執行に影響を及ぼさず、悪意者でも転付命令により債権を取得することができる[2]）。したがって、たとえば預金債権のように、業界で特約が慣用される場合、周知性を媒介項として、業界関係者に対してはほぼ特約違反の譲渡の無効を主張できることになる。公共団体や大企業が債務者である請負代金債権や売掛債権においても類似の事態がしばしば見られる。

(ⅱ)　**特約違反の譲渡の事後承諾**

　悪意および重過失の譲受人への譲渡が無効であるとしても、特約による利益を受ける債務者本人が事後承諾した場合には、譲渡の有効化を認めてよい。特約によって債権の譲渡性が奪われると見るならば、承諾と同時に譲渡不能の債権が譲渡可能な債権に変容し、その時点から譲渡が有効になる（119条）とも考えられる[3]。ところが判例は、承諾により譲渡は遡及的に有効になるものの[4]、第三者の利益を害することはできないとし、その根拠を116条ただし書の法意に求めている[5]。追完法理に依拠する判例は、債務者が当初から特約を通じて譲渡過程に関与する権能を留保しているという理解を前提にするものと考えられる。

(2)　**特約の機能**

(ⅰ)　**466条2項ただし書の立法趣旨**

　466条2項ただし書は、債権の自由譲渡性に対する近代法的な要請と旧慣の尊重との妥協策として設けられたという経緯があり[6]、「譲渡屋対策」

---

1) 最判昭和48・7・19民集27巻7号823頁。
2) 最判昭和45・4・10民集24巻4号240頁。
3) 富越和厚「判批」金法1581号（2000年）107頁。
4) 最判昭和52・3・17民集31巻2号308頁。
5) 最判平成9・6・5民集51巻5号2053頁。

序章　はじめに　　3

すなわち悪質な取立目的でなされる譲渡から弱小債務者を保護することを主な目的としていた。そこでは既発生債権の個別譲渡が想定されており、債権者側も十分納得の上で特約に応じるケースが前提であった。しかし弱小債務者にとっては、そもそも特約を結ぶこと自体が構造的にきわめて困難である。むしろ現実には、不特定多数の者と取引関係を持つ強大な債務者が（銀行その他の大企業・公共団体が典型例）、約款等で自己の利益を一方的に図る手段として、預金債権・請負代金債権・売掛債権等について特約を利用することが多い[7]。最近は公共団体を中心に特約を自発的に解除してゆく動きもあるが、未だ十分でないとの指摘もある[8]。

(ⅱ) 約款条項等における特約の効力制限論

このように特約が立法趣旨から相当乖離した形で用いられてきたのに、長く問題視されなかったのは、預金債権・請負代金債権・売掛債権等の処分（譲渡）に対する需要がそれほど大きくなく、特約が債権者にさほど不利益とは感じられなかったからであろう。しかし債権の資産価値を最大限利用しようとする風潮が高まると、特約が取引における足かせになっているとして槍玉に挙げられることになる。ここで登場したのが特約の効力制限論である。債権的効果説も画一的な方法による効力制限論の1つと位置付けることができるが、本格的な効力制限論の嚆矢は米倉明の諸説であろう。米倉は、悪意の第三者に特約を当然に対抗できるとする466条2項ただし書の考え方に疑問を提起し、特約によって保護される利益の主なものとして、①過誤払い防止、②事務手続の煩雑化回避、③相殺の利益確保、等を析出した。さらに譲渡禁止により債務者が享受する利益と処分の自由に対する債権者の利益とを比較衡量した上で、特約の対外効の認否を決すべきことを提唱し、結論的には、預金債権に関しては、効力制限の必要性を説いた[9]。債権の流通性が重視される今日、当事者が追求する具体的な

---

6) 米倉明『債権譲渡——禁止特約の第三者効』（学陽書房、1976年）41頁、池田真朗『債権譲渡法理の展開』（弘文堂、2001年）304頁、326頁。
7) 池田・前掲注6) 381頁。
8) 大垣尚司『電子債権——経済インフラに革命が起きる』（日本経済新聞社、2005年）102頁。

利益に踏み込んで、特約に対外効を付与するだけの要保護性の有無を検討する効力制限説の視点は、これまで以上に重要性を増していると考えられる。

2 債権の流動化と特約の現代的機能

(1) 新たな決済方式の出現と特約の新たな機能

IT技術の進展により取引のペーパーレス化・電子化が浸透し、紛失盗難のリスクや印紙税負担がある手形の利用は衰退の一途をたどっている。これに代替する決済手段としての債権譲渡形式を用いた一括決済方式においては、納入企業等の売掛債権・請負代金債権等が受託機関（ファクタリング会社等）によって立替払いされる形になるため、納入企業等の債権が二重譲渡されないように特約を用いるという新たな需要が存在するといわれている[10]。このような決済システムはもとより強大な債務者の主導によって構築されたものであるが、特約によってシステムの安定性が高まれば、債権者の利益にもなるという関係性が認められる。両当事者が一応納得の上で、双方の利益になる方向で特約が機能しうる点に特徴がある。

また電子記録債権の制度設計においても、譲渡制限特約の効力に関して賛否両論があった[11]。すなわち特約の対外効承認は電子記録債権の流通性を阻害し、制度設計の趣旨に反すると主張する否定説と、電子債権の公示性の高さを活用すれば、逆に譲渡禁止特約を有効利用できる可能性もあるとする肯定説とが対立していた[12]。このように、資金調達目的の債権流動化という要請は、特約の効力制限・効力容認いずれの方向にも作用しうるため、問題を一層難しくしているといえよう。

---

9) 米倉・前掲注6) 64頁。
10) 池田・前掲注6) 335頁、一括決済方式については、大村敦志「相殺と債権譲渡その1・その2」『もうひとつの基本民法Ⅱ』（有斐閣、2007年）311号60頁。
11) 始関正光＝葉玉匡美＝坂本三郎＝仁科秀隆「電子登録債権法制に関する中間試案の概要」NBL839号（2006年）31頁。
12) 「＜資料＞電子債権に関する私法上の論点整理——電子債権研究会報告書」NBL825号（2006年）47頁。なお、その後電子記録債権法が平成19年6月27日法律102号として公布されている。

(2) 債権譲渡法の国際的調和

さらに、現代社会では取引関係の国際化が一層進展し、従来以上に国内法の国際的調和という視点も重要性を増している。外国法には特約の対外効を認めない例も多く[13]、債権流動化を視野に収めた近時の国際ルールにおいては、資金調達目的での金銭債権譲渡に関して、一律に[14]あるいは一定の債権の類型を限定列挙して[15]、特約の対外効を否定する傾向がみられる。また、民事一般ルールに関するヨーロッパ契約法原則（PECL11:301条）は、①債務者が譲渡を承諾した場合、②第三者に特約の認識可能性があった場合、③将来発生する金銭債権を包括的に譲渡する場合には、特約違反の譲渡も有効とし、それ以外の場合は、債務者との関係で譲渡の効力を否定する立場を採る。このように各国の国内法の内容が多種多様であるばかりでなく、複数の国際ルール相互間においても共通了解を見出すのが容易ではない、というのが現状である。

③ 特約によって追求されている利益と特約違反の譲渡の効力

(1) 特約解釈の精緻化

指名債権を資産として転々流通させ、将来発生する債権を含めた債権群を一括してファイナンスに利用するという需要は、立法者の想定を遥かに超えて、増大しつつある。今や、第三者の認識可能性のみを基準とする466条2項の規律方法は限界に突き当たっているといわざるをえない。

そこで今後まず求められるのは、特約解釈の精緻化であろう。当事者が用いる文言や表現方法に拘泥することなく、意思解釈レベルで合意内容を制限することが考えられる[16]。たとえば、過誤払い防止の目的は、債権の準占有者に対する弁済や供託によっても保護されるため、特約の対外効を

---

13) 池田・前掲注6) 309頁。
14) ユニドロワ国際商事契約原則9.1.9条(1)：内田貴「ユニドロワ国際商事契約原則」NBL812号（2004年）73頁。
15) 国連国際債権譲渡条約9.3条、草案の和訳として、池田真朗＝北澤安紀「UNCITRAL国際債権譲渡条約草案作業部会最終案試訳」法研74巻3号（2001年）215頁。
16) 平井宜雄『債権総論〔第2版〕』（弘文堂、1994年）136頁。

正当化する根拠としては弱い。譲渡により債務者に損害が生じた場合、債務者は譲渡人に対して債務不履行責任を追及することができればよく、特約は債権的効果のみを基礎付けるものと解釈すべきではないか。このようにして466条2項の適用を排除することが考えられる。

(2) 約款規制・不当条項規制の活用と類型的考察の必要性

次に、特約によって追求される利益が対外効を志向することが明らかである場合でも、無限定に対外効を認めるべきではない。特約の効力制限論が主張するとおり、取引の安全と私的自治との調整を図る必要がある。

第1に有効なアプローチとして、もし交渉力・情報力の格差に乗じた特約条項の押し付けが問題の本質である場合には（消費者契約が典型例）、約款規制・不当条項規制の手法によって個別的に効力を制限してゆくことが考えられる。

第2は、特約によって追求されている利益に応じた類型化の手法である[17]。たとえば、事務手続の煩雑化回避が目的である場合、債務者が特約違反の譲渡に対して債務不履行責任を追及しようとしても、損害の立証は通常困難である。債務者の利益を保護するには、譲渡を無効とする他ない。それでも、特約によって債務者が享受する利益と譲渡を禁止される債権者の不利益とを比較衡量の上、後者が前者に比べて不相当に大きい場合には、対外効を否定すべきである。

また、継続的取引関係における相殺の利益確保を目的とする場合も、対外効がなければそもそも意味がない。判例は、譲渡禁止特約と同様に、公示のない相殺予約の合意にも、「公知性」を媒介項として対外効を承認している[18]。特約の内容に一定程度の合理性があり（相殺の担保的機能にはお墨付きが与えられている）、またそれが「公知性」を備える場合には、私人間の合意にも対外効を付与する法理の可能性が探求されてよい[19]。

---

17) 米倉明「債権譲渡禁止特約に関する再検討」愛学47巻2号（2006年）54頁。後掲本書第2部第7章第2節も参照。
18) 最大判昭和45・6・24民集24巻6号587頁。

さらに特定人への譲渡だけを許容または禁止したい場合のように、債務者が債権譲渡の過程に参与し、新債権者を選択する自由を手元に留保したい場合も、対外効を認める必要がある[20]。債権譲渡形式による一括決済方式を安定的に機能させるための二重譲渡防止や、詐害的な債権譲渡防止を目的とする場合は、こうしたケースに該当する[21]。もちろんこれらの場合も、不相当に債権者の利益を犠牲にする結果をもたらすとすれば、その効力を制限することが必要になる。

最後に国際ルールをも視野に入れ、債権の種類に応じた区別（金銭債権か否か）の導入や資金調達目的の金銭債権譲渡に特化したルールを新設すること等も、今後の立法論を考える上では、選択肢の1つとして検討されてよいだろう。

4 本書の構成

以上の問題意識をもとに、第1部で、466条2項ただし書の意義と規範構造を確認する。その際、善意の主張立証責任の所在に焦点を当てながら、「善意」に無重過失を読み込む判例準則の意義と運用の現状を分析する。また判例・通説においては、譲渡禁止特約に違反してなされた債権譲渡の効果は無効であるとされつつも、近時無効の主張権者を限定する注目すべき判決が現れた関係で、同判決が466条2項ただし書をめぐる解釈論・立法論にどのような問題を投げかけているのかを考察する。

引き続き、第2部では、ドイツ法の議論を参考に、譲渡禁止特約の効力規制のあり方について様々な可能性を検討する。解釈論によってどこまでの対処が可能であるか、その限界を確定した上で、立法論的にどのような方向性が国際社会で議論されているのかを観察する。ここでは特約の絶対的効力を基盤にすえつつ、債権流動化の要請に対処する立法措置を速やか

---

19) 角紀代恵・金法1428号（1995年）38頁。大村・前掲注10) 66頁も参照。
20) 米倉・前掲注17) 29頁。
21) ただし、池田・前掲注6) 337頁は、特約違反者は取引から排除されるという事実上の制裁を受ければよいとする。

に講じたドイツ法の議論から多くの示唆を得ることが期待される。
　最後に、第3部では、現在法制審議会で審議中の債権法改正提案およびその前提作業ともなった債権法改正提案で示されたアイディアの可能性を検討し、さらにどのような問題点が残されているかを浮き彫りにする。

第1章
「善意」の証明責任

第1節　問題提起

　債権譲渡禁止特約の解釈をめぐってはいくつかの個別問題が存在する。この領域における判例法は一応確立したものと考えられてきた一方で、特約の効力制限をめぐって古くから現在に至るまでなお議論が続いている[22]。近時の債権法改正作業の中においても譲渡禁止特約は特に重要なテーマの1つとして活発な議論の対象となっている。

　その議論の過程において、判例・通説が「総論」および「各論」で示す解釈に理論的な整合性があるといえるのか、いわば判例法理の揺らぎが指摘されている[23]。本章では、議論の出発点として、466条2項ただし書の「善意」の意義と証明責任の問題から検討を始めることにしたい。

　466条2項ただし書は、債権譲渡禁止特約の効力を善意者に対抗することができない旨を定めている。特約の意義に関しては、後述するように（第3節）、同条はその文言からして、特約の対外効を認めたものと解されている。また「対抗不能」という形式をとる善意者保護規定は、たとえば94条2項や96条3項等、民法典の随所にみられるところ、各々の条項で要件とされる「善意」の意義と証明責任につき、その解釈は一様ではない。各規定の趣旨に照らして適切な解決を導く必要があるが、その際に一般的法原理（権利外観法理）に依拠して議論するのが通例である。466条2項ただし書に関しても、そうした一般的法原理との関係、すなわち他の信頼

---

[22] 米倉・前掲注6）41頁、米倉・前掲注17）1頁、池田・前掲注6）304頁。
[23] 既に前田達明『口述債権総論〔第3版〕』（成文堂、1993年）400頁。法制審議会「民法（債権関係）の改正に関する論点の検討(9)」9頁。

保護規定との関連性を合わせて考察することを通じて、その体系的位置を明確にすることが有用であると考える。

本章の検討においては、特に次の2点に留意したい。第1に、ドイツ法と日本法との比較を中核に据え[24]、「善意」という概念の意義と証明責任の問題にアプローチする。一方において、①従来の議論において、ドイツ法の結論を制度の構造的差異を十分に考慮せずに、日本法へ接木するような表層的な法継受の傾向はなかったか、他方において、②逆に条文の文言上の差異を強調しすぎて、独日法間の規律内容の共通点を等閑視してきたきらいはないか、という2点を検証する。

第2に、権利外観法理一般との関係[25]、とりわけ466条2項と構造上の類似性がみられる94条2項と比較する観点を交える[26]。後で見るように（第2節）、ドイツ法においては、債権者が発行した債務証書が呈示されて債権が譲渡された場合に関する§405が仮装行為と譲渡禁止特約の抗弁とを同列に扱っているが、日本法は94条2項と466条2項ただし書とで、善意の意義についても、証明責任についても、パラレルな扱いをしていない[27]。以下ではこのような違いが生じた実質的根拠をも探求する。

---

24) 小川浩三「民法と他領域⑾法制史」内田貴＝大村敦志編『民法の争点』（有斐閣、2007年）29頁。
25) 第三者保護法理全般に横断的考察を加えた近時の文献として、難波譲治「第三者保護要件の諸相——無過失・無重過失と立証責任」伊藤進ほか編『椿寿夫教授古稀記念・現代取引法の基礎的課題』（有斐閣、1999年）51頁がある。
26) この視点をもっとも明確に打ち出した先駆的業績として、米倉・前掲注6）190頁。
27) 判例は94条2項の第三者につき、善意の証明責任を第三者に負わせる（最判昭和41・12・22民集20巻10号2168頁）。94条2項は例外規定であるから、あるいは事実上の推定が働くことにより、実質上第三者にそれほど酷でないから、問題ないとして支持する学説が有力である（村上淳一「判批」法協78巻2号（1961年）230頁、栗山忍・昭和41年度最高裁判例解説549頁。これに対して、虚偽表示者側に立証を負担させる説も有力である（平井宜雄「判批」法協85巻1号（1968年）77頁、我妻栄『新訂民法総則』（岩波書店、1965年）292頁）。有力説は、立法者の意思、沿革（フランス民法1321条、旧民法証拠編50条）および94条2項の信頼保護の機能といった点を根拠とする。

第2節　ドイツ法概観

① 譲渡禁止特約の対外効

(1)　判例・通説

　詳細なドイツ法の紹介は第2部で行う予定であるので、本章ではドイツ法の全体的構造を概観し、善意の証明責任の問題を論じるために必要な限りでの比較法的紹介を行うにとどめる。債権を法鎖と捉えたローマ法において、債権の帰属主体の変更は債権の同一性喪失を意味した。すなわち、譲渡人と譲受人との間でなされる意思表示のみによって、債権が同一性を維持したまま、譲渡人から譲受人に移転することはなく、更改や訴訟代理の形式が債権譲渡に代わる機能を果たしていた。しかし債権の財貨としての側面が重視されるようになり、やがて譲渡人と譲受人の間の合意のみで債権を移転することができるという原則（特定承継の原則）が形成されていった。また、ドイツ法は権利の相対的帰属を一般的に認めておらず、フランス法的な対抗要件主義を知らない。したがって、債権の帰属変動は、新旧債権者間の合意のみにより絶対的に生じ、後は債務者保護規定を充実させることによって、債権譲渡における取引安全の保護を図っている。

　このように、近代法が債権の自由譲渡性を原則として承認した後、契約の相手方を固定したいという債務者の利益は、譲渡性の制限された債権を債権者—債務者間の合意で創設することにより、実現されることになった（「契約による法鎖」）。§399 Satz2 は、普通法における論争をふまえ、契約自由の原則を拠り所として、性質上の譲渡禁止に加えて、合意による譲渡禁止の効力を容認したのである。そして判例・通説は、一貫して特約違反の譲渡を絶対無効と解している[28]。特約は、債権の譲渡性を奪うという意味で、債権の内容を形成するものであり（権利内容説）、債務者の事後承諾

---

28) 本書第2部第4章。

によって、債権は承諾時から譲渡性を回復し、将来に向けてのみ譲渡は有効化される[29]。原則として、承諾に遡及効は認められない[30]。これに対して、債権譲渡の効果発生につき債務者の意思的関与を認める趣旨で譲渡を制限する特約に関しては、例外的に債務者の事後承諾により債権譲渡が遡及的に有効になることもある[31]。以上がドイツにおける特約の効力に関する一般的な理解である。

(2) 有力説

他方で、特約は、債権の内容として譲渡性を奪うこと、つまり譲渡の全面的禁止を目的とするわけではなく、債権譲渡（処分行為）の過程に債務者が承諾を通じて参与する権能を留保する趣旨の制度であるという説も示されている（共働説）[32]。債務者は特約を通じて、個々の債権譲渡の効力が発生するかどうかを最終的に自らが決定できる種類の債権を創設することができ、そうした債権は自由に譲渡できる通常の債権と対等な立場で取引社会における存在を認められている。この立場からは、債務者の事後承諾により譲渡について追完が生じ（§185Abs.2）、譲渡は遡及的に有効になると考えられる。

さらには特約の効果を債務者との関係に限定して捉える相対的効果説も有力である[33]。債権の自由譲渡性が原則とされ、債務者保護規定である§399Satz2についても債務者保護に必要な範囲で特約の効力を認めれば足りるとして、特約違反の譲渡は債務者に対して相対的に無効であるに過ぎず、債務者以外の第三者との関係では完全に有効であると考えるのである。

しかしこれら有力説に対しては根強い批判もあり[34]、いずれも実務に決

29) 本書第2部第4章第1節。
30) 本書第2部第4章。
31) 本書第2部第4章第2節。
32) 本書第2部第4章第2節。
33) 本書第2部第4章第6節。代表的な論者としては、Claus-Wilhelm Canaris, Die Rechtsfolgen rechtsgeschäftlicher Abtretungsverbote, FS für Rolf Serick, 1992, S.22, オーストリア法に関するものであるが、Helmut Koziol, Das vertragliche Abtretungsverbot, JBl1980, 111 があげられる。

定的影響を及ぼすには至っていない。

② §405 の特則——権利外観責任

(1) 「譲渡性のある債権」という外観に対する信頼保護

①で見たとおり、債務者は、原則として、債権譲渡過程に関与する余地がない。債権取引の簡易迅速化のために債務者の私的自治（自らの意思と無関係に自己の法律関係を改変されないという意味での消極的自由）が犠牲にされている。いわば「蚊帳の外」に置かれた債務者が譲渡によって従前より不利な立場に陥らないよう、債務者に特別の保護を与える必要がある。そこで、債務者は債権譲渡時点に旧債権者（譲渡人）に対して主張できた抗弁を新債権者（譲受人）に対抗することができる（§404）。そして債務者は特約付債権が譲渡された場合に譲渡の無効を譲受人にも主張することができる。

一般の指名債権に関しては権利の表象がなく、目的債権の自由譲渡性に対する譲受人の信頼が当然に保護されるわけではない。しかしそれでは取引の安全が害されるため、§405 は例外的に、「債務者が債務に関する証書を発行し、その証書が（新債権者に）提示されて債権が譲渡された場合、債務者は、新たな債権者に対して、債務関係の設定または承認が外観上でのみなされたこと、あるいは譲渡が旧債権者との合意により排除されていたこと、を援用することはできない。ただし新債権者が譲渡の際にその事実を知っていたか、あるいは知るべきであった場合は、この限りでない。」と定めている。すなわち債務者が自ら債権証書を発行することで、意図的に作出し、かつそれを提示することにより、債権者の了解を得て生み出された権利外観に対する債務者の信頼責任を規定したものだと考えられる[35]。信頼保護の対象は、①債権の発生原因に仮装行為がないこと、②債権の譲渡性が排除・制限されていないこと、という2つの事由に限定されている。新債権者（譲受人）は、これらの場合、債権の存在ないしは自由譲渡性を

---

34) 本書第2部第5章第6節。
35) Palandt, 68. Aufl. §405 Rdnr.1.

信頼してよいが、新債権者が事実を知っていたか、知るべきであったときは、譲渡の無効ないしは譲渡禁止特約の効果を対抗される。このように§405が①②の事由をパラレルに扱っていることも注目に値する。

(2) 一般的信頼保護規定でない理由

§405は、機能的には日本法の466条2項に相当するものの、(1)で見たとおり、その要件は日本法に比して狭く限定されている[36]。そもそも債権が証書化されていない場合には、譲受人の保護は不法行為規定（§823・826）と刑法の規定（§263StGB）によるほかない。この規定は、第1草案には存在せず、第2委員会において、現行の文言で成立した。また権利外観として、「債権証書の発行と提示」を要求する点において、一般的な善意者保護規定と一線を画しているものとみられる。なお本条にいう債権証書は§416 ZPOの意味における私署証書でも足りる[37]。そして提示が必要であるから、新債権者が、証書を閲読することにより、債権の存在または債権の譲渡可能性を確信しうるものでなければならない[38]。つまり譲受人が偶然に債権証書を認識しただけでは、たとえその認識に基づいて譲渡性のあるものと信頼して債権を譲り受けたとしても、本条における信頼保護の対象にはならない[39]。また譲渡後に証書が譲受人に提示された場合も、譲渡が証書を事後的に提示する約束の下で、かつ証書と関連付けてなされた場合も、要件充足には十分でない[40]。

第2委員会がこのような規定を設けたのは、善意者保護を債権取得の場合においても少なくともいくらかは強力なものとして刻印付けようとしたからであるとされる[41]。権利の外観は、有価証券と異なり、その証書自体

---

36) この点は、Takeshi Ishida, Relative Zuordnung einer Forderung–Anhand der Wirkung eines Abtretungsverbotes, Rikkyo Law Review, 64, 206（2003）で明らかにした。
37) StaudingKomm/Jan Busche, 2005, §405, Rdnr.5.
38) Urt.v.26.11.1903 RGZ56, 63, 66.
39) Urt.v.10.6.1925 RGZ111, 46, 47, Urt.v.8.5.1929, RGZ124, 218, 222.
40) RGZ111, 46, 48（Fn.39）.
41) Mugdan, II S.578, Prot.S.8435.

に結びついてはいない[42]。債務者が自ら発行し、かつそれが提示されることで、債務を公に告知したことに基づく高められた信頼保護の要請により深い根拠があるとされている[43]。債権の存続を何らかの形で表明し、債務者が知っていた全ての抗弁を排斥するような一般的な債務者の信頼責任の承認は、あまりにも行き過ぎであり、とりわけ有価証券上の責任との限界を曖昧にしてしまう、というのである。

本条の帰責性は、与因原理（Veranlassungsprinzip）に求めるのが一般的である[44]。すなわち占有離脱証書に対する信頼では足りない。動産の善意取得に関する§935と同様に、§405の保護は、錯誤、強迫、詐欺によっては排除されないが、発行者の行為能力の欠如、絶対的な強制状態（absoluter Zwang）、証書の窃取等の場合、信頼責任は生じないと考えられる[45]。

もっとも判例は、譲渡人と譲受人の間の債権譲渡が虚偽表示に基づく場合にも同条を類推適用しており[46]、この点は学説からも支持されている[47]。さらに、本条を「外観構成事実の意思による創設に基づく権利外観責任」の一類型と捉え、証書への信頼に限定する必然性はないとして、一般的に、口頭の表示や推断的意思表示にも拡大する説や[48]、§171（代理）の通知へ拡大する説も存在する[49]。

---

42) スイス債務法164条も、「1項　債権者は、法律、約定または権利関係の性質がそれに反しないかぎり、自己に帰属する債権を債務者の同意なしに他人に譲渡することができる。2項　譲渡禁止を含まない書面による債務承認を信頼して債権を取得した第三者に対して、債務者は、譲渡が約定によって排除されているという抗弁を主張することはできない。」と定めている。

43) StaudingKomm/Busche, aaO. (Fn.37), Rdnr.2.

44) Wellspacher, Das Vertrauen auf äussere Tatbestände, 1906, S.60ff.

45) Claus-Wilhelm Canaris, Die Vertrauenshaftung im deutschen Privatrecht, 1971, S.88.

46) Urt.v.23.5.1917 RGZ274, 279, Schneider/Dreibus, in FS für Schimansky, 1999, 521, 533.

47) Canaris, aaO. (Fn.33), S.102.

48) Canaris, aaO. (Fn.33), S.86.

49) Christian Berger, Rechtsgeschäftiiche Verfügungsbeschränkungen, 1998, S.315.

③ 「善意」の意義と証明責任

(1) 規範的概念としての善意

ドイツにおいて、「善意（で）」とは、規範的な評価を内包する概念であり、単なる事実としての不知の意味ではなく、正当な信頼という含意がある。たとえば動産善意取得の要件として、§932Abs.1.Satz1は、「§929に従ってなされた譲渡により、譲受人は、たとえその物が譲渡人の所有に属していない場合でも、所有権を取得する。ただし譲受人が本規定に従って所有権を取得したであろう時点において、善意でなかった（nicht in gutem Glauben）場合はこの限りでない。」と定めている。ここでの「善意でなかった」とは、知っていることまたは重過失（grobe Fahrlässigkeit）により知らないことを意味するとされる[50]。§405も、債務者が発行し譲受人に提示された証書につき、2つの事態に限定して、制限的な公信力を付与するものとみられるから[51]、登記や占有の公信力との関連性を検討しておくことにしたい。

不動産登記の公信力を定める§892は、法律行為により土地に関して権利を取得した者は登記簿に記載された内容の権利を取得できるが、例外的に異議が登記されているか、取得者が記載内容の不実を知っていた場合はこの限りでないとされる。第三者は登記簿の記載内容の正しさにつきまったく調査義務を負わない。たとえ重過失があっても、善意でありさえすれば、譲受人は保護される[52]。国家が管理する不動産物権に関する総合情報システムとして、不動産登記簿の記載内容はそれ自体に信頼性があり、公的手段による認識可能性が与えられている以上、その記載内容について、個々の取引者の注意義務や過失を問題にする余地はない。

他方、動産占有は権利を表象するが、公示方法としては緻密さを欠いている。占有に対する信頼をその正当性を問うことなく、常に保護するわけ

---

50) 小川・前掲注24) 29頁。
51) StaudingKomm/Busche, aaO. Fn.(37), §405, Rdnr.4.
52) Palandt, 68.Auflage, 2009 §892 Rdnr.24, BayObLG NJW-RR 89, 907.

にはゆかない。もっとも、動産占有には権利推定力があり（§1006）、本権の調査義務を一般的に負わせる意味での「無過失」は要求されていない。

この点、§405によれば、新たな債権者が事実を知っている場合に加え、その事実を知るべきであった場合、すなわち信頼が軽過失による不知に基づく場合も保護されない[53]。「知るべきであった」という用語法は、意思表示の無効取消しに関する§122Abs.2が、「被害者が無効または取消原因を知っていたか、知るべきであった」場合としているのと同様であり、過失により知らなかったことを意味するからである[54]。

(2) 証明責任

§405の法律要件に従い、譲受人（新債権者）は、債務者が債務に関する証書を発行し、その証書が譲渡の際に譲受人に提示されたことを証明しなければならない。それに対して債務者は、新債権者が譲渡に際して仮装行為または債権譲渡禁止特約を知っていたこと、あるいは知っているべきであったことを根拠付ける諸事実の存在を証明する責任を負う。

このような譲受人の悪意を債務者が証明しなければならないという証明責任の分配は[55]、公示の原則（Publizitätsprinzip）に一般的に妥当する諸原則にも適合している[56]。すなわち§932も§892も信頼保護が否定される場合をただし書の形式で定めており、法律要件の形式から悪意（重過失）の証明責任が、信頼保護の効果を否定する当事者（真の権利者）に課せられていることは一目瞭然である。このことは§405についても同様である。この点において後述する（第3節）日本民法の466条2項の規定ぶりと若干異なっている。

---

53) StaudingKomm/Busche, aaO. Fn.(37), §405, Rdnr.12, Palandt, 67.Auflage, 2008, Rdnr.3.
54) Creifelds, Rechtswörterbuch, 16.Aufl. S.616.
55) Urt.v.3.6.1980, BverfG54, 148, 157, Urt.v.17.2.1970 BGHZ53, 245, 250.
56) Stauding Komm/Busche, aaO. Fn.(37), §405, Rdnr.35.

4 小括

　ドイツ法では、譲渡禁止特約は対外効を有する。そして譲渡禁止特約は債権の譲渡性を奪うものであり、債務者が事後承諾をした場合も、承諾時点から譲渡性が回復されるにとどまり、承諾に遡及効はない。これに対して債務者の承諾に譲渡の有効性をかからしめる譲渡制限特約も同様に譲渡禁止特約のルールが適用されるが、例外的に債務者の承諾に遡及効が認められる場合がある。また善意譲受人の信頼保護要件は厳格に規定されている。すなわち債務者が自ら創出し、提示した「譲渡性のある債権」という外観に対する信頼のみが保護の対象であり、債務者の帰責性は、盗品遺失物の特則をもつ動産善意取得と同様に、与因原理に基づく。信頼保護の対象は債権発生の原因行為が仮装された場合と、譲渡禁止特約がある場合であり、権利の外観とその実体の不存在と、権利の譲渡性の外観とその不存在はいわば権利内容の一部不存在として捉えられているものと理解することができる。そして第三者保護要件としては善意取得と異なり、善意無過失が求められる。債権譲渡を公示する方法は制度化されておらず、譲受人は譲渡禁止特約がありうることを想定して債権の譲渡性に関する調査義務を負うものと解されている。

　不動産登記の公信力においては、取得者は善意であれば足り、重過失がある場合でも保護される。不実登記の作出原因を問わず、無条件に譲受人の信頼は保護される。動産善意取得においては、動産占有の権利推定力により、譲受人は一般的な調査義務を負わず、重過失がない限り保護される。しかし債権には公示手段がないので、一般的な調査義務を前提として無過失が要件とされるのである。

第 3 節　日本法

1　譲渡禁止特約の効力

　第 2 節でみたドイツ法に対して、日本法においては、特約の意義と効力について、次のような見解の対立がみられる。

(1)　物権的効果説

　物権的効果説[57]は、特約違反の譲渡は原則として絶対的に無効であり、例外的に目的債権の譲渡可能性を信頼した善意の第三者を保護するために、特約を対抗不能として、譲渡を有効と擬制するのが 466 条 2 項ただし書であると捉える。第三者は債権を即時取得するわけではなく、94 条 2 項や 96 条 3 項の場合と同様に権利を前主から法律の定めにより承継取得する。

　序章で述べたとおり、対外効の根拠については、詳しく見ると、2 様の理解がありうる。1 つはドイツの判例・通説と同様に、特約により債権の譲渡性が奪われており、特約違反の譲渡は確定的無効のため、追完の余地はないという考え方である（119 条）。債務者が事後承諾すると、承諾の時点から債権が変容し、将来に向けて譲渡が有効化される（119 条ただし書）。これはドイツ法における権利内容説に対応する。

　もう 1 つの見方は、譲渡人（旧債権者）には自己の一存だけで債権を有効に処分する権能が欠けているだけで、特約違反の譲渡も債務者の承諾により追完されるという考え方である。これはドイツ法における共働説にほぼ対応するものと考えられる。もっとも遡及的に有効になるとしても、116 条ただし書の法意により中間に現れた者の権利を害することができないと解される。

---

[57]　我妻栄『新訂債権総論』（岩波書店、1964 年）524 頁、米倉明「債権譲渡の禁止」奥田昌道ほか編『民法学 4 ＜債権総論の重要問題＞〔改訂版〕』（有斐閣、1982 年）279 頁。

(2) 債権的効果説

他方で、特約は債権者に不作為義務を課すにとどまり、特約違反の譲渡も原則として有効であるとする見方（債権的効果説）も有力である[58]。第2部で詳しくみるドイツ法における相対的効力説にほぼ対応しており、466条2項ただし書は債務者に悪意の抗弁権を認めたものと解することになる。また同条の「善意」は文字通り、善意に尽きる。もっとも第三者の主観を証明することは困難であるため、客観的な間接事実から悪意と同視できる場合につき、重過失者として保護範囲から除外されうる。いわば法文のただし書を本文の一部に、また「善意」の要件を「悪意又は重過失」に読み替えることになる[59]。

2 「善意」の意義と証明責任

(1) 信頼保護規定としての466条2項ただし書

466条2項ただし書は、第三者の保護要件を「善意」とだけ規定している。そして善意とは、一般的に、規範的評価を含まず、単なる「不知」の意味であると説明されている。このような用語法は、旧民法財産編182条に淵源し[60]、たとえば94条2項の「善意」は、文言通り、善意のみで足りると解されている[61]。これと同様に、466条2項ただし書においても、譲渡禁止特約の効力を悪意者のみに対抗できるものとして、善意の場合は過失の有無をまったく問題にしない説も存在する[62]。

しかしながら、1(1)でみたとおり、特約に対外効を認める判例・通説を

---

58) 近藤英吉＝柚木馨『注釈日本民法債権編総則（中）』（巌松堂書店、1934年）364頁、杉之原舜一・判民大正14年度34事件（大判大正14・4・30民集4巻5号209頁）評釈155頁、前田・前掲注23）400頁、平井・前掲注16）136頁、加藤雅信『新民法大系Ⅲ 債権総論』（有斐閣、2005年）307頁、平野裕之『債権総論〔第2版補正版〕』（信山社出版、1996年）393頁、中田裕康『債権総論〔新版〕』（岩波書店、2011年）512頁。

59) 吉川慎一「民法と要件事実」内田貴＝大村敦志編『民法の争点』（有斐閣、2007年）53頁。

60) 小川・前掲注24）29頁。旧民法財産編182条は、「正権原ノ占有ハ権原創設ノ当時ニ於テ占有者カ其権原ノ瑕疵ヲ知ラサリシトキハ之ヲ善意ノ占有トシ此ニ反スルトキハ悪意ノ占有トス」と定める。

61) 大判昭和12・8・10新聞4181号9頁。

第3節 日本法 21

前提とすると、同条は表見法理として取引の安全を図る制度であり、無過失が要求されるとも考えられる[63]。実際、即時取得・表見代理・債権の準占有者に対する弁済等のように権利外観法理の適用事例においては、無過失が保護要件とされる場合が多い。しかし94条2項のような例外もある。そこで、権利外観法理一般の原則として、無過失要件が必要になるべきところ[64]、94条2項では、虚偽表示者の帰責性が大きい（非難可能性がある）ことから、第三者保護要件が無過失から単なる善意に緩和される、という説明がしばしばされている[65]。すなわち権利者の帰責性の強弱と第三者保護要件の軽重という異質な考慮要素を相関的にバランスさせる解釈手法が採られている。そうだとすれば、譲渡禁止特約を結ぶことは公認され、当事者の自由であり、契約の客体の属性に対して譲受人は当然一定程度の注意を払うことが期待されるのであるから、466条2項ただし書においても無過失が保護要件として求められてよさそうにも思える。

　しかし判例は、重過失者を悪意者と同様に扱うに留めており[66]、学説も概ねこれを支持している[67]。その理由として、債務者は、本来自由である債権譲渡につき禁止特約をしたのだから、無過失を要求することはできない、と説明されることが多い。仮に特約付債権の譲渡を認めても、誰かが

---

62) 近藤＝柚木・前掲注58) 361頁、加藤一郎「債権譲渡」谷口知平＝加藤一郎編『民法演習Ⅲ（債権総論）』（有斐閣、1958年）143頁。
63) 我妻・前掲注57) 524頁、林千衛・判民昭和13年度245頁、畑口紘・ジュリ409号（1968年）126頁は§405が債権証書の提示と第三者の無過失を要件とすることを引き合いに出す。近江幸治『民法講義Ⅳ〔第3版〕』（成文堂、2006年）263頁。
64) 内田貴『民法Ⅰ〔第4版〕』（東京大学出版会、2008年）55頁、佐久間毅「判批」NBL834号（2006年）20頁。しかし権利外観法理の一般原則として無過失が常にあるいは原則として要求される、ということに疑問を呈し、演繹的に無過失の要否が導かれるわけではないとするものに、米倉・前掲注6) 179頁、安永正昭「民法における取引安全保護制度(2)」法教113号35頁、難波・前掲注25) 74頁。
65) 96条3項については学説からの批判が強いものの、94条2項と同様に、自分と直接関係のない前主─前々主間の契約についての無効取消原因等の存在を認識しなかったことに対する過失をそもそも問題にするべきでないという、契約の相対効原則と関連した視点から、過失を問題にしないという立法主義の妥当性を基礎付けることは可能である（石田剛「物権取引における公信の保護と対抗要件の具備」民研580号（2005年）9頁）。
66) 前掲注1) 最判昭和48・7・19。
67) 米倉・前掲注6) 191頁、奥田昌道『債権総論〔増補版〕』（悠々社、1992年）430頁。

権利を失うわけではなく、債権者を固定したいという債務者の期待に反するだけであり、債務者の法益の要保護性が比較的小さいことを指摘するものもある[68]。

(2) 善意の立証責任
(i) 法律要件分類説

　法律要件分類説に忠実に、譲受人の悪意または重過失の主張立証を債務者ではなく、善意(無重過失)であることの証明責任を譲受人に負わせる見解がある[69]。すなわち、466条2項ただし書は第三者保護規定であるところ、規定の形式上、債権譲渡の事実は請求原因(1項)、特約の存在は抗弁(2項本文)、特約の対抗不能は再抗弁(2項ただし書)となる。これは、同じく第三者保護法理である94条2項について、第三者が善意の証明責任を負うとされている[70]のとパラレルに解すべきことを主張するものである。

　自然債務や譲渡性のない債権を合意のみで発生させることができるというのが対外効肯定説の基本的発想である。判例・通説は、譲渡性ある債権とそうでない債権とが対等の資格で存在する、つまり契約自由の原則を重視する観点から[71]、1項と2項における対象債権を別々のものと捉えている。全体として両条項間に原則—例外関係を承認するものではない(2項は特約付債権に1項を「適用しない」と書いている)。1項を原則として、2項の要件事実全体について債務者が証明責任を負うという法構造ではなく、むしろ2項内部においても原則—例外関係を観念し、本文につき債務者が、ただし書につき第三者が証明責任を負う、という説明のほうが、法律要件

---

68) 内田貴『民法Ⅲ(債権総論・担保物権)〔第3版〕』(東京大学出版会、2005年) 213頁。
69) 岩松三郎＝兼子一『法律実務講座民事訴訟編(第4巻)』(1958〜1962年) 118頁、倉田卓司・金法709号(1974年) 29頁注(15)は「訴訟法学への通説の無理解」という手厳しい表現を用いる。
70) 最判昭和35・2・2民集14巻1号36頁。
71) 船越隆司『実定法秩序と証明責任』(尚学社、1996年) 123頁、村上博巳『証明責任の研究〔新版〕』(有斐閣、1986年) 124頁。

分類説との関係においては論理的な整合性があるといえよう。

(ii) 債務者の証明責任負担

ところが、判例は、大審院以来、債務者に第三者の悪意（重過失）の証明責任を負わせ[72]、学説も多くはこれに同調している[73]。そして定期預金証書や預金通帳の例にみられるように、債権証書に譲渡禁止の記載があれば、譲受人の悪意[74]あるいは過失[75]を推定すべきであると解されている。

証明責任は、法律要件の形式のみならず、訴訟における負担の公正平等を図る観点も踏まえて分配されるべきである。悪意の証明責任を債務者に負わせれば、その分第三者保護は厚くなる。しかし判例は理由を述べておらず、学説は「466条1項が定めるとおり、債権譲渡は自由であることが原則なのであるから」と説明することが多い[76]。しかしこの理由付けだけで説得的といえるだろうか。

仮にこの説明を、法が債権の自由譲渡性を宣言し、債権を作り出した当事者間の特殊事情を考慮して譲渡性の制限を例外的に許したのであるから、その特典を主張する債務者が負うべきであるという趣旨[77]であると解するとしよう。この説明は、特約の存在の主張立証責任を債務者が負うことの根拠にはなるが、第三者の悪意（主観的態様）まで債務者が証明責任を負うべきことの論拠にはならない。

---

72) 大判明治38・2・28民録11輯278頁。「民法第466条第2項但し書の規定は善意の第三者を保護する為に設けられたるものにして其の明文の示すが如く性質上譲渡し得べき債権は縦令当事者に於て譲渡を禁止する特約を為すも、之を以て善意の第三者に対抗することを得ざる旨を規定したるものなれば、第三者が自ら進んで其の特約を認めざる限りは、債務者が之を以て第三者に対抗するには其の特約の存在することを証明することを要するのみならず、第三者の悪意なりしことを証明する」。

73) 於保不二雄『債権総論〔新版〕』（有斐閣、1972年）304頁、西村信雄編『注釈民法(11)』〔植林哲〕（有斐閣、1968年）367頁、米倉・前掲注6）194頁。

74) 於保・前掲注73）304～305頁。

75) 我妻・前掲注57）524頁、米倉・前掲注6）187頁、中馬義直『基本法コンメンタール民法II』111～112頁、金法449号36頁〔浦野発言〕。

76) 大江忠『要件事実民法(3)債権総論〔第3版〕』（第一法規、2005年）240頁、伊藤滋夫編『民事要件事実講座(3)民法I債権総論・契約』（青林書院、2005年）190頁。

77) 林良平＝石田喜久夫＝高木多喜男『債権総論〔第3版〕』（青林書院新社、1996年）490頁〔高木多喜男〕281頁。

1(1)で見たとおり、物権的効果説は、契約自由の原則を重視して、譲渡性を欠く債権や債権譲渡過程に関与する権限を債務者に留保した債権の創設を認める考え方である。いったん創設されると、そうした債権も譲渡性のある通常の債権と対等な法的地位を獲得する。466条1項と2項はそれぞれ適用対象を異にし、相対的無効説（債権的効果説）のように1項を原則、2項を例外という関係と割り切ってはいない[78]。それにも関わらず、2項の解釈で債権の自由譲渡性を宣言する1項の「原則」性を前面に出すのは、特約の効力は本来債権的なもので、同条は債務者に悪意の抗弁権を与えたものとみる規範の構造理解への傾斜を示すようなものではないか[79]。

　また譲渡禁止特約の目的は、譲渡性を奪うことよりは、債権譲渡の過程に債務者が関与する権能を留保することにあると捉えるのが、債務者の事後承諾に遡及効を付与するわが国の判例理論に適合的であるようにも思われる。そうすると、特約付債権が譲渡された場合、譲渡人―譲受人間の合意のみによる自由な譲渡は原則として可能ではなく、実質的に債務者が同意の付与・拒絶を通じて最終的に譲渡の効力を左右できる点に着眼して、債権譲渡法制全般において債務者が置かれた地位を考慮した証明責任の分配が考えられてよい。すなわち、特約の効力主張と同時に、個別具体的な第三者への譲渡の認否、その前提となる第三者に特約の認識可能性を自ら与えた事実も、債権譲渡の公示機関である債務者が負担すべきだ、という実体法上の要請が対抗要件制度の構造から導かれうる。筆者は証明責任の分配に関する判例の結論には賛成であるが、学説がこれまで提示してきた正当化根拠は少なくとも物権的効果説を前提とした立論として見る限り、十分に説得的なものではなかったと考えている。

---

78) 淡路剛久『債権総論』（有斐閣、2002年）438頁。
79) 前田・前掲注23) 400頁。平井・前掲注16) 136頁。池田・前掲注6) 331頁、清原泰司「譲渡禁止特約付き債権譲渡に関する一考察」和歌山大学経済学会経済理論285号（1998年）62頁、淡路・前掲注78) 439頁も債権的効果説に好意的であるが、「悪意の抗弁権」とは何かが明確でないこと、法文に適合するのは物権的効力説であることを指摘する。

第 4 節　比較法的検討

　第 2 節および第 3 節における検討から、次のようなドイツ法と日本法との共通点と相違点を析出することができた。

1　特約の意義と対外効

　特約の対外効を原則として承認しながらも、善意の第三者は、例外的に信頼保護（権利外観法理）の効果として権利を取得することができる場合がある点において、ドイツ法と日本法は債権譲渡法の理論的基盤を共有していると考えられる。この点、BGB が特約の対外効を貫く一方、466 条 2 項ただし書のように、善意者への対抗不能を定める立法主義の下で、特約付債権の非譲渡性は絶対的ではなく、むしろ特約の対外効を認めない立法主義に分類されるべきであり[80]、ドイツ法と同列に扱うことは適当でないという指摘もされている[81]。

　さらに、上述のように、特約の対外効を仮に肯定するとしても、特約の法的構成に無視できない差が見出される。すなわち、ドイツ法の判例・通説が債権の譲渡性を奪うことに特約の本質を見出し（権利内容説）、債務者の事後承認に遡及効を認めないのに対して、日本法は事後承諾に遡及効を認めており、これはむしろドイツにおける共働説と類似した発想に依拠するものである。§405 が権利外観責任の観点から、仮装行為と譲渡禁止特約の抗弁をパラレルに扱っているのも、前者（仮装行為）がいわば外観に対応する実体的権利が全面的に欠けている場合であるのに対して、後者は外観（譲渡性のある一般の債権の外観）に対応する実体の一部（譲渡性）が欠けている場合として捉えられていることを意味する。この 2 つの抗弁事

---

　80) ハイン・ケッツ著、潮見佳男＝中田邦博＝松岡久和訳『ヨーロッパ契約法 I』（法律文化社、1999 年）510 頁。
　81) 池田清治「書評」民商 124 巻 6 号（2001 年）914 頁。この点についての詳論は本書第 2 部末尾の［補論］で行う。

由が、ドイツ法においては質的ではなく量的な差異の問題であると考えられている点は、特約の法的構成に関する権利内容説の発想と親和的であるといえよう。

2 信頼保護の要件

信頼保護の具体的要件に関しては、1で見た総論的な基盤における共通点にもかかわらず、次のような注目すべき相違点がみられる。

第1に、466条2項ただし書が一般的に善意者への対抗不能を定めているが、ドイツ法では書面に客観化された上で提示された外観、つまり債務者自身が作出し、第三者に対して提示された「譲渡性のある債権」の外観に対する信頼を限定的に保護する形式がとられている点である。ドイツ法も日本法も、特約に一定の方式（たとえば公正証書・私署証書の作成等）を要求してはいない（諾成主義）。理論上は口頭による譲渡禁止・制限特約も可能である。もっとも、書面の形に客観化され証拠として残っていない限り、特約に対する悪意が認定されることは稀であろうから、実際上は書面により合意されるのが通常であろう。それでも、仮に私署証書でもよいとすれば、債務者が譲受人からの履行請求を拒絶する方便として、譲渡人（旧債権者）との譲渡禁止特約を事後的にでっちあげ、作成日付を遡らせ、書面を提示して譲受人にも特約を説明した、などと主張することが考えられる。特約に対する認識および認識可能性について真偽不明の場合の立証負担を債務者に課すのには、濫用的な（不当な履行拒絶の便法として）譲渡禁止特約に基づく抗弁を防止する観点も伏在するように思われる。債権証書の提示が事後的であった場合を§405の射程外と解しているのは、まさしくこの点に留意したものといえよう。

第2に、§405が、第三者の保護要件を善意無過失とするのに対して、日本法では、法文の「善意」要件が判例により「善意無重過失」と解釈されている点も異なる。この点、わが国の伝統的通説は、ドイツ法の影響を顕著に受け、§405の参照を指示しながら、無過失を要求していた。無過失要求説の発想の根底に、権利外観責任における第三者保護要件の原則的

第4節 比較法的検討

ルールは善意では足りず、善意無過失であるという理解を見てとることができる。466条2項ただし書の信頼保護において、債務者に非難されるべき重い帰責性は存在しないのに、なぜ第三者保護要件が無重過失でよいのか、が問われることとなる。

　第3に、§405は、債権発生の原因行為が仮装行為である場合と債権に譲渡禁止特約が付されている場合とをパラレルに規律するが、日本法は、虚偽表示と譲渡禁止特約との間には、債務者の帰責性に強弱の差があるとして、同じ枠組みで処理していない。第三者保護要件の軽重と外観作出に対する権利者（ないしは債務者）の帰責性の強弱を相関的に考慮する点に特徴がある。このように異質なファクターの相関的判断という手法はドイツ法にはあまり見られない。ドイツ法では、外観の持つ性質から、第三者に求められる保護要件が設定される。すなわち、不動産登記のように公示内容の信頼性が十分に高ければ、第三者の調査義務は問題にならず（善意のみ）、占有のように公示手段として不完全な場合は一応調査義務が課されるが、占有の権利推定力により、実際上は重過失がない限りは保護される。これに対して一般的な公示手段としての表象がない債権の場合には、一般的な調査義務を前提とした善意無過失が求められる。いずれにせよ、外観作出に対する帰責性とのバランスという観点は見られない。

③ 対抗要件主義の採用と債権譲渡公示方法の構造・不完全性

　次に、証明責任について、とりわけ信頼の正当性に関わる要件である悪意（ないし重過失）の証明責任を債務者に負わせる点でもドイツ法と日本法は共通している。実践的に考えた場合、債務者に立証負担を課すことは妥当である。この点で、第2節③(1)で見たとおり、ドイツ法は法律要件分類説に整合した構成要件の定め方が一貫されており、不動産登記、動産占有、譲渡禁止特約付債権いずれに関しても、ただし書の中で悪意（重過失または過失）の場合の保護を拒絶する形式が採られている。しかし466条2項ただし書における善意の証明責任は、法律要件分類説からすればイレギュラーな扱いになっている。

ここで特に注目すべき独日法間の大きな差異として、対抗要件制度の存否に留意したい。日本法は債権譲渡の事実を債務者に認識させることにより、債務者に対外的に債権譲渡を公示する機能を付託している。これに対して、ドイツ法は権利変動全般につき対抗要件という考え方を採用していない。その代わりに譲渡禁止特約（とりわけ譲渡制限特約（債務者への通知・承諾を条件に譲渡が有効となる特約））が対抗要件制度の欠缺による保護を債務者に提供することになる[82]。

　物権変動の公示方法とは異なり、確定日付ある証書によるものといえども、通知承諾方式は公示方法として不十分なものである[83]。債務者には第三者からの照会に回答する法的義務も、真実を述べる義務もない[84]。そもそも譲渡自体が適切に公示される保証がないのであり、ましてや譲渡を制限する合意の公示を期待することなどできない。とはいえ、理想論としては、債権の主要情報である特約の有無に関しても、債権譲渡に関する情報を握る債務者が、自ら情報提供機関として機能したかどうかの事実、すなわち譲受人が債権の属性に対する認識に関しても、主張証明しうる立場にあるし、主張証明すべきであると考えられる。証拠への距離に加えて、債務者が公示手段としての機能を十全に果たすため実体法上期待される役割から、債務者の証明責任負担が正当化されるべきであり、債権の自由譲渡性の援用だけでは的確な根拠となり得ていない。債権譲渡登記制度が導入されたからといってこの問題性に抜本的な変化を生ずるとは考えにくい。理論上は譲渡制限を登記することも可能になるが、そもそも譲渡を禁止した債権につき、譲渡を想定とした登記制度の利用を取引関与者に期待できるか、大いに疑わしいからである[85]。

---

82) 本書第2部第2章第2節。
83) 於保・前掲注73) 318頁。
84) 池田真朗『債権譲渡の研究〔増補2版〕』（弘文堂、2004年）112頁、古屋荘一『ドイツ債権譲渡制度の研究』（嵯峨野書院、2007年）472頁。
85) 特に債権に関係する情報に関して秘密保持の観点から譲渡を絶対的に禁止したい場合等も考えられる。

4 私見

　譲渡禁止特約付債権は公認された存在であり、譲受人には債権の内容に関する調査義務が観念されうる。しかしドイツ法と異なり、第三者保護要件として、善意無過失は必要でない。日本法では、債務者は、指名債権譲渡の公示機関として、債権譲渡の事実のみならず、譲渡制限についても積極的な情報提供義務を負うべきだからである。特約が主として債務者のみに利益をもたらすとすれば、なおさらである。もっとも債権証書等の書面に特約を記載しておけば、債務者としてはなすべき情報提供をしたといえる。そのような場合、譲受人は僅かの注意を払えば分かったはずなのに、それを怠った場合は重過失として悪意と同等に扱われてよい場合が少なくないであろう[86]。もっとも「重過失」がどのような場合に認定されるかについては、それ自体本格的な検討を必要とするので、この点については次章で考察することにしたい。ここでは、悪意重過失者のみを排除する枠組みが適合することのみを確認しておく。他方で、94条2項の善意につき、過失の有無を一切問題にせず、表示に対応する意思の不存在につき調査義務を観念するべきでないだろう。法律行為法において無効評価を受ける隠された内部的合意を法律行為の部外者に探知させる必要はないからである。基本的には悪意者のみを排除すれば足りる。仮に94条2項において重過失者を排除するとしても[87]、第3節 2 (2)で見たように、証明上の困難性から悪意と同視すべき場合に限定され、466条2項ただし書の重過失とはやや意味を異にすると考えられる。

---

86) 54条や466条では無重過失を要求する説が多いが、94条2項や96条3項で無重過失を要求する説はさほど多くない（難波・前掲注25）69頁）という現象も、こうした観点から理解できる。
87) 米倉・前掲注6) 201頁、石田穰『民法総則』（悠々社、1992年）320頁、塚原朋一『民法コンメンタール』1372頁、石田・前掲注65) 7頁。また裁判例として、名古屋地岡崎支判平成20・9・26金判1304号50頁がある。

第5節　小括

　466条2項ただし書の解釈において、判例が、「総論」において、譲渡禁止特約の対外効を承認する一方、「各論」において、債権の自由譲渡性の原則を引き合いに出し、①第三者保護要件として無過失を不要と解し、②悪意（重過失）の証明責任を債務者へ課することを正当化するのは理論的一貫性という点で一見問題があるようにも思われる。各論において、判例が述べる正当化根拠は、債権的効果説への無意識的な傾斜を示すもののようにもみられる。しかしながら、多様な債権関係を適用対象とする、466条2項ただし書の解釈において、そもそも一律に債権的効果説のように考えてよいか、なお慎重な検討を重ねる必要がある[88]。本章では、「総論」としては、対外効肯定説を一応維持しながらも、各論において確立された判例法理をどのように正当化できるかという視角から主張立証責任の問題を再考した。

　第1に、日本法における債権譲渡禁止特約の問題を考えるにあたっては、ドイツ法との相違点である、債務者を公示機関とする第三者対抗要件制度の存在に留意すべきことを強調しておきたい。指名債権譲渡に関して、現行法は、債務者に債権の帰属変動に関する情報を集約し、取引安全の保護を債務者の真摯な情報提供にかからせている[89]。こうした基本的特質を踏まえ、公示制度としての不完全性を補う解釈学的工夫が随所で要請される。登記制度により公示可能な不動産における処分制限とは異なり、譲渡禁止特約には適切な公示方法がなく、情報を集約する債務者が認識（可能性）付与の主体として、その都度登場する第三者に対して積極的な情報提供を

---

[88] 本書第2部第7章第2節。これに対して、池田真朗「民法（債権法）改正論議と債権譲渡規定のあり方」慶應義塾大学法学部編『慶應の法律学　民事法』（慶應義塾大学出版会、2008年）34頁は、立法論として、466条2項削除案も検討すべきだとする。

[89] 現在進行中の民法改正作業の提案でも、第三者対抗要件としての通知・承諾方式よりも登記に優先効を付与する形で、将来の登記一元化を睨んだ構想の可能性が検討されている。

行うことが期待されている。

　第2に、特約が一律に債権の譲渡性を奪うのではなく、債務者が譲渡過程に参与する権能を自己に留保し、弁済の相手方を誰にするかを選べるようにすることを目的として用いられる場合が少なくないことにも配慮すべきである。債務者が特約の効力を対外的に主張するには、譲渡制限条項を証書に明確に記載し、この証書が第三者に提示されて一般的に特約を認識できる状態が作り出されたこと、その上で悪意または重過失ある第三者に対して譲渡の効果を否定する意思を明らかにすることが、債務者が特約による例外的保護を受けるための要件として求められている。466条2項ただし書は、表面的な文言上の相違にも関わらず、実際の運用上は、§405と大差のない権利外観責任による保護を図るものといえる。

　第三者の善意無重過失の必要性も次のように説明されうる。近代の債権譲渡法は、債権の自由譲渡性を原則として認めると同時に私的自治を尊重し、債権者─債務者間の合意のみでその譲渡性を奪い、あるいは譲渡過程への債務者の意思的関与の余地を認めている。譲渡禁止特約の締結に対して虚偽表示に対するのと同様な意味での無価値評価は下されない。譲受人（第三者）は譲渡性の制限された債権が公認されていることを前提に行動すべきであり、その限りで最低限度の調査義務を負う（この点で94条2項や96条3項のように、他人間の法律行為の無効取消原因について調査義務は観念されないのと異なる）。しかし譲渡性の有無を積極的に照会すべき一般的義務は課せられず、債務者が何も言わない場合にそれ以上に調査する義務はない。むしろ債権に関する情報を集約し、自己の利益のために特約を付した上で、事後承諾を通じて譲渡の効力を最終的に左右できる債務者に、原則的に特約に関する情報提供の責任を課すことが、債務者の公示手段としての機能から求められる。そのために第三者に一般的調査（照会）義務を課す（＝無過失を求める）ことはここでは適当でない。

　善意の意義および証明責任を考察するにあたって、「1項＝原則、2項＝例外」という債権の譲渡性原則を援用して事足れりとするのではなく、特約の意義と対抗要件制度の本質との関連性を考慮することも必要ではなかろうか。

第2章 判例法における無重過失の意義および判断構造

第1節　問題提起

　重過失という法概念は、失火責任法のような民事責任法の領域のみならず、契約法・法律行為法などの取引法の領域でもしばしば用いられている。重過失を要件とする民法典中の規定の例としては、錯誤無効の主張に関する95条ただし書が挙げられる。また条文には明記されていないものの、「善意」要件に「無重過失」が解釈によって読み込まれる場合として、譲渡禁止特約の対抗の制限に関する466条2項ただし書がある[90]。後者に関しては、現在、法制審議会における民法（債権法）改正作業において、譲渡禁止特約を対抗することができるための要件として第三者の悪意の他、重過失も明文化すべきか、という問題が検討されている[91]。

　法概念も、一般的な概念と同様、常に一義的に用いられるに越したことはない。しかし特に「重過失」のように、抽象度が高く、規範的評価を表現する概念については、あらゆるコンテクストにおいて同じ意味で使用されるべき必然性はなく、その都度問題となる規範の趣旨に照らして、適切な意義を探求すべきであるとも考えられる[92]。たとえば466条2項ただし書の「重過失」の判断基準は、失火責任法や95条ただし書の解釈における場合と厳密に一致していなくてもよい。重要なのは、466条2項ただし書の解釈において、なぜ「無重過失」を読み込むべきなのか、「重過失」

---

90) 前掲注1) 最判昭和48・7・19。
91) 法制審議会・前掲注23)「論点の検討(9)」第1ア【甲案】および【乙案】を参照。
92) 道垣内弘人「重過失」法教290号 (2004年) 38頁、同「『重過失』概念についての覚書」能見善久ほか編『平井宜雄先生古稀記念・民法学における法と政策』（有斐閣、2007年）540頁。神田秀樹『商法（総則商行為）判例百選〔第5版〕』(2008年) 195頁。

の有無はどのような基準にしたがい、どのようなファクターを考慮して判断されるべきか、を具体的事例に即して明らかにすることである。

　本章においては、466条2項ただし書の趣旨をどのように理解するべきかという問題意識から出発し、「善意」要件に「無重過失」を読み込む解釈のリーディングケースである最判昭和48・7・19（以下「最判昭和48年」と略する）の準則がその後の下級審裁判例においてどのように運用されているかを分析する。その分析結果をベースとして、譲渡禁止特約の効力を制限する方向の改正提案が検討されている状況において、悪意と並んで重過失を明文化する立法論の是非を考察する。

第2節　預金債権をめぐる従来の議論

1　466条2項の規範構造[93]

　466条2項ただし書の「善意」要件の趣旨に関して、従来から2つの見方が示されてきた。1つは、特約は債権の譲渡性を合意によって奪うものであり、特約違反の譲渡は効力を生じないという理解に立つ物権的効果説である。もう1つは、466条1項が宣言する債権の自由譲渡性という原則を重視し、特約違反の譲渡も処分行為として効力を生ずるものの、2項において債権者を固定したいという債務者の利益にも配慮して、債務者に悪意の抗弁権（履行拒絶権）を付与したものと見る債権的効果説である。このように物権的効果説と債権的効果説とのいずれを基礎として466条2項ただし書を見るかによって、特約を悪意者に対抗できないことの法理論的な意味合いが変わってくる。

(1)　信頼保護規定の第三者保護要件という位置付け

　物権的効果説の依拠する債権観は、取引社会において、自由に譲渡可能な金銭債権と合意により譲渡性を制約された金銭債権の両方が等しい価値をもって共存しうるというものである。金銭債権の多様性を広く容認する考え方ともいえる。債権を譲り受けようとする者は、目的債権の内容・性質に関する重要情報として、譲渡性の制約についても十分注意しなければならない。譲渡性のない債権を譲り受けても、原則として権利を取得することができないからである。とはいえ譲渡禁止特約を公示する適切な方法がないため、外観上は譲渡性があるようにみえる債権をそうと知らずに譲り受けた第三者の信頼を保護する必要がある。

　このように譲渡性の存在に対する第三者の信頼を保護する一種の信頼保

---

93)　この問題についての先駆的業績である、米倉・前掲注6) 171頁、194頁は、466条2項ただし書を表見責任を定める規定と理解した上で無重過失要求説を主張する。

護規定として466条2項ただし書を見れば[94]、第三者（譲受人）は債権を譲り受けるに際して、債権の譲渡性に関して調査確認する義務を負うものとし、かつ第三者保護要件として善意無過失を要求する考え方が成り立ちうる[95]。

　もっとも466条2項ただし書が信頼保護規定であるとしても、悪意と同程度に非難可能性の大きい重過失者のみを排除すれば足りると考えることもできる。そうした考え方の正当化根拠としては、これまで、①たとえば94条2項のように、虚偽の外観を意図的に作出した場合のような帰責性の大きさは、譲渡禁止特約を締結しただけの債務者には、およそ認められないこと、②一般の外観法理の適用場面とやや異なり、譲渡性を認めたところで誰かが権利を失うわけではなく、単に債権者を固定したいという債務者の期待に反するにすぎないため、信頼保護の要件を過失の有無で絞る必要性がないこと[96]、③債務者の認識を基軸として目的債権の帰属変動を公示させるという467条の対抗要件制度の趣旨に照らし、債権に関する情報が集約されている債務者が情報源として積極的に譲渡性の有無に関する情報を第三者に提供すべきであること[97]、などが挙げられてきた。

(2) 特約に基づく履行拒絶権（悪意の抗弁権）という位置付け

　これに対して債権的効果説は、債権の譲渡性自体を制限する効力を特約に認めず、特約違反の譲渡も有効であると考える。ただ譲渡禁止の事実を知りながら、漫然と抗弁付の債権を買い受けた悪意の譲受人は保護する必要がないから、債務者は特約の効力を主張して、悪意の譲受人からの請求を拒むことができる、ことを定めたのが466条2項ただし書であると解す

---

94) 寺田正春『民法判例百選II債権〔第2版〕』（1982年）72頁。
95) 我妻栄『新訂債権総論』（岩波書店、1966年）524頁、林千衞・判民昭和13年度62事件、畑口紘・ジュリ409号（1968年）126頁、近江幸治『民法講義IV〔第3版〕』（成文堂、2005年）241頁、アントニオス・カライスコス「判批」金判1286号（2008年）161頁。民法典中の規定でも、たとえば民法94条2項の「善意」について「無過失」を読み込む見解が有力である（内田貴『民法I〔第4版〕』（東京大学出版会、2008年）55頁）。
96) 内田貴『民法III〔第3版〕』（東京大学出版会、2005年）23頁。
97) 本書第1部第2章。

る[98]。この考え方によると、そもそも譲受人は特約の有無を自ら調査確認する義務を負わない。債務者が第三者の悪意を証明することが困難な場合に、証明責任負担との関連において、客観的事情から悪意と同視できる場合を重過失として取り上げる余地があるだけである[99]。

　重過失の意義を考える際には、「善意」の証明責任の問題にも配慮しなければならない。物権的効果説のように、466条2項ただし書を信頼保護規定と理解したうえで、立証責任に関する法律要件分類説の発想をそのまま適用すると、次のような帰結が導かれうる。すなわち法規の形式（466条1項および2項）が法律要件の分類を規定するから、譲渡人は請求原因において、第1項により譲受債権取得の原因行為＝債権譲渡の事実を主張し、これに対して債務者が抗弁として2項本文により特約の存在を主張し、さらに譲受人が2項ただし書に基づき、再抗弁として自らの善意を主張すべきことになりそうである[100]。外観法理の法定効果として、例外的に譲渡性のない債権を取得するためには、信頼保護規定の効果として利益を享受すべき譲受人が自らに保護に値する正当な理由が存在することを主張立証する必要があると考えられるからである。

　ところが判例は、古くから債務者が特約の存在と共に悪意または重過失の評価根拠事実につき証明責任を負うものとする[101]。通説も、譲渡禁止特約付債権にあっても、一般に債権の自由譲渡性の原則を尊重すべきという観点からこの結論を支持している。証明責任に関する判例準則の考え方は、譲受人の権利取得の効果を信頼保護に基づく例外的な効果としてみるというよりは、どちらかといえば、本来は譲渡可能な債権につき、466条2項ただし書が債務者に悪意の抗弁権を与えた規定とみる債権的効果説の

---

98) 米倉・前掲注6) 60頁以下も、主に預金債権に付された特約を念頭において、債権の譲渡性に対する譲受人の利益に焦点を当て、特約の目的・合理性を実質的に検討する必要性を指摘した。そこでは譲受人がたとえ悪意でも特約を無条件に対抗できてよいかという問題意識に基づいていた。
99) 商法規範との関係においてであるが、このような重過失の機能を指摘するものとして、竹内昭夫・法協84巻10号（1967年）1439頁。
100) 前掲注69) 掲記の文献を参照。
101) 前掲注72) 大判明治38・2・28。

論理とむしろ親和的であるように思われる。

　他方において、判例は特約違反の譲渡を債務者が事後承諾した場合の法律関係について、これを抗弁権の放棄と構成するのではなく、116条ただし書の法意により、追認類似の構成により未確定的無効の譲渡が遡及的に有効になる、と説明している[102]。この考え方は、特約違反の譲渡には処分行為としての効果が認められないという意味での物権的効果説の論理と整合性があり、判例の466条2項ただし書に対する理解はやや流動的な状況にあるとみられることもある[103]。しかし上述の証明責任に関する判例準則が物権的効果説からも説明可能であることは既に検証したとおりである[104]。したがって、証明責任の解釈だけから466条2項ただし書の実体法的な構造につき変化が生じていると断言することはできない。

(3) 小括

　このように「(無)重過失」要件は物権的効果説・債権的効果説いずれからも正当化可能であるものの、その趣旨の理解次第で、事例への適用場面で、「重過失」として捕捉される範囲に違いが生じる可能性がある。

　そもそも最判昭和48年の事案は、譲渡禁止特約が付されていることが広く周知されている預金債権をめぐるものであった。学説が譲渡禁止特約の議論に際して念頭に置いていたのも、当時は預金債権であった[105]。ところが近時では、預金債権に関する紛争はむしろ下火となり[106]、それ以外の債権、たとえば保証金（敷金）返還請求権・不渡異議申立預託金返還請求権・請負代金債権・売掛債権などを対象とした紛争事例が増えている。これらの債権においては、譲渡禁止特約が付されている場合が少なくない

---

102) 前掲注4) 最判昭和52・3・17、前掲注5) 最判平成9・6・5。
103) 法制審議会・前掲注23)「論点の検討(9)」9頁。
104) 本書第1部第1章第1節。
105) 米倉・前掲注6) 70頁。
106) 内田・前掲注68) 214頁は、預金債権に特約が付されていることは銀行取引の経験のある者にとっては周知の事柄だとされるから、事実上特約を常に対抗できるだろうとする。

とはいえ、周知性が当然にあるとまでいえない場合も存在し、そのような事案において、「無重過失」の判断がいかなる基準に従い、いかなるファクターを考慮して決せられるのかが、実務上も理論的にも重要な課題となっている。そこで以下、②において、はじめに最判昭和48年の事案とそこで提示された規範内容を確認したうえで、それ以降の下級審裁判例の内容を網羅的に分析する[107]。

② 最判昭和48・7・19

(1) 悪意と同視される重過失

本問題のリーディングケースであるこの判決は、譲渡禁止特約付きの預金債権が譲渡された場合において、譲受人が債務者（銀行）に譲り受けた預金債権の支払を求めたのに対して、債務者が特約違反の譲渡が無効であると主張して、これを拒絶した事案に関するものである。以下、事案と法的判断を詳しくみることにしよう。

［事案］

A社がY銀行に対する預金債権（「本件預金債権」）をXに譲渡し、昭和36年2月9日に確定日付ある証書による譲渡通知がYに到達した。他方Yは、本件預金債権に同年2月4日付けで設定された根質権を取得し、その実行によってAに対する手形買戻債権を回収し、手形をAに返還した。XがYに対して預金の支払を請求したが、Yは、①本件預金債権の質権の実行をXに対抗しうること、②そもそも本件預金債権の譲渡は禁止されており、かつXは特約の存在につき悪意であったと主張して、これを拒絶した。原審（東京高判昭和46・9・30下民集22巻9・10号978頁）

---

[107] 重過失の認定に関する裁判例を網羅的に取り上げて検討したものとして、原啓一郎・判タ945号（1997年）76頁、丸山健「債権譲渡禁止特約をめぐる諸問題」民事法情報128号（1997年）48頁、池田真朗ほか「＜座談会＞債権の流動化による中小企業金融の円滑化」ジュリ1201号（2001年）28頁［中村廉平発言］、浅井弘章「売掛債権譲渡に関する譲受金融機関の注意義務」金法1712号（2004年）8頁、寺川永「譲渡禁止特約付債権の譲受人の重過失に関する一考察」府経54巻3号（2008年）113頁、水野浩児「民法466条の法理と譲渡禁止特約の効力」法学ジャーナル（関西大学）77号（2005年）204頁などがある。

は、Xの善意を認定し、Xの請求を認容した。これに対してYは、銀行預金債権に譲渡禁止特約が付されていることは公知の事実であるとして、原審は466条2項の解釈を誤った違法があるとして上告。

［判決要旨］（破棄差戻）

「民法466条2項は債権の譲渡を禁止する特約は善意の第三者に対抗することができない旨規定し、その文言上は第三者の過失の有無を問わないかのようであるが、重大な過失は悪意と同様に取り扱うべきものであるから、譲渡禁止の特約の存在を知らずに債権を譲り受けた場合であつても、これにつき譲受人に重大な過失があるときは、悪意の譲受人と同様、譲渡によつてその債権を取得しえないものと解するのを相当とする。そして、銀行を債務者とする各種の預金債権については一般に譲渡禁止の特約が付されて預金証書等によってその旨が記載されており、また預金の種類によつては、明示の特約がなくとも、その性質上黙示の特約があるものと解されていることは、ひろく知られているところであつて、このことは少なくとも銀行取引につき経験のある者にとっては周知の事柄に属するというべきである。」とした。

本判決は、善意の第三者に重過失が認められる場合、債務者は特約を第三者に対抗できるとした点において、画期的な意義を有する。これにより、債務者が特約違反の譲渡の無効を主張することができるかどうかは、第三者が現実に特約の存在を認識していたかどうかという1点に左右されるのではなく、様々な考慮要素を斟酌して行う規範的評価に基づき、柔軟な事案処理の可能性が開かれたことになる。もっとも、最判昭和48年の判示は比較的簡潔であり、どのような場合に重過失があるといえるのかに関する明確な指針を示していなかった。そこで同判決を契機として以下の3点が議論されるようになった。

第1に、第三者の軽過失をどう扱うかという問題である[108]。評釈・解説には、昭和48年判決が軽過失者への対抗を否定する趣旨を含むと見るものが多い[109]。もっとも既に述べたとおり、466条2項ただし書を信頼保

護（譲渡性のある債権であるという外観を信じて譲り受けた者の保護）法理と捉え、第三者の保護要件として一般的に無過失が要求されると考える見方もありうる。その後の下級審判例において、この点がどのように展開されているのかを追跡する価値がある。

　第2に、判決が「重大な過失は悪意と同様に取り扱うべきもの」とする趣旨および根拠である[110]。悪意と同様に取り扱われるべき重過失として、どのような場合が想定されているのか。債権的効果説の発想を前提に、悪意の証明負担の軽減を図るという意味で実質的に悪意に限りなく近い場合のみを捕捉しようとしているのか、それとも第三者の調査確認義務を肯定した上で、要求される注意義務の違反の程度が著しい場合を評価上悪意と同じように扱う趣旨なのか、必ずしも判然としない。また譲受人が仮に調査確認義務を負うとして、具体的にどのような内容の調査確認をすべきか、という点も重要である。

　第3に、銀行を債務者とする預金債権に譲渡禁止特約が付されていることは、「銀行取引につき経験のある者にとつては周知の事柄に属する」として、一定の範疇に属する人には特約の存在が周知されていることを指摘し、重過失の認定判断において「周知性」に意味を持たせている点である。これは第2の点とも関連するが、周知性がある場合にのみ特約の存否確認義務が生じるのか、それとも指名債権の譲受人は一般的に特約の存否確認義務を負っており、義務違反の程度を評価する場面で周知性が一定の意味を持つとみるべきなのかも明らかでない。換言すれば、調査確認義務と周

---

108) 友納治夫「判解」『最高裁判例民事篇昭和48年度』31頁。最判昭和48年判決前の下級審裁判例の状況については、野村豊弘『昭和48年度重要判例解説』（1974年）54頁を参照。そこでは譲受人の悪意を認定する者の他、466条2項ただし書の保護要件として無過失を要求するものもみられた（東京地判昭和29・11・12判時53号17頁、東京高判昭和42・4・17金法479号27頁、東京地判昭和42・7・11金法48号33頁など）。
109) 友納・前掲注108) 37頁、鈴木正和・手形研究211号（1974年）12頁、高木多喜男・民商70巻6号（1974年）109頁、野村・前掲注108) 56頁。
110) 重過失を悪意と同視する理由が述べられることは少ない（難波・前掲注25) 69頁。悪意と重過失は帰責性の重さという点で一般的に同じ扱いをする立場として、田山輝明『債権総論〔第3版〕』（成文堂、2011年）181頁がある。

知性との関係いかんが問題になる。

　第1点に関しては、その後、軽過失は認められるものの、重過失は認められないとして、特約の対抗を否定した裁判例が散見される[111]。このことから、無過失までは必要としないという前提で実務は動いているとみてよい。

　ところが、第2、第3の点については、一貫した判断枠組みが確立し、裁判所に共有されているのかどうかが定かではなく、まずは現状の正確な認識が必要である。学説の評価も分かれている。すなわち、一方において、最判昭和48年は、客観的事情から譲受人が悪意である蓋然性が高い場合に、債務者がより証明が容易な重大な過失の主張立証をすることにより特約の利益を主張することを認めようとするものであると解し[112]、一般的に譲受人に調査義務を負わせる趣旨ではないという見方が示されている[113]。他方において、同判決は譲受人に重過失がある場合の債権譲渡の効力につき一般的な規範を示すものであり、銀行預金債権に射程を限定した判例ではないし[114]、諸事情を総合的に考慮して譲受人の帰責性を実質的に判断しようとするもの[115]、という評価もされている。譲受人が当該事案において特約の存否につき調査確認義務を負うとしたうえで、その著しい違反があるかどうかを実質的に個別具体的に検討する総合判断の場として「重過失」要件が設定されたものとも考えられる。このような見解の対立が、現在の債権法改正作業において、重過失要件を明示すべきか否かをめぐる議論にも連なっているのである[116]。

　いずれにせよ、重過失を肯定する判断において、譲受人の属性（商人で

---

111) 東京高判平成8・6・26公刊物未登載、大阪地判平成10・6・29公刊物未登載。
112) 高木・前掲注109) 118頁。なお野村・前掲注108) 56頁注2は重過失の判断要素は悪意の判断要素と同じであると述べたうえで、預金債権が譲渡された場合の譲受人の重過失の判断要素として、①預金証書があり、それに譲渡禁止特約が記載されていること、②その特約が顕著であること、③譲渡人から譲受人に預金証書が交付されたこと、④譲受人に銀行取引の経験があること、⑤譲受金額が多額であること等を例示している。
113) 前掲注23)「論点の検討(9)」7頁。
114) 金法1723号43頁。
115) 米倉・前掲注6) 194頁。

あること)、譲渡目的債権が預金債権であり、この種の債権に譲渡禁止特約が付されていることに周知性があることが、重要な意味をもっていることは間違いがない。そして預金債権の場合には、債務者(金融機関)は単に事務手続きの煩雑さを避けるために債権者を特定人に固定しておきたいという利益に加えて、自己が有する反対債権(貸付債権等)の担保として、預金債権に質権が設定され、また相殺予約に基づく担保的利益が譲受人の利益と対立関係にあることに留意しなければならない。そのため、担保的利益の競合場面における調整という観点からの利益衡量が「重過失」の認定判断過程に混入する可能性がある。換言すれば、他者の優先的な担保的利益の存在が標準約款等によって周知されることによって、一種の担保権の公示的な役割を代替するという側面を見逃してはならない。

(2) 差戻審において示された判断構造の指針

(1)で述べた諸点を解明にするには、その後の下級審裁判例が最判昭和48年の準則をどのように適用しているのか、実態を精査しておく必要がある。分析の手掛かりとして、最判昭和48年の差戻審における判断を確認することから始める[117]。

差戻審は次のように述べた。「商人たる第三者が、他の商人からその銀行預金債権を譲り受けるような場合には、特にかかる特約の有無等を充分調査したうえこれを取得すべき取引上の注意義務がある」とし、①Ｙらは債権回収をあせるあまり、譲渡禁止特約の有無についてＡに確認せず、Ｘ銀行に問い合わせていないこと、②本件預金債権の大半は、譲渡禁止特約が付されていることを必然的に予見すべき定期預金であること、③Ｙ

---

116) 重過失の存在意義を評価し、【甲案】を支持するものとして、東京弁護士会編著『「民法(債権関係)の改正に関する中間的な論点整理」に対する意見書』(信山社、2011年) 179頁、大阪弁護士会編『民法(債権法改正)の論点と実務＜上＞』(商事法務、2011年) 382頁、福岡県弁護士会編『判例実務からみた民法(債権法)改正への提案』(民事法研究会、2011年) 219頁。これに対して、池田真朗「債権譲渡・債務引受・契約上の地位の移転(譲渡)」池田真朗ほか編著『民法(債権法)改正の論理』(新青出版、2010年) 10頁は重過失要件の明文化に明確に反対する。

117) 東京高判昭和50・5・7金法758号36頁。

への債権譲渡は、A 倒産という事態における債権回収策の一方途としてなされたものであって、このような事態の場合には、X 銀行は自行の預金等につき何らかの保全策を講じているのが通常であり、現に本件でも本件預金債権に質権の設定を受け、本件預金債権にかかる預金証書は A の手元に存しなかったという異常な状況にあったことを根拠に、何らの調査をせず漫然と預金債権を譲り受けた Y に重過失があると判断した。

差戻審の判断において注意すべきは、「商人たる第三者が他の商人から銀行預金債権を譲り受ける場合に、一定の調査を行うべき注意義務が存在する」とされており[118]、特約の存否につき何らの確認・調査をも行わなかったことを義務違反と評価していることである。同判決は譲受人の属性を限定したうえで、具体的には金融取引に関する専門知識を有する者に限定したうえで）特約の調査確認義務を課すという判断構造を採用している[119]。そして特約が付されることにつき周知性があるにもかかわらず、専門家が何らの調査確認をもすることなく、漫然と譲り受けたことが、著しい注意義務違反（重過失）と評価されているのである。

その後の下級審裁判例には、「譲受人の重過失とは、債権の譲受人が、譲受債権に譲渡禁止特約が付されていることを知らない（善意の）場合であっても、容易に、譲受債権に譲渡禁止特約が付されていることを予見することができ、かつ、その有無を知ることができたにもかかわらず、これをしなかった場合をいう」と一般的に重過失を定義するものがある[120]。これは最判昭和 48 年の判断を一般化し、同事案のように特約の存在が周知されている場合かどうかを問わずに、また預金債権に限定することなく、特約が存在することを容易に予見することができたのにこれを予見しなかったことを重過失と捉えている。この判決の考え方は、特約の存在につ

---

118) 堂園昇平「判批」銀法 679 号（2007 年）26 頁以下、特に 31 頁。
119) このように譲受人に調査義務を課すことは、第三者の主観的要件として軽過失を問わないことと矛盾するのではないかという指摘もある（丸山・前掲注 107）54 頁）。
120) 大分地判平成 16・3・26 訟務月報 51 巻 5 号 1315 頁。

いて周知性があるとまでは認められないが、特約が付されることがしばしばある債権（たとえば売掛債権）であっても、第三者は特約が存在する場合を想定して、調査確認する義務を負うという立場へと発展してゆく可能性を胚胎するものといえる。

　他方で、「こうした工事請負代金債権について、金融業者が譲り受けようとするに当たっては、あらかじめ債権譲渡禁止特約の有無につき調査すべきであって、これを怠り、漫然と当該債権を譲り受けた場合には、仮に、同特約の存在を知らなかったとしても、そのことにつき重大な過失がある」[121]というように、当該債権と譲受人の具体的な属性を前提としたうえで、調査確認をしなかったことを問題にするものがある。この判決は、前記最判昭和48年の差戻審の判断基準をより忠実に継承するものといえよう。

　このように、いくつかの下級審裁判例をピックアップするだけで、下級審が依拠する重過失の判断基準に微妙な揺れがみられることが分かる。ただ、いずれにせよ、前記最判および差戻審にならい、判例は十分な信用調査能力を期待できる金融業者が債権担保目的や債権回収目的で債権を譲り受ける際に、特約がないかどうかを調査確認する義務を譲受人に課していることに変わりない。注意義務の履行に際して、預金債権に特約が付されていることが周知であることが重要視されている、という傾向を指摘することはできる。

(3)　失火責任法および民法95条ただし書における「重過失」

　重過失の意義を考えるにあたっては、失火責任法との関連で最高裁が示した定義を確認しておくことも有益である。最高裁は失火責任法に関して、重過失を「通常人に要求される程度の相当な注意をしないでも、わずかの注意さえすれば、たやすく違法有害な結果を予見することができた場合であるのに、漫然これを見すごしたような、ほとんど故意に近い著しい注意

---

[121]　津地判平成20・3・11訟務月報55巻4号1917頁。

欠如の状態」としている[122]。この定義においては、現実の状態（結果の不予見）と故意の前提たる現実の予見という状態との差がごくわずかであることが重視されているように思われる[123]。同時にまた、重過失とは、著しい注意の欠如すなわち注意義務違反の程度が甚だしい事態を指すようにも読める。この点に関して、不法行為法における支配的学説は、微妙なニュアンスの違いはあるものの、失火責任法における重過失においては、どちらかというと後者の見方、すなわち注意義務違反の程度が著しい場合を問題にしてきたと見るものが多いようである[124]。下級審判例によると、故意との比較をせず、行為の危険性や、結果を容易に予見しうるかを問題とするものが少なくないという分析もされている[125]。

　この対比を466条2項ただし書における「重過失」要件にスライドさせると次のようになる。

　最判昭和48年の判示は、その字面をなぞる限り、失火責任法に係る上記最判を踏まえた重過失概念の理解を意識したうえで、その意味では、悪意と同視できる場合のみを捕捉しようとするものと見ることができる。すなわち、466条2項ただし書における第三者に関しても、本来的に悪意だけを問題とすべきところ、それと紙一重の状況を捉えるためや、故意の立証の困難さを回避し、重過失の立証で代替するため、「わずかな注意さえすれば、たやすく予見できた」ことを重過失の内容として想定している、という見方である。

　これに対して、不法行為法における支配的学説がいうように、非難可能性の高いものだけを捕捉するという趣旨ならば、著しい義務違反を重過失とみるべきことになる。このように悪意と重過失をあくまでも質的にも異なるものと考え[126]、466条2項ただし書の重過失は悪意と同視できるかど

---

122) 最判昭和32・7・9民集11巻7号1203頁。
123) 道垣内・前掲92) 39頁。
124) 加藤一郎『不法行為』（有斐閣、1974年）75頁、前田達明『民法Ⅵ2（不法行為法）』（青林書院新社、1980年）253頁、幾代通『不法行為』（筑摩書房、1977年）45頁。
125) 前田陽一『債権各論Ⅱ不法行為』（弘文堂、2007年）151頁。
126) 難波・前掲注25) 69頁は、このように重過失と悪意を区別する立場を支持する。

うかを問わず、ともかく著しい義務違反を問題にしているとみる可能性がありうる。実際のところ、上記差戻審およびそれを受けた幾つかの下級審裁判例にみられる重過失の捉え方は、一般的に要求される注意義務に違反した程度が著しいかどうかを問題にしているように読めるものと、具体的な譲受人の属性に照らして要求される注意義務を基準として、「わずかな注意さえすればたやすく予見できた」ことを問題視しているように読めるものとが混在している。すなわち譲受人の具体的な能力・属性に照らして注意義務の程度を観念するのかどうかという点も問題になっている。失火責任法に関する裁判例と同様に、466条2項ただし書に関しても、下級審裁判例の重過失判断の構造を子細に検討することはやはり必須の作業といわなければならない。

　さらに比較的最近、特約に違反して行われた譲渡の無効主張権者を限定する最高裁判決が出現した。すなわち譲渡禁止特約の目的は債務者の利益保護にあるから、自ら特約違反の譲渡を行った譲渡人は、無効主張につき独自の利益を有するといえる特段の事情がない限り、原則として譲渡の無効を主張することは認められないとされている[127]。同判決の射程に関しては曖昧な部分も残っているが、特約違反の譲渡の効力の問題を、特約（意思表示）の効力ないし対抗の問題として捉え、原則として特約によって保護されるべき債務者のみが譲渡の「無効」を主張することができるという意味での相対的無効の考え方への道を開いた点で重要な意義を有している。そして、特約により債権の譲渡性が奪われるという観念が放棄され、特約の効力主張問題へとパラダイムが転換されることによって、466条2項の特約違反の譲渡の無効主張と、95条に基づく法律行為の無効主張との間における利益状況の類似性が意識されている点も注目に値する[128]。無効規範が保護しようとする名宛人に無効を主張する資格を限定するという共通の議論の土俵が見出され、そうした無効主張の可否を左右する要件である「重過失」概念の意義に関しても、関連領域ともいうべき95条た

---

127) 最判平成21・3・27民集63巻3号449頁。同判決については第3章で詳しく検討する。

だし書における運用との関連性が意識されてよいであろう。

　そこで95条ただし書の「重過失」概念の運用についても併せて一瞥しておくことにする。古い判例は、「普通の智慮を有する者のなすべき注意の程度を標準として抽象的に定めるべきもの」とする[129]。すなわち個別具体的な表意者の能力や属性を考慮するのではなく、標準人を基礎として抽象的に重過失を捉えていた。

　これに対して、伝統的通説は、表意者の職業、行為の種類・目的などに応じ、普通になすべき注意を著しく欠くことを意味すると解している[130]。表意者の属性が考慮される一方、注意義務違反の程度が著しいことが重過失であると捉えられている。そして最高裁判例にもこのような傾向がみられるようになっている。

　すなわち最高裁判例には、「Xが公証人Aの作成した公正証書上の契約条項その他の記載を閲読しないで、たやすく、たんに訴外B株式会社の代理人として署名するものと軽信したのは、弁護士であるXとして極めて重大な過失を犯したものというほかなく」としたもの[131]、「自動車保険業務について専門的知識と経験を有する損害保険会社が、……示談契約を締結する場合には、該保険会社は、あらかじめ、通常の査定事務処理の一環として、保険契約上の免責条項に該当する事由の有無を充分究明する必要があり、そのためには、所轄警察署に照会するだけでなく、事故の関係者からの事情聴取等の方法により事故の状況及び原因について慎重な調査を尽くすべき義務を負うものというべく、右の調査義務を尽くさないで免責条項該当の事由がないと誤信したときは、そのように誤信するにつき重大な過失がないということはできない……」としたものとがある[132]。

---

128) 判例は、無効規範の趣旨が表意者の保護にあることから、原則として無効の主張権者を表意者に限定し（最判昭和40・9・10民集19巻6号1512頁）、例外的に第三者による無効主張を認めるにすぎない（最判昭和45・3・26民集24巻3号151頁）。
129) 大判大正6・11・8民録23輯1758頁。
130) 我妻栄『新訂民法總則（民法講義I）』（岩波書店、1965年）304頁。
131) 最判昭和44・9・18民集23巻9号1675頁。
132) 最判昭和50・11・14判時804号31頁。

このように 95 条ただし書の重過失判断においても、表意者の属性や専門的知識・経験等が前提とされている。このことから、重過失概念が標準的に要求される注意水準を著しく逸脱した場合を捉えるための概念として重過失が機能する場合と、特に取引行為の局面を規律する場面において、一定の能力や専門的知識を有する者が（いわば高められた義務を負う者が）、当然に要求されるわずかな注意を払わなかったことを捉えて重過失と判断する場面の両方が存在することがうかがえる。

　さらに 95 条ただし書においても、重過失と通常の過失との区別は容易ではないとされている[133]。このように、①無過失判断と無重過失判断との境界領域の不分明という問題と、②過失の判断基準を抽象的過失とみるか、それとも個別具体的な表意者ないし行為者の能力を基準とする具体的過失とみるか、という観点もふまえて以下、第 3 節において近時の下級審裁判例を分析する。

---

133) 佐久間毅『民法の基礎 1〔第 3 版〕』（有斐閣、2008 年）151 頁。

第 3 節　近時における下級審裁判例の分析

1　保証金（敷金）返還請求権および不渡異議申立預託金返還請求権

以下では、特に譲受人の属性・専門性、譲受債権の性質、同種の債権について特約が付されていることについての周知性、という 3 つのファクターに着眼して、下級審裁判例を検討することにする。

(1)　譲受人の属性・専門性

営業使用目的の賃貸借や店舗の賃貸借では、保証金（敷金）返還請求権に譲渡禁止特約が付されることも多い。その他の預託金返還請求権に特約が付されることもある。保証金・敷金返還請求権の譲渡が問題になった事例においては、複数存在する譲受人がそれぞれ、①専門的法律知識を有する弁護士、②不動産の賃貸および管理をも事業目的としている者、③不動産の仲介等を事業目的とする金融業者である場合において、賃貸契約書を見ることによって譲渡禁止特約の存在を容易に確認できたにもかかわらず、これを怠った点に重過失があるとされている（【1】判決[134]）。

他方で、不渡異議申立預託金返還請求権[135]の譲渡の事例において、「貸金業の登録を受けていても副業として貸金を行っていたにすぎず」、銀行取引およびこれに付随する銀行業務の実態や慣行について「特に一般人以

---

134)　東京高判平成 8・6・26 公刊物未登載。
135)　異議申立預託金返還請求権に関しては、小澤・後掲注 137) 56 頁以下に説明がある。異議申立は、支払銀行が支払義務者から事態説明を記した不渡返却依頼書の提出を受け、手形金相当額の預託金を受け入れ、この預託金を原資として異議申立提供金を手形交換所に提供することによって、異議申立てがなされる。この異議申立提供金を受け入れると、支払銀行は、普通支払義務者に対し、「預り証」を発行するが、右預り証には、「お預かり金の返還請求権を第三者に譲渡または質入れすることは堅く禁じます。」と記載されているという（昭和 42・6・20 東交 50 号東京銀行協会鋼管部長発「異議申立に関する預託金の預り証について」の文例参照）。

上の知識経験を有していたとは認められがたい場合は本件債権の譲渡性の有無について特に疑問を抱かなかったとしても不思議ではない」として、重過失を否定したもの（【2】判決）がある[136]。同様に【2】判決の上告審では、「タクシー運転手として稼働する傍ら保険代理業を営むとともに、貸金業の登録をして知人等限られた範囲の者に貸し付けをしていた者」が不渡異議申立預託金返還請求権を譲り受けた場合につき、同様に重過失が否定されている（【3】判決[137]）。

このように下級審裁判例は、金融業を営んでいることから形式的・画一的に判断するのではなく、金融を本業としているか、プロとしての調査能力とその手腕の行使が現実に期待されるかどうか、譲受人の具体的な能力をふまえて、調査確認義務違反の有無を実質的に判断している。

(2) 特約の目的および合理性

もっとも金融業者である場合や金融に関する専門知識を有する場合であるからといって、常に重過失が肯定されているわけでもない。すなわち【1】の原審（【4】判決[138]）は、金融に関する専門知識を有する譲受人の（軽）過失を肯定しつつも、次のように述べて、重過失を否定した。「本件保証金は、本件賃貸借の終了後本件ビル6階の明渡義務の履行までに生ずる賃料相当額の損害金債権その他賃貸借契約により賃貸人が賃借人に対して取得することのある一切の債権を担保するものと考えられ、賃貸人は、賃貸借の終了後本件ビル6階の明渡しがされた時においてそれまでに生じた右被担保債権を控除してなお残額がある場合に、その残額につき賃貸人が返還義務を負担するものと考えられる。そうすると、保証金自体で賃貸人のリスクは担保されるのであるから、賃貸人にとって、本件債権に譲渡禁止特約を付する合理性に乏しいものというべきであり、また、一般的に保証

---

[136] 大阪高判昭和62・3・31金法1159号29頁（評釈：堀内仁・手形研究403号（1987年）44頁、石川美明・法時60巻8号（1988年）77頁、渕上勤・判夕677号（1988年）74頁、西尾慎一・判夕646号（1987年）76頁）。
[137] 最判昭和62・11・24金法1179号37頁（評釈：小澤一郎・判夕706号56頁）。
[138] 東京地判平成7・10・31金法1463号36頁（評釈：原啓一郎・判夕945号76頁）。

金返還請求権あるいは敷金返還請求権について譲渡禁止特約が付されているともいえない。したがって、本件債権譲渡の際、各担当者が本件債権につき譲渡禁止特約が付されているか否かを調査しなかったことをもって、悪意と同視すべき重大な過失があるものとはいえない。……」

つまり【4】判決は、①預金債権の場合と異なり、保証金返還請求権に譲渡禁止特約が付されているのが一般的であるとまでは言えないことと、②特約を付す合理性の乏しさを指摘し、特約の有無を調査確認しなかったとしても、重過失に当たらないとしており、特約の合理性・必要性に対する消極的評価を考慮して、判断をしている。このような態度は過去の高裁判決にも見られ（前掲【2】判決）。【4】判決は【2】判決を踏襲したものと推察される。

すなわち【2】判決は、同様に銀行に対する預託金返還請求権に付されていた譲渡禁止特約違反の譲渡が問題になった事案において、譲受人の重過失を否定したものである。その際、預金債権には譲渡禁止特約が付されていることが一般的に認知されているといわれており、比較的容易に重過失が推認される傾向があるとされるところ[139]、公知性（周知性）という観点からは、銀行に対する債権である以上、特約により譲渡性が制限されていることが一般に知られている度合いについて両者に差はないという参加人の主張に対して、次のように応じている。

「参加人は、金融機関を債務者とする債権については一般に譲渡禁止の特約が付されていることは世間周知の事実である旨主張するが、各種預金債権の場合であれば格別、本件のような預託金債権についてまでそのようにいうことはできない（預金の場合は、大量の取引が行われる関係上預金債権者の確認や譲渡の事実の確認を行うことは事務処理上煩雑であつて過誤を生じやすいこと、及び預金は銀行の貸出等による反対債権につき担保的機能を果しているところ、預金債権が譲渡されると相殺による反対債権の回収が事実上困難となることから譲渡を禁止する必要性が認められるのに対し、本件預託金

---

[139] 後藤勇『民事裁判における経験則——その実証的研究』（判例タイムズ社、1990年）125頁以下。

債権については預金債権の場合と異なり特に譲渡禁止を必要とする事情は見当たらない。）。」

本来「重過失」とは、わずかな注意さえ払わなかったために容易に予見可能な結果を予見しなかったこと、あるいは注意義務の著しい違反を非難する帰責性要件であるはずである。しかし、これらの判決のように、特約によって実現しようとする債務者の利益に正当性があるかという実質的判断を混入させるものも存在する。重過失判断においては債務者側の利益や特約締結の目的等様々なファクターが総合的に検討されているのである。

(3) 取引の経緯

さらに取引の経緯が考慮に入れられることもある。加盟店が信販会社に対して有する保証金返還請求権について債権譲渡が行われるにいたった経緯を問題にし、譲受人が税理士という専門職に従事する者であっても、総合判断により、重過失を否定したものがある（【5】判決）[140]。

事案は、A社が顧問税理士Xから無利息で300万円の貸付を受けたので、Aの代表取締役Bが保証人になると共に、Aが訴外C社に対して有する保証金返還請求権（528万円）を担保として差し入れたが、その後AとXは右担保を解除し、新たにAがD信販会社に対して有する預り保証金債権を担保として譲渡する旨合意したところ、その請求権に譲渡禁止特約が付されていたというものであった。裁判所はまず次のように述べて、Xの悪意を否定した。

「Xは、本件貸付の担保として本件債権の差し入れを受けるに際し、A社との関係（得意先）やこれまでの経験等から、本件債権の具体的内容には特段関心を持たず、むしろA社の経営上の利益から弁済を受けることを期待し、かつその回収見込みに疑いを差し挟む特段の事情はなかったものであり、本件債権の具体的内容についても、甲女（Bを指す［以下に同じ］

---

[140] 福岡地判平成22・1・28公刊物未登載、同判決は内藤寿彦「（判例の紹介）譲渡禁止特約の付された債権を譲り受けた原告の悪意又は重過失の存在が否定された事例」みんけん637号（2011年）50頁。

－筆者注）から受けた説明以上の確認はせず、譲渡禁止特約の存在を承知していなかったと認められる」と判示した。続けて判決は次のように述べて、重過失も否定した。

「一般論として、金銭を貸し付けて、担保の提供を受ける場合には、貸主としてその担保の内容や回収可能性に当然に関心を持つことが多いと考えられる。しかしながら、①Xは貸付を業とする者ではなく、本件貸付もA社や甲女との個人的信頼関係に基づいて行われたこと、②XはA社の経営状態に不安を感じておらず、その事業収入から本件貸付の返済を受けられるものと考えていたこと、③Xは本件貸付に当たって担保の提供を求めておらず、むしろ甲女から担保として保証金返還請求権が差し入れられたこと、④その後、本件貸付の担保について、保証金返還請求権から本件債権に変更されている経緯としては、甲女の夫が担保として差し入れていた保証金返還請求権について無断返還を受けてしまったという特殊な事情によるものであることからすれば、Xが本件貸付けの担保に特段関心をもっておらず、その担保からの回収に関する制限についても特に疑いをさし挟むべき事情はなかった。本件債権のような債権に譲渡禁止特約が付されていることは一般的に公知のものとも言い難いことに加えて、Xの立場や本件貸付の経緯、本件貸付後の事情からすれば、Xにおいて譲渡禁止特約の存在を特に強く疑うべき事情が存したとは認められず、譲渡禁止特約を認識しなかったことについてXに悪意と同視しうる重過失があったとまでは認められない。」

本判決は、譲受人が金融業者ではないという属性に加えて、譲受人が貸付の担保として本件債権に対して有する関心の度合い、貸付および債権譲渡取引の経緯等を考慮に入れている。そして特に【4】および【5】判決は、「悪意と同視しうる」重過失があったかという定式をとっており、悪意の証明困難を救済する意味での「重過失」を問題にしているものもあるが、【1】～【3】判決には、「悪意と同視しうる」という文言は使われていない。

2 請負代金債権

次に約款等によって譲渡禁止特約が付されることが多く、近時多く問題になっている請負代金債権に関する裁判例に目を転じる。

(1) 悪意の証明困難を救済する意味での「重過失」

まず譲受人の属性や専門知識を前提としたうえで、悪意を推認するものがある（【6】判決）[141]。【6】判決は、金融実務に相当程度の知識・経験を有している者が民間の建築工事請負代金債権を譲り受けた事案で、次の認定事実を元に譲受人の悪意を推認した。すなわち、①譲受人が手形貸付の方法により短期間に多数回の貸付を行っており、債権回収の手段として不動産担保や本件債権譲渡の方法が採られていること、②譲受人には過去に貸金業者登録の実績があり、金融実務に相当程度の知識や経験を有していたこと、③当該請負契約書の表面に「条件および注意」という見出し付きで譲渡禁止特約が記載されていたこと等の諸事実である。

次に譲渡人Ａが金融業者である譲受人Ｙに４口の請負代金債権を譲渡したのち、破産し、破産管財人Ｘが譲渡の無効を主張した事案において、Ｙの重過失を肯定した裁判例がある。第１審（【7】判決）[142]は、①基本契約書や債権譲渡禁止特約の有無についてＹがＡに尋ねたか、契約書や注文書を見せるよう求めたか、をめぐって証言が食い違っているものの、証人Ｂは、Ｙの従業員でＡの担当者であったＣからの伝聞情報として、Ａ以外のＹの取引相手（融資先）から譲り受けた債権には、訴外Ｅ組やＦ建設に対する債権も含まれており、それらには譲渡禁止特約が付されていたこともあるから、本件譲渡債権にも同特約が付されている可能性は予測できた旨証言し、Ｂの陳述書には、Ａから譲り受けた債権に予想外の譲渡禁止特約が付されている場合に備えて、Ａから還付請求承諾書を取った旨の供述記載があること、②請負代金債権には譲渡禁止特約が付されることはし

---

[141] 東京地判平成6・12・15金法1413号38頁。
[142] 横浜地判平成16・6・8金法1754号81頁。

第3節　近時における下級審裁判例の分析　55

ばしばみられることを総合的に考慮して、仮にYが特約の存在を知らなかったとしても、重過失があったとした。

控訴審（【8】判決）[143]も、ほぼ同様の判断枠組みに従い、「Yは、売掛債権担保融資を業として行っている会社であり、Aから譲渡を受けた本件譲渡債権が、いずれも請負代金債権であり、上記工事請負契約約款に慣らって譲渡禁止特約がついているのが常態であることを認識していたと推認されるし、仮にYが本件譲渡禁止特約の存在を知らなかったとしても、……重過失がある……」とした。

【7】【8】判決はいずれも、悪意にかなり近い事例を捕捉するために重過失要件を利用していると考えられる。

(2) 譲受人の属性と特約の調査確認義務

これに対して請負代金債権に関する裁判例のうち多数を占めるのは、譲受人の金融関係の専門知識・経験等の有無を問題にした上で、（特に標準約款等で譲渡禁止特約が付されていることが通常形態となっているような場合には）譲受人に調査確認義務が存在すること前提として、その違反を問責するタイプのものである。たとえば金融業者（【9】[144]【10】[145]【11】[146]判決）やファクタリング業者（【12】判決）[147]については貸付先等の信用調査や債権管理回収業務などの専門性が認められることにかんがみ、また弁護士も高度な法律的専門知識および豊富な業務経験を有する者として（【13】判決）[148]、「工事請負代金債権を譲り受けようとするにあたっては、あらかじめ譲渡禁止特約につき調査すべきであって、これを怠り漫然、本件債権を譲り受けたとすれば、右特約の存在を知らないとしてもそのことにつき重大な過失がある。」とされている。

---

143) 東京高判平成16・10・19金法1754号75頁。
144) 東京地判平成7・9・4公刊物未登載。
145) 東京地判平成11・1・26判時1692号82頁（評釈：野口恵三・ＮＢＬ683号72頁）。
146) 東京地八王子支判平成10・6・26公刊物未登載。
147) 東京高判昭和63・6・27判時1283号103頁（評釈：野口恵三・ＮＢＬ415号60頁）。
148) 前掲注120）大分地判平成16・3・26。

反面、債権譲渡取引に精通していない譲受人（原動機の卸売を業とする者で公社や地方公共団体と請負契約その他の取引をした経験がない）が、請負代金債権の原因契約である請負契約書の中身を確認することなく、融資金の代物弁済として、これを譲り受けた事案において、譲受人が債権譲渡を受けたのが初めてで、約款を読む機会もなく、代物弁済につき公正証書を作成するにあたり、法律専門家である公証人から債権の内容を明確にできる資料を求められたので、譲渡人から交付された請負契約者の一枚目の写しを交付したところ、公証人が、公正証書に公社が債務者であることを含む本件債権の表示をしたのに、譲受人に対して本件債権について譲渡禁止特約が存在するかもしれないとの注意をすることもなく、公正証書を作成したため、譲受債権に譲渡禁止特約がないものと譲受人が信じた事例で重過失が否定されている（【14】判決）[149]。【14】判決の事案では、むしろ公証人と譲渡人の共謀さえ疑われかねない事例であるという特殊性が見られる。
　ここでも、譲受人の専門性・属性が重過失認定の要素として、重要な選別機能を果たしている。

(3) 特約の周知性の有無と調査義務の関係
　国、地方公共団体および大手企業等が注文主となる建設請負契約においては約款により譲渡禁止特約が付されることが通例となっており、その限りでの周知性はあるといえるかもしれない。しかし預金債権とは異なり、およそ請負代金債権一般に譲渡禁止特約が付されているとまではいえない。また相殺予約による担保的機能により債務者（銀行）が第三者に優先する優先権を有すべきことについて社会的にコンセンサスがあるとみられる預金債権と比べた場合、請負代金債権にはそのような相殺の担保的効力による保護が当然に容認されているわけでもない。
　比較的初期（昭和末期）の裁判例には、請負代金債権に関して、特約が付されていることの周知性があるとまではいえないとしつつも、金融業者

---

[149] 高松高判昭和 56・1・16 金判 641 号 38 頁。

の専門性に照らして、調査確認義務違反につき重過失を認めたもの（【15】判決）がある[150]。すなわち【15】判決は、「このような特約の合理性については、代金債権を譲渡した請負人はその後注文者に一定期間義務だけ履行するという関係に立つから、これが請負人の誠実な契約義務の履行に影響を与える虞れを否定できず、少なくとも注文者にそのような不安を及ぼす結果となることは明らかであるから、その合理性を首肯しうるものである」と述べて、特約に周知性が認められなくても、合理性があれば、それが特約の効力を譲受人に対抗できることを容認するファクターの１つになりうることを示している。ここでは専門業者には、特約の調査確認義務が、周知性の有無に関係なく課せられるという関係性をみてとれる。それと同時に、①(1)でみた【2】【4】判決と同様に、特約の合理性を検討して、重過失の判断に反映させている。もっとも、【15】判決においては、請負契約における特約の必要性・合理性を認めて、重過失評価を肯定している点で、逆方向に作用している。

　他方で、特約に周知性があるかないかの前提条件が重過失の肯定・否定の評価を大きく左右するとみるものもある。１つは、梱包作業代金債権の譲渡において、総合商社が特約の調査確認を行わなかった場合、過失（すなわち注意義務違反自体）は認められるものの、重過失にあたらないとした事例である（【16】判決）[151]。【16】判決は、「譲渡禁止特約が付されているのが通常であると認めるに足りる証拠もなく、また、本件第三債務者が譲渡人に対して経済的に優位な立場にあるということから、一般に債権譲渡が禁止されているとまで認めることはできない。まして、右のような契約には、一般的に代金債権につき譲渡禁止特約が付されていることが広く知られており、商取引を行うものにとって周知の事柄に属すると認めるに足りる証拠はない。さらに、譲渡人が本件第三債務者らから請け負っていた作業が、本件第三債務者らにとってどの程度の重要性を持っていたかということを判断するに足りる証拠はなく、譲受人が、右重要性や、本件譲渡

---

150) 仙台地判昭和60・11・1訟務月報32巻7号1512頁。
151) 大阪地判平成10・6・29公刊物未登載。

禁止特約以外にも譲渡人と本件第三債務者らとの間の具体的な契約内容等を知っていたと認めるに足りる証拠もない。そうすると、譲受人が、法務部門を有する日本の代表的総合商社の一であって、商取引について一般人に比較すると数段高い知識と経験を有している」にもかかわらず、請負代金債権の発生原因たる契約書の提示や交付を受けず、債務者が大手の会社でありその力関係から譲渡禁止特約が締結される可能性があるにもかかわらず、特約の有無につきその他の調査を行っていない譲受人に過失があるとしつつ、この種の請負代金債権に特約が付されていることは通常であるとはいえず、ましてや周知の事実でないから重過失とはいえない、とした。

逆に周知性が認められることを重視して、重過失を肯定するものがある（【17】判決)[152]。【17】判決は、一般的に債権譲渡禁止特約が定められる場合が多いとされる運送業務委託契約に基づく請負代金債権に関する事例で、「特に、継続的な運送契約及び多数の取引先を有する大手の運送事業者の運送契約においては、決済等事務処理の円滑性等の要請から譲渡禁止特約を付すことに合理性がある」とし、「上記認定事実によれば、継続的かつ大手運送業者の締結する運送契約においては、債権譲渡禁止特約が定められる場合が一般的であり、運送契約に利害関係を有する者には周知されたものと認められ、また、金融業者は、日常業務において手形貸付を行う際には、リスク管理を念頭に手形貸付金の回収のため債務者の経営状況を調査するだけではなく、債権回収の一手段として債権の譲渡を受ける場合には、当該債権の内容や特約の有無についても十分調査することは金融業者としては当然」であるとして、重過失を肯定した。

テレビ番組製作会社にテレビ番組の制作を発注する場合の請負代金債権の譲渡事例でも類似の判断が示されている（【18】判決)[153]。すなわち、①テレビ局がテレビ製作会社にテレビ番組の製作を発注する場合は、書面による契約が交わされるのが通例であり、ほとんどの場合譲渡禁止特約が付

---

152) 長野地松本支判平成18・1・19訟務月報52巻8号2675頁。
153) 東京地判平成10・5・6金法1544号77頁。

第3節　近時における下級審裁判例の分析　59

されていること、②譲受人は都市銀行であり、融資の実行にあたり取引先の信用を調査することが重要な業務の内容となっており、高い信用調査力を備えている。しかも譲受人は本件目的債権の第三債務者にも融資を実行しており、本件と類似の番組製作発注にかかる請負代金債権に譲渡禁止特約が付されているのが通例か否かを調査する能力を備えていたこと、③ＹがＡとの間で債権譲渡予約契約を締結した時点で、ＡはＹに対して、約束した担保の不提供および返済期限の不遵守という債務不履行に及んでおり、しかも直前にＡが第１回の不渡りを出しており、ＹはＡの信用状態および説明内容に疑問と不審の念を抱いていたはずである。このようなＡの態度に直面したＹは、譲渡予約契約を締結し、また右契約に基づき本件債権につき債権譲渡の実行行為を行う場合、Ａの担当者が譲渡予約契約の対象となる債権についての契約書が存在しないと説明したかどうかを問わず、その債権の中に譲渡禁止特約が付されたものが入っていないかどうかを慎重に検討することは当然の課題となるはずであること。以上のような事情が考慮されている。

　【15】判決が、周知性の有無と無関係に重過失を肯定する一方、【16】判決は周知性の欠如を重過失否定の判断の軸に据える。【17】判決は周知性があることを重過失肯定の判断の軸に据える。【18】判決は「周知性」という言葉を使っていないが、特約が用いられることが通例であることから、専門業者たる譲受人に重過失があるとしている。これらをまとめると、重過失およびその前提となる特約の調査確認義務違反は、専門業者が譲受人である場合は、一応特約について周知性の有無と無関係に肯定されうるが、周知性が肯定される場合は、そのことだけで重過失を肯定する方向に強く作用するという傾向を指摘することができよう。

(4) 調査義務違反の内容

　次に譲受人の調査確認義務の具体的内容に関しては、確認のための行為を全くしていない場合は重過失が容易に肯定されている。すなわち、建設工事請負契約に関して特約が付されていることは金融業者にとっては周知

の事実であるとされ、本件請負基本契約書の定めにどのような事項が記載されているかを調査することが可能であったにもかかわらず、譲渡人に特約の有無を照会することすらせず、漫然と本件請負代金債権を譲り受けた譲受人の重過失が肯定されている（【11】判決）[154]。

　それでは譲渡人に特約の存否を照会しさえすれば、譲受人は重過失という評価を免れるか。少なくとも特約の存在が周知されているものについては、譲渡人に口頭で照会するだけで十分とは言い切れない。債権を譲渡しようとする者が、譲受人からの「特約違反の問題はないか？」という内容の照会に対して、誠実な解答を期待するのは困難だからである。譲渡人の答えを鵜呑みにするのは、現物を確認することなく目的物を売主の言のみを頼りに購入するに等しい。そこで、このような場合は、契約書の確認を要求すべきだとし、特約が記載された請負契約書を入手して確認しなかったり（【19】判決）[155]、譲渡人に対して複数の目的債権の各債務者との間の請負契約書、注文書等の提出を求めたところ、1人の債務者との契約書が提出されただけで、その契約書に譲渡禁止特約の記載がなく、提出された注文書のいずれにも特約の記載がなかったとしても、他の債務者との契約書には譲渡禁止特約の記載がある場合は、知らなかったことにつき重過失がある（【20】判決）[156]。あるいは工事請負契約書に目を通していないことも重過失である（【21】判決）[157]。契約書が確認できない場合には、第三債務者への照会に困難や障害がない事例であれば、併せて第三者への照会を調査確認義務の内容として明示するものもみられる（【22】判決）[158]。ただ第三者債務者へ照会すべきかとうかは微妙な問題があるので、第三債務者

---

[154] 前掲注146）東京地八王子支判平成10・6・26。
[155] 東京高判平成11・12・28金判1089号20頁。
[156] 東京地判平成8・3・19公刊物未登載。
[157] 函館地判平成9・10・29公刊物未登載は、「原告代表者は長年金融業を営む者であり、担保として債権を譲り受けることはその本来の業務に属するところ、公共工事には債権の譲渡禁止特約が付されている可能性があるのに、初めての取引相手から契約書一枚目のコピーを示されたのみで、それ以上に資料を確認したり事情を聴取することもなく債権譲渡を受け」たことは重過失にあたるとする。
[158] 東京地判昭和63・11・7公刊物未登載。

への照会が原則として求められる、ということはない。

3 売掛債権

最後に、特約が付されているのが常態であるとまではいえない指名債権の典型例として、売掛債権が挙げられる[159]。下級審裁判例の中には、売掛債権の性質を論じ、譲渡禁止特約が付されているのが一般的とする評価を示すものもあるが、一般の商取引では、業界ごとに取引慣行が相当に異なることから、安易に「売掛債権に譲渡禁止特約が設けられているのが一般的であるということはできない。」とも判示されている[160]。

(1) 悪意の証明困難を救済する意味での重過失

まず請負代金債権や保証金（敷金返還請求権）の場合と同様に、ほとんど悪意と同視できる事情に基づき、証明責任上の負担を考慮して、重過失を認めたものがある。すなわち譲受人の属性や特約の目的・合理性、周知性に一切触れることなく、客観的状況から、悪意を推認したに近い事案がある（【23】判決[161]）。譲受人の実質的経営者が特約付の売掛債権につき譲渡予約を締結するに際し、（譲渡禁止特約が記載された）譲渡人と債務者との間の基本取引約定書の交付を受け、その内容を見ていること、代金債権を譲り受けたと主張する日の後に更に同債権を差し押えていること、譲受人は登記簿上金融を営業とするものではないが、その実質的経営者は、金融機関に勤務したことがあり、個人として20年間金融業に携わるなどしており、上記事実に照らすと、譲受人は、目的債権に譲渡禁止特約が存在していることを知っていたか、そうでないにしても、上記経験や契約当事者間の信頼関係が要求される金型製造委託契約の性質にかんがみ、特約の存在を容易に予見することができるから、確認する義務があったとした。

同様に【24】判決[162]は、Xは、Aに対する売掛債権の代物弁済として、A

---

159) 池田真朗『債権譲渡の発展と特例法』（弘文堂、2010年）229頁。
160) 浅井・前掲注107) 16頁。
161) 東京高判平成5・2・25民集51巻5号2084頁。

のBに対する売掛債権を譲り受け、確定日付ある証書により譲渡がBに通知されたが、その後国Yが同売掛債権を差し押えたため、Bが債権者不確知を理由に供託した事案において、XがAとBとの間の債権譲渡禁止特約の存在を知っていたと認めることは必ずしもできないが、「本件取引基本契約には債権譲渡禁止の特約が定められていること、本件取引基本契約には、Bが用いる定型の契約書用紙が使用されていること、XとBとの間の取引が、AとBとの間の取引と同様形態の継続的商品売買契約であること、本件取引基本契約の契約書は長崎からX本社へ送付され、Xの代表社印が押捺された上で長崎営業所に送り返されたこと、本件債権の譲渡が本件取引基本契約後1か月半程度経過してからなされていることなど」から、Xは、AとBとの間においても本件取引基本契約書と同内容の契約が締結されており、AとBとの間に債権譲渡禁止特約が存在したことは十分予測することができた、としている。

【23】【24】判決はいずれも、実質的には悪意の推認によって処理することもあり得た事案を「重過失」として処理した事案であると考えられる。

(2) 譲受人の調査確認義務の内容

これに対して、立証上の困難に対処するというよりは、専門知識と経験を有する譲受人に調査確認義務を課した上で、容易に実施可能な調査確認を怠った場合を重過失と捉える一連の裁判例が存在する。調査確認の方法として、譲受人が譲渡人に照会することがまず考えられるが、譲受人の照会に対して、譲渡人の担当者が譲渡目的債権たる売掛債権につき取引基本契約書が存在しないと回答した場合にとるべき措置はなにか。このような場合に、金融業者が譲渡人の言葉をうのみにして、それ以上一切の調査を行わない場合は、重過失を認めるものがある一方、譲渡人への照会を行った以上、重過失は認められないとするものも存在する。以下(i)重過失肯定例、(ii)重過失否定例ごとにみていく。

162) 東京地判平成9・5・6公刊物未登載。

(i) **重過失肯定例**

譲受人の重過失を肯定した事例として【25】判決[163]がある。事案は次のとおりである。銀行Ｘが、Ａ商事会社に対する貸金債権を担保する目的で、Ａが商品の卸売先であるＢ商事に対して有する売掛債権（「本件債権」）を譲り受けたが、その後Ａが破産宣告を受け、Y1が破産管財人に選任された。Ａに商品を納入していたＣが本件債権を差し押えたため、Ｂは債権者不確知を理由に供託をし、さらにその供託金還付請求権をY1が差し押さえたので、ＸがY1およびY2を相手取り、供託金還付請求権が自己に帰属することの確認を求めたというものであった。裁判所は、「銀行としての高度な専門的知識経験及び調査能力に照らして要求される最低限度の注意を払い、譲渡禁止特約の有無という債権譲渡担保を行う際の基本的かつ初歩的な事項について正しく理解をすれば、これを確認調査することが容易であるのに、上記事項について正しい理解を欠いたため、必要な確認調査を怠り、本件債権譲渡を受けたものである。したがって、Ｘは、本件債権譲渡の際、譲渡禁止特約の存在を知らなかったことについて重大な過失がある」とした。本件で譲受人は、「商品の継続的売買取引については、取引基本契約書がないことも多く、同契約書がないのにわざわざ売掛債権について譲渡禁止の特約がなされていることも考えられない」と主張したが、裁判所は次の点を指摘してこの主張を退けた。すなわち①小売業における売掛債権について譲渡禁止特約が付されることも決して少なくなく、譲渡人と第三債務者との取引のように継続的に大量の商品の売買取引がされる場合、取引当事者間で包括的な取引基本契約が締結することは決して珍しくなく、譲受人の担当者は現に司法書士から取引基本契約書と譲渡禁止特約の有無につき確認するよう注意を受けていた。②ところが、取引基本契約書が存在しないという回答を譲渡人の担当者から受けたことから、譲受人の担当者がただちに譲渡禁止特約も存在しないと即断するに至ったのは

---

163) 大阪地判平成15・5・15金法1700号103頁（評釈：池田真朗・判タ1150号87頁）。

軽率であり、特約の有無につき第三債務者に照会してもよいかとの打診をしたり、第三債務者の承諾書を入手するようにとの指示を与えたりもしていない。

　控訴審も第1審の結論を支持し、「銀行は、独占的に銀行取引を業とする組織体として、銀行取引とりわけ融資及び担保に関し、実務上及び法律上の高度な専門的知識・経験並びにこれらの点に関する高い調査能力を有」するとして、8億円という高額の融資の唯一の担保として第三債務者に対する売掛債権を担保にとった事案で、控訴人が上記売掛債権を担保として確実に確保し得るよう万全の措置をとるべきであるとして、重過失を認めた（【26】判決）[164]。

　Xは、金融機関が貸付金の回収に動く場合と、これから取引を継続・拡大しようとする場合とでは、同じ銀行でも立場が違い、後者の立場にあったXとしては、取引先との信頼関係を最優先する必要があったと主張した。しかし、これに対しては、取引の継続を意図する場合は、取引先との信頼関係の保持に留意する必要があろうが、金融機関が融資実行の条件として適正な担保を要求することは当然であり、債権譲渡担保の設定については、取引基本契約書や第三債務者の承諾書を徴求することは何ら信頼関係を傷つけるものではない。融資依頼者が取引基本契約書が作成されていないと主張するのであれば、改めて作成を求めたり、承諾書の提出を求めればよいのであって、これができない理由はないとした。

　類似の事例として、①調査確認は、融資先代表者に対して譲渡禁止特約の存否を確認することをもって足りる、②融資先の信用を重視して、第三債務者への確認照会を控えた、とする主張を排斥し、融資先代表者に対する聞き取りの結果、基本契約が存在するであろうことを認識したにもか

---

[164] 大阪高判平成16・2・6判時1851号120頁（前掲注163）大阪地判平成15・5・15）の控訴審評釈：竹内俊雄・駿河台法学19巻1号（2005年）169頁、石黒清子・判タ臨時増刊1184号（2005年）34頁。武川幸嗣・受験新報642号（2004年）12頁、池田秀雄・銀法（2005年）636号（2005年）38頁）。同判決は、最決平成16・6・24金法1723号41頁（評釈：中野修・金法1736号51頁、池田真朗・金法1748号（2005年）34頁、浅井弘章・銀行法務21増刊644号（2005年）42頁））の上告棄却不受理の判断により確定した。

第3節　近時における下級審裁判例の分析

かわらず、これを入手せずに放置していた場合には、重過失があるとしたものがある（【27】判決)[165]。事案は、AがBに対して有する売掛債権をYに譲渡する一方、Aに対する滞納租税を徴収するために、国XがAのBに対する同債権を差し押えたために、Bが供託をした、というものである。XがYを相手取り供託金還付請求権を有することの確認を求めた訴訟において、Yの担当者であるCは、直接B社と接触するのではなく、A社の代表者であるDを通じてBから基本契約書を入手しようとしながら、明確な理由のないままDに拒絶されて断念しているのであって、A社を通じた再度の確認、あるいはYらによる直接の確認・照会がはばかられる具体的な事情も何ら明らかとなっていないのであるから、やはり重過失がなかったということはできないとされた。本件でも目的債権が売掛債権であることから、債権譲渡禁止特約が付されていることが公知の事実であるということはできないにもかかわらず、重過失が肯定されている。

(ii) 重過失否定例

債権譲渡がされるにいたった経緯や状況を加味して柔軟に判断するものがある。1つは、譲渡人が手形不渡りを出し、譲受人らが売掛債権を早急に保全する必要がある状況下で、譲受人は被譲渡債権につき、問題のある債権かどうかを譲渡人に確認しており、第三債務者に確認を取らなかったことが重過失とまでいえない（【28】判決）としたものである[166]。

金融機関が担保目的で売掛債権を譲り受ける場合であっても、取引経緯次第では、取引に関する契約書の提示を求めず、また第三債務者に直接特約の有無を確認しない場合でも、重過失にあたらないとしたものがある（【29】判決）[167]。この判決はY銀行がAからCに対する譲渡禁止特約付売掛債権を譲り受けたところ、Aが破産し、その破産管財人であるXが譲渡の効力を争った事案に関するものであり、その判断を以下のように理由付

---

165) 津地判平成20・3・11訟務月報55巻4号1917頁。
166) 東京地判平成13・3・13金法1626号142頁。
167) 大阪地判平成17・11・30金法1795号62頁（評釈・池田真朗・判タ1241号37頁、吉田光碩・金法1798号4頁、浅井弘章・銀法674号55頁等）。

けている。①譲渡に際して、Aの代表者BはYの担当者に対し、Cとの間に譲渡禁止特約や取引基本契約書は存在しない旨の説明を口頭および書面でしている。そして、当時、AYは多年にわたって継続的取引関係にあり、過去10年以上にわたって支払の遅滞がなく、経営状況が決算書上特に悪化していたわけでもなかったのであるから、Yらにおいて、Bがあえて事実と異なる説明をするとは考え難い状況にあり、Bの説明を信用したからといって、Yらに落ち度があるとは言い難く、そもそも、B自らも当時はこれらは存在しないものと思っていたのであるから、Yらにおいて、Bの言動から不審な点を見出すことは不可能であったといってよい。

②Xは、上場企業であるCとの力関係や、一般に製造業では資金調達額ベースで53％の割合で譲渡制限が設けられていることや、AとCとの間の取引が継続的に行われ、相当額の月商があったことなどを根拠に、Yらは、譲渡禁止特約の存在があると予想すべきであったと主張するが、取引基本契約書が作成されずに譲渡禁止特約が合意されることは稀であるといえるところ、「文房具などで、取引基本契約まで締結するのかなと思っていた。」というY担当者の判断が不合理とはいい難い上、契約当事者であるBにおいてすら、取引基本契約書は作成されていないと考えていたのであるから、譲渡禁止特約の存在を当然予想すべき取引関係にあったということはできず、上記主張は採用できない。なお、Bがその存在を一切告げていない以上、Yらが、Bに対し、インターネット取引に関する契約書の提示を求めなかったことに、大きな落ち度があったともいえない。

③BはCに対してAの信用不安が広がらないようにするためにあえて、債権譲渡担保の連絡が行かない方法を選択したのであるから、YにとってCが融資取引先であること、両者が同じ系列グループであること、Yが大企業であることなどを考慮しても、Yらにおいて、Bの意向に反して、Cに対し、譲渡禁止特約や取引基本契約書の有無を照会することは、事実上不可能であったといえるし、中小企業の経営支援という本件制度の趣旨などに反することにもなりかねず、これをすべきであったということはできない。その他、本件債権譲渡にあたって、Yらにおいて、本件特約の存在

を特に強く疑うべき（事情が存在）したことは認められない。これらの事情を総合的に考え、重過失を否定した。

第4節　検討

1　二様のアプローチ

(1)　悪意の推認に近いもの

　請負代金債権・売掛債権に関する事例では、譲受人の内心を直接うかがい知ることには限界があるため、悪意を推認したり、客観的証拠から限りなく悪意に近いと評価可能な状況を捉えて重過失を認定したとみられるものがある（【6】【7】【8】【23】【24】判決）。これらは、重過失を悪意と同視できる趣旨を、「客観的事情から悪意の蓋然性が高い場合に、債務者が、より困難な悪意の主張挙証を避け、より容易な重大な過失の主張挙証をするということにより、特約の利益を主張することを認めようということにある」と解し、最判昭和48年が確立した準則を適用するにあたって、重過失の認定を慎重に行うべきことを示唆する学説の見方に沿った運用を実践するものといえる。なお最判昭和48年以前の判例では、譲受人が特約の記載された書面を見たり、その交付を受けていた事実をもって悪意を認定した裁判例が複数みられるという指摘も存在した。最判昭和48年は、既に下級審裁判例が先んじて行っていた柔軟な「悪意」認定を追認する形で、しかし「悪意」認定が裁判官の裁量で不当に緩和されることを危惧して、「重過失」概念を導入したものであり、従来の下級審裁判例との実質的連続性を保ちながら、より適切な法的構成を与えたものと評価することも可能であろう。仮に最判昭和48年が、右の意味において、客観的状況から悪意と同視できる重過失のみを捕捉する趣旨を述べたものであるとすれば、譲受人に調査義務を一般的に観念して、著しい調査確認義務違反を重過失とし、評価上悪意の場合と同視することは、判例準則の趣旨から遠く離れた運用であり、「重過失要件を条文に規定するなどという提案はもってのほか」という批判を受けることになる[168]。

(2) 譲受人の属性・専門知識を踏まえた具体的な過失論

　しかし下級審裁判例の傾向としては、金融に関する専門知識を有する譲受人が特約の存否につき調査確認すべき義務を負うことを前提に、特に「悪意と同視できる」かどうかという評価を介することもなく、容易に実施可能な確認措置を怠ったことが著しい義務違反に当たると判断していると読むことのできる裁判例が比較的多い。

　詳しくみると、重過失を肯定した裁判例中、「悪意と同視できる」という枕詞を付すものは、わずかに1件（【25】判決）で、付さないもののほうが圧倒的に多い（【1】【9】【10】【11】【12】【13】【15】【17】【18】【19】【20】【21】【22】【26】判決）。否定例に目を転じても、「悪意と同視できる」という枕詞を付すもの（【4】【5】判決）より、付さないもの（【2】【3】【14】【16】【27】判決）のほうが相対的に見てやはり多い。

　そもそも最判昭和48年は、重過失概念を客観的状況から悪意と同視できる場合に限定する言辞を用いていない。重過失ありと認定された以上、それは466条2項ただし書の適用においては、常に悪意と同等に評価してよい、という立場を示したものとも理解することができるのである。

　その後の下級審判例を分析した結果、失火責任法に関する最判昭和32年および最判昭和48年の差戻審の判断基準を実質的に踏襲し、行為者（譲受人＝第三者）の現実の注意能力を基準として、その高度な能力からすれば、ほんの僅かな注意さえ払えば、特約の存在を認識することができたのに、これを怠り、特約を認識しなかったことを重過失と判断するという一般的な傾向が浮かびあがってくる。

　取引基本契約書が交わされる継続的取引や標準約款により締結されることが通常形態である請負契約に基づき発生する債権を担保目的や債権回収目的で譲り受ける場合、譲受人として登場するのは通常はプロの金融業者、大手商社、弁護士、税理士など一定程度の法的な専門知識を有する者である。このような者には、たとえ特約が付されることに周知性が認められる

---

168) 池田・前掲注116) 10頁。

といえない場合であっても、特約の有無につき調査確認義務を課してよいと考えられている。他方で、そのような専門知識やノウハウをもたない譲受人については、実質的な調査能力に鑑み、調査確認義務は否定ないし軽減されている。

つとに道垣内弘人は、失火責任法や95条に限らず、法令や判例で見られる「重過失」概念に横断的な考察を加え、その意味合いを探る際の糸口として重要なのは、「重過失」の判断において、行為者の負っている注意義務の程度を考慮に入れるかどうかにあることを指摘し、466条2項ただし書の「重過失」については、次のように述べていた。

「譲渡禁止特約付きの債権を債権者が第三者に譲渡したとき、損害を被りうるのは債務者であるところ、債務者は、まさに譲渡禁止特約を締結した当事者であり、債権者に譲渡を奨励すべき立場にはいないし、譲受人に譲り受けを奨励すべき立場にもない。そうであるならば、特約の効力主張を、譲受人が悪意または悪意に準じる場合に限定されるいわれはない。そこで、譲受人の有する能力、譲受人に期待される注意レベルが重過失の判断に組み込まれることになる[169]」。この分析は大多数の裁判例の思考枠組みを的確に説明するものといえる。もっとも、既にみてきたとおり、下級審裁判例は悪意と同視しうる場合も含めて重過失という概念を用いており、この2つの「重過失」の判断枠組みは二律背反の関係にない。1つの条文ないし判例準則が両方の機能を持つことは排斥されないであろう。

加えて「重過失」判断は、譲受人の行為態様のみならず、特約の目的や合理性（【1】【2】判決）、換言すれば債務者が特約によって譲渡性を制限する必要性や合理性、さらには取引経緯（譲渡契約締結に至る事情や締結後の諸事情）も広く考慮要素に含めて（【29】【30】判決）、総合的に行われている。これは「重過失」という規範的要件がちょうど一般条項のような役割を果たしていることを示している。すなわち、譲渡目的債権の種類や発生原因の性質と特約の目的・合理性の検証とともに、譲受人側の事情として、譲

---

[169] 道垣内・前掲注92) 563頁。

受人の属性に加えて、譲渡人—譲受人間の債権譲渡契約の性質・目的なども考慮して、特約の対抗を認めるべき場合には重過失を肯定し、認めるべきでない場合に否定するという柔軟な運用をしているようにさえみえる。

　以上のように、466条2項ただし書における重過失は、「悪意と同視できる」程度の客観的な事情がある場合を捕捉するという場面と、専門知識のある譲受人の調査確認義務の著しい懈怠を問題にし、かつ総合考慮の下で譲受人に対する特約の対抗を認めるべきかどうかの比較衡量を「重過失」要件を通じて行う場面、という二面が存在している[170]。

(3) 調査確認義務の内容

　裁判例の中には、特約に周知性が肯定されないケースでは、およそ譲受人に特約の調査確認義務は生じないという立場に依拠するものもある一方で（【29】判決）、周知性の有無と無関係に、譲受人の調査確認義務自体は認める（判決文中で明示的に「過失はあるが、重過失とはいえない」という表現をする）ものも存在する（【1】【16】判決）。

　では重過失が認められた事案においては、具体的にどのような調査確認義務の違反が問題視されているのか。特約につき公知性のある債権に関して、譲受人がまったく調査確認していない（譲渡人に特約の有無を照会すらしていない）ことから重過失を肯定するものがある一方（【11】判決）、逆に譲渡人に特約の有無を含め、問題のない債権かどうかを問いただしたことを理由に重過失を否定したものがある（【28】判決）。譲渡人に確認さえすれば十分かというと、必ずしもそうではなく、譲渡人に特約の存否につき照会したところ、特約がないという譲渡人の回答を真に受けて、それ以上の調査確認をしなかったことを問題視するものも存在する（【25】判決）。特に目的債権の原因契約の書面である賃貸借契約書（【1】判決）、請負契約書、取引基本契約書等（【9】【10】【12】【19】【21】判決）の内容を確認していないことをもって重過失とするものが目立っている。

---

[170] したがって、道垣内・前掲注92）540頁がいう二分類のどちらかではなく、両方のタイプの重過失判断が混在しており、二者択一である必然性はない、ということになる。

さらに厳しい注意義務を譲受人に課しているとみられるのは、前記【25】判決の控訴審である【26】判決である。【26】判決は、高度な専門的知識と経験を持つ金融機関が、8億という高額の融資の唯一の担保として売掛代金債権を譲り受ける場合は、「売掛債権を担保として確実に確保し得るよう万全の措置をとるべきである」としており、この定式に至っては、無過失を要求しているのと変わりないという批判が提起されるであろう。

　次に、契約書を確認できない場合に、債務者に直接コンタクトをとり、特約の有無を確認する必要があるか。債務者への確認を必要と考えるもの（【22】判決）と、特に長年の取引関係があり、取引基本契約書は存在しないという譲渡人の担当者の説明を信頼してよく、また担保目的の債権譲渡において債務者へ照会することを譲渡人が嫌う場合は、信用不安を惹起するリスクを避けて、譲渡人の意向に沿うべき場合もあるから、譲渡人の担当者に特約の有無を確認すれば足り、債務者への確認までは求めるべきでないとするもの（【29】判決）とに分かれている。

　この点については、467条が債務者の認識を基軸とする対抗要件制度を採用していることとの関係にも留意すべきである。すなわち467条はもともと、債権の帰属変動に関する情報を債務者に集中し、当該債権を譲り受けるなど、当該債権に法的利害関係を有する者は、債務者に照会して、債権の帰属変動の有無等を確認するという行為に出ることを想定した制度であった。そうすると特約の存否を確認するための最も確実な方法は債務者への照会であり、債務者に直接確認する義務を措定してよいようにも思われる。ところが、債権譲渡の事実を危機状態が現実に到来するぎりぎりの時点まで公にしたくないという譲渡人の要請にこたえる形で、いわゆるサイレント方式の債権譲渡が多用されているのは周知のとおりである。加えて、近時にいたっては、債務者を蚊帳の外に置いた形での第三者対抗要件制度が特例法で認められるにとどまらず、債権譲渡登記による公示の一本化を見据えた改正が検討の俎上に上っている。つまり債権の帰属に関する情報を債務者ではなく、むしろ債権譲渡登記に集中させようとする取引観念が熟成するにつれて、債権の内容・性質・付帯情報等についての情報収

集も債務者を介することなく行うことが一般化しつつある。特に近時重要性を増しつつある集合債権譲渡担保に関しては、譲渡禁止特約の有無を調査するために、目的債権の債務者に逐一アクセスしなくても、それが重過失という法的評価を根拠付ける十分な事実とは見られなくなる可能性が高いと考えられる[171]。

2 重過失と周知性との関連

(1) 周知性・公知性の役割

次に特約の周知性（公知性）と重過失判断との論理的関係を検討する。「周知性」と「公知性」という表現を比べた場合、語感として、「周知」は特定の領域内で認知されていること、「公知」は広く一般公衆に認知されていること、というニュアンスの使い分けがあるとすれば、後者は前者より認知度が高い場合に用いるべきことになろう。しかし判決文等で周知性・公知性という概念が用いられる場合、それほど意図的な使い分けがされているようには思われないので、ここでは両者を特に区別することなく使用する。第3節における検討から、譲受人に調査確認義務があることを前提とした上で、その調査能力に照らして義務違反の程度の甚だしさ＝重過失を認定する際の中間項として特約の周知性が用いられていることが明らかになった。すなわち特約に周知性・公知性があるにもかかわらず、特約の有無に関する譲渡人の回答をうのみにして、それ以上の調査をしようとしなかったことは重過失と評価されやすい。取引基本契約書の提示を求めたり、第三債務者へアクセスしたりしない場合などがこれに該当する。もっとも、債務者への照会を求めることは、実務慣行との関係から批判も強い[172]。預金債権や国や地方公共団体等を債務者とする請負代金債権のように、特約が取引慣行として定着しているものと異なり、特約に周知性

---

171) 池田・前掲注168) 241頁の、「債権譲渡が正常業務型の資金調達方法として広く行われるようになり、しかも譲渡人の信用不安の惹起を避けるためにことさら債務者に接触しない第三者対抗要件具備方法としての債権譲渡登記が（民法上の確定日付ある通知の代替手段として）制定された以降は、やはり対抗要件の基本構造に一定の変質があったとみるべきであろう。」という指摘は重要である。

があるとはいえないものに関しては、譲渡人の回答に疑問をさしはさむべき点が特になければ、その回答を信用して、それ以上の調査は必要ない、と明確に述べるものもある。このように周知性が調査確認義務の前提として必須かどうかについても、下級審裁判例の判断にはばらつきがみられる。

　判決が、特約の目的や合理性を考慮していた事例で問題になっていた譲受債権は、いずれも特約が付されることにつき周知性があるとはいえないものであった（【2】【4】判決）。預金債権や建築請負代金債権に付された特約のように、標準約款という形で取引慣行として確立されているものについては、その目的と合理性が既に一般的な承認を受けており、裁判所によるチェックを改めて行う必要がないものと理解されているのであろうか。

(2)　従来の判例分析との関係

　従来の判例分析の中には、目的債権に特約が付されていることに周知性があれば、それに対応して重過失が肯定されているという分析もみられた[173]。しかし、重過失判断においては、多様な要素が複合的に考慮されており、特約の存在の周知性はそうした要素の1つとして位置付けられるとみるものが一般的であった。例えば、丸山健は、「譲渡禁止特約についての譲受人の悪意または重過失を考える場合、判例は従来から、①譲渡禁止の理由・目的、②特約の公知性の有無・程度、③譲受人の銀行取引等の経験の有無・程度、④特約の契約書面等への記載の有無、記載状況等を総合して判断している」とまとめている[174]。

　原啓一郎は、①当該債権の性質すなわち譲渡禁止特約が付されていることが一般的であるかどうか、②右の事実が、一般人に周知されているか、

---

172) 池田（秀雄）・前掲注164) 42頁。浅井・前掲注107) 17頁は、第三債務者への調査確認が事実上不可能であったことを立証すべく、「譲渡人と債務者の間には、取引基本契約書はなく、譲渡債権につき譲渡禁止特約も存在しません。第三債務者との関係悪化を避けるため、上記の点に関し、貴行が債務者に直接確認なさることはご容赦ください」という主旨の銀行宛譲渡人作成の書面を差し入れさせる」とういう措置をこうじて、重過失評価を回避することが考えられるとする。
173) 水野・前掲注107) 204頁。
174) 丸山・前掲注107) 51頁。

もしくは譲受人の職種、経験等に照らして譲受人が知り得るものであったか否か、③債権譲受人の譲受時の行動、具体的には特約の存在を窺わせる書面を見ていたか否か等の3つを主要なポイントとした上で、「実務上、少なくとも商人等銀行取引の経験のある者が銀行預金債権を譲り受けた場合及び建築業界にある程度通じている者が請負代金債権を譲り受けた場合には、原則として重過失ありと認定される傾向がある。」としている[175]。

若干異なる視点からの分析例として、譲受人の「調査確認態様」に着眼した類型化を提唱するものもある。すなわち、裁判例を、①譲受人が譲渡禁止特約につき何らの調査確認を行わずに譲り受けた事例群と、②譲受人が一応の調査確認を行ったが、それが不十分とされた事例群とに分けている。

そして、①の類型の事案においては、前述の禁止特約の理由及び目的、特約の公知性の有無、譲受人の銀行取引等の経験の有無・特約の契約書面への記載の有無、記載状況等のファクターに基づく総合判断であるという分析が優れるが、②の類型においては、もう一歩立ち入った検討が必要であり、上述の4つのファクターの相互作用だけでは適切に分析することができないとする。

本章では、これらの先行業績に多くを負いつつも、多様な下級審裁判例から抽出される最大公約数的な傾向は何か、総合判断の軸がどこにあるのか、学説が挙げる複数のファクター相互間の関係はどうなるのかという問題意識のもとで、ファクターの指摘に留まらず、総合判断の構造を少しでも可視化することを心がけた。不当な一般化・単純化の誤りの危険を冒しつつ、本章の分析において、得られた暫定的な結論は次のとおりである。

第1に、譲受人の行為態様から悪意を推認できる場合に近い場合を重過失要件でカバーするという場面が存在する。これは債権的効果説が言うように、基本的には悪意の立証困難に対処する限りで、悪意を推認することができない場合でも、客観的状況から特約の対抗力を認めるべき場合を捉える装置として重過失要件が使われる場合である。

[175) 原・前掲注107) 77頁。

第2に、仮に悪意の推認が難しい場合でも、目的債権の性質と譲受人の特性・専門的知識を考慮して、特約の存否につき調査確認義務を負うべきかどうかが決定され、その義務違反の程度の大きさを斟酌する場面で、特約の存在がどの程度譲受人が属する業界において周知されているかが意味を持っている。つまり周知性は譲受人の義務違反を肯定する前提条件ではなく、譲受債権と譲受人の属性から既に課されている義務違反の程度の著しさを基礎づけるファクターとして考慮されている、という論理的関係を明らかにした。同時に周知性とは、その種の債権につき特約を付す取引慣行が確立し、標準約款のような形で定型化されている場合を念頭におくものであり、預金債権や建築請負代金債権に関しては、そのような取引慣行の熟成をもって、特約の目的・合理性判断を省略することが許されるという含意があるように思われる。このような見方が正しいとすれば、判例の「周知性」というファクターの中に、当該特約に合理性・正当性があるという規範的評価も織り込み済みということになりうる。
　もっとも、譲受人に専門的知識がある場合でも、譲渡人との特殊な関係や、譲渡に至った経緯を斟酌して、特約の存否について債務者に問い合わせるなど、立ち入った調査をしなくても、著しい義務違反とはいえないと判断される場合もある。そのような特段の事情はケースバイケースというほかなく、およそ一般的な準則化にはなじまない。

③ 譲渡禁止特約をめぐる紛争の実態

(1) 譲渡禁止特約をめぐる紛争類型

　次に譲渡禁止特約をめぐる紛争実態という観点から、下級審裁判例を鳥瞰すると、興味深い現象が観察される。①譲受人が債務者を相手取って提起する譲受債権請求事件が極めて少ない（僅かに【2】【3】【9】【12】判決）のである。
　圧倒的に多いのは、債務者が弁済または供託により免責されて法律関係から離脱した後、譲渡人の債権者相互間で特約付債権を奪い合う局面において、特約違反の譲渡の効力を争う事例である。すなわち、②譲渡人が破

産し（【5】【13】【26】【29】判決）、あるいは③目的債権につき譲渡と差押えが競合し、もしくは多重譲渡が行われたため（【1】【4】【6】【10】【11】【15】【16】【17】【18】【19】【20】【21】【22】【23】【24】【25】【26】【27】【28】判決）、債務者が供託をした後に、供託金還付請求権の帰属を債権者間で争う紛争類型が466条2項ただし書の解釈問題の主流をなしている[176]。他に、④破産管財人が既に譲受債権を回収した譲受人に対して不当利得返還請求をするもの（【7】【8】判決）と、⑤譲渡人の一般債権者による仮差押えに対して譲受人が第三者異議の訴えを提起するもの（【14】判決）もみられる。②〜⑤の紛争類型では、いずれも、債務者の利益と譲受人の利益との調整問題としてではなく、特約違反の譲渡が無効であり、目的債権が譲渡人の責任財産に帰属していると主張することにつき利益を有する第三者（差押債権者・破産債権者）と目的債権の譲受人の利益とが対立しており、債権者相互間での利益衡量が実質的には問題とされている。

　②〜⑤の紛争類型では、債務者の利益をもはや考慮する必要がないとして、第三者が特約の効力を主張することに対して否定的な評価がしばしば述べられている。とりわけ、「少なくとも債権譲渡特例法に基づく登記等によって債権譲渡の事実が公示されている場合には、差押債権者の利益よりも譲受債権を担保に新規融資を行った金融機関の利益を十分尊重し、重過失の有無を検討する必要がある」という見方に注目すべきである[177]。これらの評価は、債務者対抗要件と第三者対抗要件の分離が制度として実現している今日において、譲渡禁止特約をめぐる法律関係に関しても、債務者との関係と債務者以外の第三者との関係を完全に分離して規律する発想の萌芽を示すものといえる。譲渡禁止特約の効力見直しにおいて検討されている相対的効力案の発想の根底には、債権譲渡をめぐる法律関係につき債務者とそれ以外の第三者との関係を一体的に捉えるこれまでの対抗要件制度に縛られた考え方から解き放たれて、両者を基本的に切り離して別

176）既に中田・前掲注58) 509頁が概括的には指摘している。
177）浅井・前掲注107) 16頁、池田・前掲注168) 221頁。

個に考察するという新しい対抗要件制度観が横たわっているとみることができる[178]。466条2項ただし書をめぐる現実の裁判例を見る限り、主要な問題はむしろ債権者相互間の利益対立の調整基準を確立することにある。そこでは当該債権が譲渡人の責任財産に帰属していると主張する利益を認めるべきか、認めるとしてどのような場合に認めるべきか、という視角から譲渡禁止特約の効力を再考する必要があるだろう[179]。

(2) 判例法の動きと債権法改正への提言

その際に一般債権者（差押債権者）・破産債権者と担保債権者との利益対立の問題として、担保権の設定を受けることにより自己の利益を確保しようとした者の利益を優先させる利益衡量が行われる可能性がある点にも注目したい。そして、譲渡担保権者を差押債権者や破産債権者（特別清算人）との紛争において、保護する利益衡量は、特約違反の債権譲渡の無効主張権者を制限し、譲渡人の特別清算人による無効主張を認めなかった前掲最判平成21・3・27[180]において明確に示された。

この問題に関して、法制審議会での改正論議が始まる前の段階において、民法（債権法）改正検討委員会が提案した条文案を素直に解釈すると[181]、特約違反の債権譲渡に基づいて譲受人が債務者に履行を請求した場合、債務者は抗弁として譲渡禁止特約の存在を主張することで請求を拒絶することができるが、更に再抗弁として、譲受人が自己の善意無重過失を主張立証すれば、債務者は特約を対抗できない、という主張立証責任の分配構造

---

178) 民法（債権法）改正検討委員会編『債権法改正の基本方針』【3.1.4.03】＜2＞＜ウ＞において、特約違反の債権譲渡につき第三者対抗要件が備えられている場合で、譲渡人について倒産手続の開始決定があったときは、債務者は特約を譲受人に対抗することができない、としている。
179) 中田・前掲注58) 513頁、法制審議会民法（債権関係）部会第45回会議議事速記録（平成24年4月17日) 13頁［中田委員発言］。
180) 前掲注127) 最判平成21・3・27。
181) 【3.1.4.03】（債権譲渡禁止特約の効力）はその＜1＞で特約違反の譲渡の効力は妨げられないとしつつ、ただし債務者は特約を譲受人に対抗できる、としたうえで、＜2＞において、ただし書にも関わらず、＜イ＞において、債務者は譲受人が特約につき善意で、かつ重大な過失がないときは、特約を譲受人に対抗することができない、としていた。

になっていた。もし譲受人が自己の善意について証明責任を負担すると解するのであれば、債務者による悪意の立証負担を軽減するという重過失要件の側面は、その存在意義を失うことになる。つまりこの提案が理解する「重過失」は、悪意の立証困難という証明上の問題への対処を超えた実体法的意義を有する概念であることを示している。

　この点、法制審議会の議論においては、一応悪意・重過失の主張立証責任を再検討する余地もあることは示唆されつつも、債務者が譲受人の悪意（重過失）を主張立証すべきであるという判例準則を見直す方向の意見はみられず、結論的には現状維持を前提に、判例準則の明文化が提言されているとみられる[182]。

　無重過失の要件化に対しては、①譲受人に調査確認義務を課すことになりかねず、それは466条2項ただし書の趣旨に適合しない、②重過失要件を課すことによって、譲渡禁止特約が付されていることが、一定程度社会で広く認知されているものについて、当然に譲渡禁止特約を対抗できることになるのではないか、という指摘がある[183]。しかしいずれの批判も、現在の判例法との整合性・連続性という点からは、決定的な論拠になりえていない。すなわち②は、周知性の肯定＝重過失の肯定に直結するという理解に基づくものと思われるが、本章の分析のように、譲受人の属性や専門知識が不足する場合は周知性がある場合でも重過失は否定される可能性が高いし、またたとえ金融業者であったとしても、取引経緯や譲渡人との関係性次第では、周知性＝重過失肯定となるわけでもないので、この批判は当たらない。また①についても、譲受人に特約の調査確認義務を課すことが、466条2項ただし書の趣旨に適合するかどうかは、同条の規範構造をどう理解するかによるのであり、伝統的通説と同様に信頼保護規範と解する余地もある以上、この批判も外在的なものにとどまる。

　②(1)および③(1)でみたとおり、下級審裁判例の中には、悪意に準ずるようなケースで重過失を認定するものも存在し、また周知性がある場合に限

　　182）法制審議会・前掲注23）「論点の検討(9)」6頁、第1(2)ア後段。
　　183）法制審議会・前掲注23）「論点の検討(9)」7頁。

り、譲受人の調査確認義務が生じるかのような判断を示すように読めるものも存在した。しかし、周知性は悪意を推認するための架橋概念というよりは、金融の専門家に調査確認義務を課した上で、容易に実施可能な調査確認のための措置すら取らなかったことを問責するための中間項として用いられている。周知性のない特約についても、諸般の事情によって重過失を肯定する事例がこのことを物語る。多くの下級審裁判例の根底には、金銭債権を譲り受ける者は、その目的債権（客体）が様々な属性を持ちうることを前提に、譲渡性を制限された債権かどうかを調査すべきだとする、絶対的効力を肯定する伝統的な考え方が存在しているのである。

以上の検討から、特約の効力に関して物権的効果説・債権的効果説いずれをベースにするかによって、「重過失」を明文化する【甲案】と、明文化しない【乙案】のうち、いずれを支持すべきかについてのスタンスも変わってくることが確認された。466条2項に関する現在の判例による解釈との連続性を重視し、特約の対外的効力を肯定した上で、かつその絶対効を維持する方向で検討を進めるのであれば、確立された準則を明文化する【甲案】が望ましいことになろう。

これに対して、特約の効力を抜本的に見直して、その対外的効力を一般的に（あるいは金銭債権に限定して）否定するのであれば[184]、特約の有無につき調査確認義務を肯定することは整合性を欠くことになる。構造的に譲受人の過失の有無を問題にすべきでない以上、悪意に準ずる者のみを排除する【乙案】の方向と親和性が高いといえよう。

それでは、改正提案がいう絶対的効力案ではなく、相対的効力案をとる場合は、どう考えるべきであろうか。相対的効力とは、債務者との関係においてのみ譲渡の効力が相対的に否定されること、すなわち特約違反の譲渡は債務者以外の者との関係では常に有効と見るということである[185]。債務者が弁済や供託によって、法律関係から離脱した後の債権者相互間の

---

184) 法制審議会・前掲注23)「論点の検討(9)」1頁、第1(1)【甲案】および【乙案】。
185) 法制審議会・議事録（法制審議会民法（債権関係）部会第45回会議議事録）19頁［内田委員発言］。

第4節　検討　81

争いに関しては、基本的に第三者対抗要件具備と差押通知との先後関係で優劣が決まるという画一的処理に服するから、競合債権者間の優劣を柔軟に判断するという意味における一般条項的機能を担うものとしての重過失概念の存在意義は維持できない。その意味では、現在の判例が依拠する解釈論との連続性は失われる結果になる。とはいうものの、譲受人と債務者との間の紛争類型において個別事例に即した柔軟な解決をもたらすという点で、重過失概念になお固有の存在意義があると考えられる。たとえ紛争として現在あまり問題になっていないとしても、将来にわたってこの種の紛争が生じないとまで言い切れない。相対的効力案を採るからといって、債務者に限ってであれ、特約の対外的効力の主張を許す以上は、ただちに【乙案】を支持すべきことにはならない。金銭債権に対象を限定したとしても、特約の対外的効力を一律に否定することは実務に対する影響も甚大であり、問題が多い。結論として、特約の対外的効力を容認した上で、その相対的効果案を前向きに検討しつつ、重過失要件に関しては【甲案】を支持する立場が成り立ちうると考える[186]。

---

186) 法制審議会民法（債権関係）部会資料55「民法（債権関係）の改正に関する中間試案のたたき台(3)（概要付き）」14頁は、重過失を明文化している。

第5節　小括

　平成16年に行われた民法典口語化・現代語化の際、確立した判例準則の明文化作業が同時に進められたが[187]、466条2項ただし書の善意に「(無)重過失」を読み込む解釈準則の明文化は見送られた。本稿において仔細に見てきたとおり、下級審裁判例における「重過失」の判断基準および運用が十分に安定していないこと、ひいては譲渡禁止特約の効力の捉え方についても若干の揺らぎが見られることから[188]、その慎重な判断は現時点より回顧的にみても、やむを得ないものであった。しかし、われわれは、その結果、当時棚上げされた同じ課題にいま再び正面から向き合わなければならない。

　下級審裁判例には、重過失という概念を用いて、実質的には悪意が推認されうるに等しい場合を捉えている場合と、特約の絶対的効力を前提として、一定範囲の譲受人に特約の調査確認義務を課し、わずかの注意を払えば容易にその存在を知ることができたにも関わらず、特約の存否を十分に調査確認しなかった点を捉える場合とが混在している。後者の重過失判断においては、具体的な譲受人が金融に関する専門知識や経験を有することを前提として、特約の存否につき調査確認義務が課されている。また特約の周知性は、多くの裁判例において、譲受人の調査確認義務を導く前提条件というよりは、むしろ専門知識を有する譲受人が、その高い能力に照らしてわずかな注意さえ払えば容易に確認することができたことを、漫然と行わなかったという意味において、義務違反の程度の著しさを導くための中間項的な役割を果たしている。さらに、標準約款等の形に定型化されておらず、特約の存在が周知されているとまでは認められない債権において

---

[187] たとえば、表見法理の代表的な規定である、478条において債務者の善意無過失（最判昭和42・12・21民集21巻10号2613頁）、109条において第三者の善意無過失（最判昭和41・4・22民集20巻4号752頁）などが明文化された。

[188] 池田・前掲注168) 224頁は、【25】【26】判決の事案で問題になった譲渡禁止特約がそもそもその解釈上物権的効力を付与されるべき内容であったかどうかも疑問であるとする。

は、判断のファクターとして特約の目的や合理性、債権譲渡に至る取引経緯等の諸事情が考慮されることもある。重過失の有無はこのように複数のファクターを総合的に判断する場として重要な機能を果たしている。

　さらに興味深いのは、譲渡禁止特約をめぐる紛争において債務者の存在感が希薄化している現象である。466条2項ただし書の「重過失」の解釈が裁判上問題となる紛争において、債権者を固定したいという債務者の利益と債権取得に向けられた譲受人の利益との衡量が正面から問われる事例は稀になっている。主に譲渡人が倒産し、あるいは譲渡の目的債権に差押え・債権譲渡の競合が生じ、債務者が弁済または供託により法律関係から離脱した後に、譲受人と差押債権者ないしは譲受人と破産管財人・譲受人相互間での優劣関係が問題になっているというのが実態である。しかも、そこでは、規範的要件である「重過失」が様々な事情を総合的に斟酌する場として機能していることが注目に値する。対抗要件具備の先後や、特約の存在に対する譲受人の認識などの画一的な基準に従って、一刀両断に競合債権者間の優劣を判断するのではなく、重過失要件がある種の一般条項的な機能を担っている側面がみられ、個別事例ごとに柔軟な解決を導くことができる点において、そのメリットが本来同条が予定していたとは思われない形で発揮されているといえる。

　右のような裁判例の判断枠組みは伝統的な特約の絶対的効力を容認する考え方に依拠している。これに対して、今回の債権法改正提案が提言する特約の相対的効力案によれば、債務者が法律関係から離脱しているかどうかにかかわらず、債権者相互間の優劣は、第三者対抗要件の具備の先後によって決まるとされるから、従来の判例法との連続性は失われる。ここでは特約の効力に関する絶対的効力案から相対的効力案への移行の是非という問題に対する評価が密接に関連してくる。更に突き詰めると、特約の対外的効力を否定したうえで、悪意者への対抗のみを認め、重過失の明文化に積極的に反対する考え方へと行き着くことも考えられる。重過失明文化の是非という問題も、特約の効力をどう捉えるかという基本問題に対するスタンス次第で、その大体の方向性が決まってくるのである。

特約の存否を確認するために債務者へ照会する必要があるかどうか、という問題についても最後に一言しておく。債務者の存在感の希薄化現象はこの点においても顕著である。対抗要件制度に関する民法典の本来の基本構想に照らせば、個別債権の譲渡事例に関する限り、第三債務者への照会を調査義務の中身に含めてもよさそうである。しかしながら債権譲渡が譲渡人の信用状態悪化の徴表と受け取られることを恐れる取引上の通念がなお残存することもあり、また特例法上の登記により、第三者対抗要件が債務者対抗要件から分離して具備可能な法的状況が生み出された今日においては、債権獲得をめぐる優劣関係について債務者を蚊帳の外に置いたままで決着をつけることができるという取引観念が浸透しており、裁判例の中で第三債務者に対する確認義務まで求めるものは多くない。この点にも467条に定められた債務者の認識を基軸とする対抗要件制度の基本理念からの背反を示す1つの兆候が観察される。債務者の認識を基軸に据えた対抗要件制度の抜本的見直しという、もう1つの大きなテーマ[189]の検討は今後の課題としたい。

---

189) 中間的な論点整理第13、2(1)（部会資料9-2第1、3(1)［A案］および［B案］を参照。10頁。）なお法制審議会「論点の検討(9)」25頁第1(1)ア【甲案】および【乙案】となり、当初の方針よりも具体化された提案は相当程度後退した。

第3章
譲渡禁止特約に違反した債権譲渡の「無効」

　本章では、引き続き、譲渡禁止特約に違反して債権を譲渡した債権者または債権者と同視することのできる者が譲渡の無効を主張することが許されるかという問題を扱う。最高裁は、譲渡禁止特約に違反した債権譲渡の無効を主張することができる者を一定の範囲に限定する旨の判決を下した。従来の判例法が前提としてきた物権的効果説によれば、譲渡禁止特約には絶対的効力が認められるため、特約違反の譲渡は無効であり、かつその無効を誰でも主張することができるのが原則となるはずである。そこで、同判決がこれまでの裁判例の流れの中にどのように位置付けられるのか、とりわけ、物権的効果説を前提とする判例の立場に動揺が生じていることを意味するものなのかが問題となる。本章では、究極的に特約の効力をどう考えるべきかという問題を意識しながら、同判決が今後の解釈論・立法論に及ぼすインパクトについて考察することにしたい。まずは判決の事案と判旨の紹介から始めることにしよう。

第1節　最判平成 21・3・27 が投げかけた問題

最判平成 21・3・27 民集 63 巻 3 号 449 頁の事実関係および第 1 審・控訴審・上告審（最高裁判決）の判断は次のとおりである。

［事実］

　Xは平成 17 年 3 月 25 日に特別清算開始決定を受け、同手続を遂行中の株式会社である。Yは、会員に対する貸付、会員のためにする手形割引等を目的とする法人である。

　XとYは、平成 14 年 12 月 2 日、XがYに対して、次のア記載の債権の根担保として、イ記載の債権を譲渡する旨の債権譲渡担保契約（以下、「本件契約」という）を締結した。

　ア　XとYとの間の手形貸付割引取引に基づき、YがXに対して現在および将来有する貸付金債権およびこれに附帯する一切の債権
　イ　Xが株式会社A（以下、「A」という）に対して取得する次の債権のすべて
　　㈠　種類　　　　　　工事代金債権
　　㈡　始期　　　　　　平成 14 年 6 月 2 日
　　㈢　終期　　　　　　平成 18 年 12 月 2 日
　　㈣　譲渡債権額　　　1 億 5968 万円

本件債権には、XとAとの間の工事発注基本契約書および工事発注基本契約約款によって、譲渡禁止の特約が付されていた。その後XはAに対して、上記債権に含まれる、工事代金債権 α β γ を取得した。Aは、平成 16 年 12 月 6 日に債権 α につき、平成 17 年 2 月 8 日に債権 β につき、同年 12 月 27 日に債権 γ につき、それぞれ債権者不確知を供託原因として、所定の金員を供託した。そこでXは、Aの承諾なしになされた本件債権譲渡の無効を主張し、債権 α β γ につき供託金還付請求権の帰属確認を求めて提訴した（本訴）。これに対して、Yは、本件契約が有効であることを前提として、上記の還付請求権が自己に帰属することの確認

を求めた（反訴）。

原審は、Aが本件譲渡を承諾したものと認められない以上、特約に反してなされた譲渡は無効であるとして、Xの本訴請求を認容し、Yの反訴請求を棄却した。そこでYが、本件債権譲渡の無効を主張できるのは債務者Aだけであると主張して、上告受理申し立てを行った。

＜第1審＞（Xの本訴請求認容、Yの反訴請求棄却）

争点は次のとおりである。①AはXからYへの譲渡を承諾していたか、②承諾の有効性に対するYの信頼を、たとえば466条2項ただし書類推適用等により保護する可能性はあるか、③本件契約では、譲渡担保債権に瑕疵があることが判明したときは、Yの請求によりXは追加担保または代担保の提供を行う義務が生じると定める条項があることから、特約が存在しても、本件債権譲渡担保契約は当然には無効にはならないことを示しているといえるか（特約の合理的解釈）、④特約に違反した譲渡の無効を主張できるのは、債務者Aに限られるか。⑤特別清算手続の清算人X1が、Aの承諾の欠缺による債権譲渡の無効を主張することは、矛盾行為禁止原則に反し、信義則違反となるか。

判決は、①③④を否定し、②についても466条2項ただし書類推適用の可能性を抽象的には承認しつつも、本件においてはYに重過失があったとして、信頼の保護を否定した。なお④に関しては、「債権の譲渡禁止特約の効力について、同特約は債権の譲渡性を物権的に奪うものであり、特約に反してなされた譲渡は無効であり（物権的効力）、同特約は債務者の利益のためになされるのであるから、債務者が譲渡について承諾をした場合には、債権譲渡は譲渡の時に遡って有効となるとするのが確立した判例解釈である……Aの承諾を得られなかった以上、債権譲渡は無効であるというほかない。」と述べた。

⑤に関してはどうか。本件において、Aは既に供託しており、特約によって守られるべき債務者の利益は現存しないという主張に対して、特別清算手続においては、「財産を換価し、これを認可された協定案に基づき、債権者間に公平かつ平等に配当を行う必要があるが、本件債権の帰

趣は、他の債権者への配当率及び配当額に直接影響を与えることとなり、清算人において他の債権者の利益を考慮すべき立場にあるところ、本件訴訟において、代表清算人が、一般債権者よりも優先して本件債権の回収を確保する機会があったのに、……これを怠ったYを一般債権者と同列に扱おうとすることは、むしろ債権者間の公平かつ平等の理念に資することになると言える。」と述べた。以上の判断を不服としてYが控訴した。

＜第2審＞（控訴棄却）

　前記①②の点に関して控訴審はいずれも否定した。すなわち、Yが譲渡禁止特約の存在について悪意である以上、たとえAによる有効な承諾があったと信じたことについて無過失であったとしても、466条2項ただし書の類推適用は認められない、とした。

　また、Aは、債権者不確知を理由として供託した後も、本件債権の譲渡を承諾していないことが認められる。供託によりAが黙示の承諾を与えたというYの主張は理由がない、とした。

　そこで、Yは、特約違反の譲渡の無効を主張することができるのは、債務者Aに限られる、などと主張し、④⑤の争点に焦点を絞って、上告受理申立てをした。

＜上告審＞（破棄自判）

　「民法は、原則として債権の譲渡性を認め（466条1項）、当事者が反対の意思を表示した場合にはこれを認めない旨定めている（同条2項本文）ところ、債権の譲渡性を否定する意思を表示した譲渡禁止の特約は、債務者の利益を保護するために付されるものと解される。そうすると、譲渡禁止の特約に反して債権を譲渡した債権者は、同特約の存在を理由に譲渡の無効を主張する独自の利益を有しないのであって、債務者に譲渡の無効を主張する意思があることが明らかであるなどの特段の事情がない限り、その無効を主張することは許されないと解するのが相当である。」

　「Xは、自ら譲渡禁止の特約に反して本件債権を譲渡した債権者であり、債務者であるAは、本件債権譲渡の無効を主張することなく債権

者不確知を理由として本件債権の債権額に相当する金員を供託しているというのである。そうすると、Xには譲渡禁止の特約の存在を理由とする本件債権譲渡の無効を主張する独自の利益はなく、前記特段の事情の存在もうかがわれないから、Xが上記無効を主張することは許されない……。」として、第1審判決を取り消し、Xの本訴請求を棄却し、Yの反訴請求を認容した。

第 2 節　従来の判例法の枠組み

　466条は、1項において、債権の譲渡性を原則として宣言する一方、2項本文において、「当事者が反対の意思を表示した場合」には、この原則を「適用しない。」と定め、特約によって債権の譲渡性が奪われ、あるいは制限される余地があることを示している。そのうえで同項ただし書は、「善意」の第三者に特約の効果を対抗することができないものとするが、このことの意味について、本書の冒頭でも述べたとおり、債権的効果説と物権的効果説の対立がある。判例は物権的効果説に依拠するものと理解されてきている。

　そして判例は、債務者が特約違反の譲渡を事後承諾した場合、116条ただし書の法意を援用して、譲渡が遡及的に有効になるものの、それにより第三者の権利を害することはできない、と解している[190]。特約の趣旨が債務者の利益保護にあり、その債務者が特約の効力を主張する意思がないことを明らかにした以上、債権譲渡の効力を認めるべき、というものである。無権代理の効果につき、113条1項は、「本人が追認しなければ、本人に対してその効力を生じない。」と定めているところ、本人が追認した場合には本人への効果帰属が、追認を拒絶した場合には効果不帰属が、終局的かつ絶対的に確定し[191]、追認も追認拒絶もしなければ、浮動的な効果不帰属の状態が万人との関係において継続する。たとえばAがBに対して有する債権をAの無権代理人であるCがDに譲渡し、Bに対して確定日付ある証書で通知した後、Aの債権者Eが同債権を差し押え、差押命令がBに送達され、さらにその後にAがCの無権代理行為を追認したとする。このときは116条ただし書により、Dは第三者対抗要件を備えたにも関わらず、Eに優先権を主張することができない[192]。ここでもし、

---

190) 前掲注4) 最判昭和52・3・17、前掲注5) 最判平成9・6・5。
191) 最判平成10・7・17民集52巻5号1296頁。
192) 山本敬三『民法講義Ⅰ〔第3版〕』（有斐閣、2011年）327頁。

効果不帰属が本人と当該無権代理行為の相手方との間で相対的にのみ生じるのだとすれば、差押債権者と譲受人との間では譲渡が有効に成立し、先に対抗要件を備えたDへの譲渡がEの差押えに優先するはずである。しかし無権代理行為の浮動的な効果不帰属が絶対的に生じているとみれば、Aが追認をするまではDへの譲渡は万人との関係で効力を生じておらず、Aの追認によってはじめてEの権利が害されるという事態が発生することになる。つまりEが116条ただし書によってDに優先できるということは、無権代理行為の効果不帰属（未確定無効）が絶対的な効力を持つものであることを前提としていることを意味する[193]。

---

193) この点につき、無権代理行為の効果不帰属は、取消しに準ずる無効（意思無能力・錯誤の場合）とほとんど同じで、無効の一種とも言える、という指摘もある（四宮和夫『民法総則〔第4版補正版〕』（弘文堂、1996年）249頁）。

第3節　債務者の利益保護手段としての譲渡禁止特約

1　譲渡禁止特約の存在意義

　第2節で見た判例法との関係で、本判決がどのような意義を有するか[194]を考察する。
　第1に、従来から暗黙裡に是認されてきたことであるが、債権譲渡禁止特約の存在意義が債務者の利益保護にあるという理解を本判決が端的に宣言し、特約違反の譲渡の効力を規律する際の解釈指針として打ち出した点が注目に値する。もっとも本判決は、特約違反の譲渡が「無効」であることを前提に、その主張権者を限定する論法をとることから、債権的効果説とはなお一線を画したものであるといわなければならない。
　第2に、本件の第1審・原審が、特約違反の譲渡が絶対的に無効であって、原則として誰でも無効を主張しうることから出発しつつも、譲渡人ないしはその特別清算人による無効の主張が信義則に違反しないかを個別具体的に検討したのに対して[195]、最高裁はこれらと異なるアプローチを採用したことである。本件の解決策として、原則となる規範（絶対無効）を維持しながら、譲渡人および譲渡人と同視しうる者による無効主張のみを個別的に矛盾行為禁止原則との抵触という観点から封ずる方法もありえた。ところが本判決は、このような手法をあえて採らず、譲渡の「無効」を主張する資格のある者を定型的に限定する判断枠組みを示した。一種の相対

---
194) 本判決の評釈として、椿寿夫・リマークス40号（2010年）26頁、関武志・判例評論613号2頁（判時2063号（2010年）164頁）、中村肇・金判1324号（2009年）13頁、吉永一行・法セミ655号（2009年）120頁、池田真朗・金法1873号（2009年）6頁（池田①）、同・金法1905号（2010年）37頁（池田②）、塩崎勤・民情275号（2009年）72頁、四ツ谷有喜・速報判例解説vol6号（2010年）91頁、石田剛・判例セレクトⅠ（2010年）19頁、円谷峻・判タ1312号（2010年）49頁、吉岡伸一・法時81巻12号（2009年）104頁、角紀代恵・別冊ジュリ1398号（2010年）93頁などがある。
195) 譲渡人自身による無効主張を禁反言の法理により封じたものとして、東京地判平成12・4・25金法1598号57頁がある。

無効的な捉え方がここでも妥当するというわけである。

　本判決が信義則に依拠しなかった理由としては、特別清算人が占める特殊な法的地位に配慮した可能性も考えられる。すなわち清算人は会社の機関であり、委任の規定が適用される（会社651条1項）。そして清算人には会社の内部関係者である業務執行社員が選任される（会社647条1項）のが通常であるとされ、清算人は清算株式会社の業務を執行する者であり、会社と別個独立の法主体性を認められない。しかしながら、特別清算人は、他方で債権者、清算株式会社および株主に対して、公平かつ誠実に清算事務を行う義務を負う（会社523条）。そのような破産管財人に類似した任務に照らすと、譲渡人本人とその特別清算人の行為を完全に同視し、特約違反の譲渡の無効を特別清算人が主張することが、矛盾行為禁止原則に反するとまではいえない、とした原審の判断も首肯しうる。

　そこで本判決は、「無効主張の独自の利益」という概念を導入し、そのような独自の利益がないという限りにおいては、譲渡人も特別清算人も変わりがないという評価を下したものとみられる。本判決の射程が破産管財人にも及ぶかどうかは残された問題である[196]。破産管財人には法主体としての「第三者」性が認められ、倒産した当事者の各債権者に対してより多くの返済を公平に行うという「独自の利益」を持つから、本判決の射程から外れるという見方は十分になりたちうる[197]。

　なお本判決は、特段の事情として、「債務者が無効を主張する意思があることが明らかである」ときを挙げ、その場合は第三者や譲渡人もその無効に依拠することができるとしている。この点でも純然たる債権的効果説の発想を採っていないことが明らかである。すなわち特約による利益の享受主体が債務者であるからといって、無効の主張権者を債務者のみに限定したもの[198]と断定してよいものか、少なくとも判決理由からは明らかでない[199]。本判決は、特約の当事者である譲渡人・債務者以外の第三者か

---

196) 池田②・前掲注194) 29頁。
197) 池田①・前掲注194) 13頁。
198) 高橋譲・ジュリ1421号（2009年）101頁、および中村・前掲注194) 17頁。

94　第3章　譲渡禁止特約に違反した債権譲渡の「無効」

らの無効主張の問題について積極的に判断を下したものではないからである。そこで、引き続き、2において、いわゆる「相対的無効」という法効果が承認されている代表的な問題領域を2つ取りあげ、本問の問題状況と対比することにより、本判決の意義と射程を明らかにする。

2 相対的無効が問題となる事例群との比較

(1) 錯誤無効

現行民法は意思教説の強い影響により、要素の錯誤を理由に意思表示の拘束力から免れる際の効果を無効と構成している。意思の不存在をベースとした伝統的な考え方のもとでは、意思を欠く表示は拘束力を欠き、法的にはいわば「無」と同じであり、それゆえ錯誤無効の効果は誰でも主張できることになりそうである。意思無能力による無効についても同様のことが指摘されている。しかし少なくとも錯誤無効に関して、判例はいわゆる相対的(取消的)無効ともいうべき解釈を採用している[200]。錯誤が、錯誤に陥った表意者の利益を保護するための制度であるという理解に基づき、判例は、第三者による無効主張を原則として封ずる一方[201]、例外的に表意者が要素の錯誤を認めつつ、自らは無効を主張する意思がない場合に、表意者に対する債権を保全する必要性から第三者が、意思表示の無効を主張して、表意者の権利を代位行使できるとしたものがある[202]。換言すれば、第三者も、錯誤者が無資力であるため、自らの債権を保全する必要性から、債務者の意思表示の無効を主張することに独自の利益を有する場合には、代位行使という形を通じてではあるが、無効を主張できるのである。

錯誤無効における相対的(取消的)無効の意味を考える際に重要なのは、

---

199) 池田②・前掲注194) 28頁、石田・前掲注194) 19頁、角・前掲注194) 94頁は反対。
200) 債権法改正提案【1.5.09】【1.5.13】は、錯誤・意思無能力の場合の救済手段を取消しに改める方向を提案している(民法(債権法)改正検討委員会編『債権法改正の基本方針』別冊NBL126号(商事法務、2009年) 24頁、28頁。この提案はその後、法制審議会民法(債権関係)部会資料53「民法(債権関係)の改正に関する中間試案のたたき台(1)(概要付き)」7頁においては、錯誤に関してのみ採用されている。
201) 最判昭和40・9・10民集19巻6号1512頁。
202) 最判昭和45・3・26民集24巻3号151頁。

客観的に意思表示と見られる形象が存在する場合、その意思表示に自ら関与していない部外者とも言うべき第三者は、通常はその意思表示が有効なものであることを前提として行動してよい、ということである。例えば、Aが所有する甲土地を錯誤によりBに安価で譲渡し、所有権移転登記を得たBが甲土地をさらにCに転売した後で、Aによる錯誤無効の主張が認められた場合、CがAB間の売買契約にAの錯誤があったことを知らなかったことについて過失の有無を本来問題にすべきではない。意思表示の効力を左右する内部事情（表意者自らが表示との不一致リスクを負うべき事柄）について意思表示の外部者である第三者に調査義務を課すのは妥当でないからである。錯誤も虚偽表示と同様に、原則的には有効なものと扱われるべき意思表示の表意者個人の内心に関わる事項（内部事情）に過ぎない。それゆえ錯誤においては、表意者からの無効主張あるいは無効を主張する意思が客観的に明確化された場合にのみ、第三者にも無効を主張できるのが原則であると考えられる。

(2) 株式会社の代表取締役が取締役会の決議を経ないで重要な取引を行った場合の無効

判例は、会社法の領域においても相対的無効の考え方を展開している。すなわち会社法362条4項は、同項1号に定める重要な財産の処分も含めて重要な業務執行についての決定を取締役会の決議事項と定めている。代表取締役が取締役会の決議を経ないでした重要な業務執行に該当する取引も、「内部的意思決定を欠くに止まるから、原則として有効であつて、ただ、相手方が（取締役会の）決議を経ていないことを知りまたは知り得べかりしときに限つて無効となる」とされている[203]。

そのうえで、最判平成21・4・17[204]は、さらに次のように判示した。すなわち、「重要な業務執行についての決定を取締役会の決議事項と定めたのは、代表取締役への権限の集中を抑制し、取締役相互の協議による結論

---

203) 最判昭和40・9・22民集19巻6号1656頁。
204) 最判平成21・4・17民集63巻4号535頁。

に沿った業務の執行を確保することによって会社の利益を保護しようとする趣旨に出たものと解される。この趣旨からすれば、株式会社の代表取締役が取締役会の決議を経ないで重要な業務執行に該当する取引をした場合、取締役会の決議を経ていないことを理由とする同取引の無効は、原則として会社のみが主張することができ、会社以外の者は、当該会社の取締役会が上記無効を主張する旨の決議をしているなどの特段の事情がない限り、これを主張することはできない」。

　ここでは、本判決が、代表取締役が基本的には包括的な代理権（代表権）を有しており、その意思表示は原則として有効であるところ、重要な取引事項について取締役会の決議が欠けていることは、「内部的な意思決定を欠くにすぎ」ないと評価していることに注目すべきである。これは、代表取締役の意思表示は基本的に当該法人の意思表示と見てよいが、例外的に内部的意思決定を欠いたという事情（内部事情）のために、当該行為の効力に影響が生ずる場合、それは法人がその無効を主張する意思を客観化した場合にのみ、第三者もそれに依拠して効力を否定できる、というものである。表見代理（無権代理）というよりは、むしろ代理権濫用法理が適用される事態に近いものとして法律関係が捉えられている。会社の内部事情に基づく効力否定要因については、会社との関係においてのみ無効を認めればよいという発想がベースにある。

　もっとも本判決の評釈の中には、第三者からの無効主張を認めるべき場合もありうるとして、「特段の事情」をより柔軟に解釈し、無効の決議よりは広く解釈されるべきだとするものもある[205]。

　ここで、双方ともに同じ第二小法廷の判決でありながら、本判決が、最判平成21・4・17とは異なり、譲渡禁止特約の目的が債務者の利益保護にあるから、特約違反の譲渡は原則として債務者のみが主張することができる、という原則規範を立てなかったのはなぜか、という点が問題になる。以下、第4節でこの点を立ち入って考察する。

　205）松井智予「判批」民商141巻3号（2009年）372頁。

第4節　本判決の射程および波及効果

① 本判決の意義および射程

　本判決は、第1節でみたとおり、素直に読めば、特約の物権的効果を前提にした論理を構築していると考えられる。物権的効果説の発想は、特約は本来自由譲渡性を備えた債権の譲渡行為につき、譲渡人（旧債権者）と債務者間の合意において、譲渡人の内部事情（特約によって設定された義務による拘束）によって、意思表示の効力を制約するというよりは、取引客体である当該債権の譲渡性を剥奪ないしは制限する意味を持つと考えるものである（いわば「物的制限」ないしは「処分権限の制約」である）。そこでは、特約違反という譲渡人の債務不履行（違法行為）の効果として、譲渡の無効という、415条からは本来導かれない強い効果が法律により特に認められている、という独自の規律構造がみられる。それは譲渡行為の瑕疵の問題ではなく、譲渡の客体に付着した属性の問題であって、特約付債権を成立させる理由がたとえ債務者の利益保護にあったとしても、一旦成立した債権に内在する制約は絶対的効力を備え、譲渡の無効を主張することに利益を有する者は誰でもその無効主張を許されてよいことが出発点になる。これに対して錯誤無効は客体の属性ではなく、表意者保護のために、譲渡行為の効力否定を容認し、表意者の自己決定を尊重するための制度であって、無効主張権者は原則として表意者本人のみであることが出発点となる。このように、権利の帰属状態が変更していないという法定の効果をどの範囲の者が主張できるか、という問題は、意思表示の効力をそのまま容認すべきかどうか、効力否定規範が保護する名宛人に限定されるかどうか、という問題と次元を異にするのである。この点において、第3節②で見た、95条、会社法362条4項の諸事例における「無効」事例とはまったく同列には論じられない側面を有している。本意でない合意の効力を表意者が否定したい場面を規律する無効規範において、当該ルールの保護の名宛人

が錯誤者あるいは会社であるがゆえに、その無効主張権者が錯誤者あるいは会社に限定されるとしても、譲渡された債権に客観的な制約が課せられているという前提を動かさない以上、基本的に譲渡は無効であり、無効を主張することに一定の利益を有する者（たとえば一般債権者が債務者の責任財産から強制執行手続等により強制的に債権の満足を得ることに対して有する利益であってもよい）は、その無効主張を認められてよい、という方が筋としては明解である。逆にいえば、双方の問題領域を同列に扱おうとすること自体が、特約の効力に関して一定の（債権的効果説もしくは相対的効力説に親和的な）態度決定に与し、物権的効果説からの離反を示唆している、とも考えられる。

　調査官解説は、特約が債権の譲渡性を奪うという理解を廃し、債権の自由譲渡性を当事者の合意で左右することはできない、ただ債務者保護の観点から、債務者に特約の効力主張を認めたものである、という制度理解への転換を図るものとして本判決を位置付けている[206]。もしそのような転換を意図したのであれば、判例の定式もより端的にその旨を明示すべきであるし、差押債権者との競合事例を扱った前掲最判平成9・6・5との関係についても立ち入った言及をすべきであった[207]。

　このように本判決の読み方としては、特約の目的が債務者保護にあることから、原則として債務者のみが無効を主張できるとする見方も成り立つが、判決理由がそのような規範を立てずに、無効を主張する「独自の利益」という概念をわざわざ用いていることから、物権的効果説の枠内で、問題状況の違いを反映させた新たな枠組みを示したと見ることも可能である。以上をふまえて、(1)差押債権者、(2)善意無重過失の譲受人、(3)悪意・善意重過失の第二譲受人が債務者の事後承諾を得た場合に、それぞれ「第三者」として無効を主張する資格があるかを検討する。

---

[206] 高橋譲「判解」曹時64巻7号（2012年）246頁。
[207] 同旨を述べるものとして、赫高規「債権譲渡禁止特約と債権法改正」NBL987号（2012年）13頁。

(1) 差押債権者

　譲渡人の差押債権者は譲渡の無効を主張しうるか。譲渡禁止特約は差押禁止財産を一片の当事者の合意のみで作りだすことを認める趣旨ではなく、特約の存在につき善意悪意を問わず、無条件に差し押さえることができる[208]。このように特約付債権から強制的に満足を得ることにつき、差押債権者は「独自の法的利益」を有する。譲渡人の一般債権者は、譲渡人の責任財産を共同担保として把握しており、万が一債権の弁済を得られない場合は、譲渡人の責任財産に摑取力を有する[209]。このことゆえに、譲渡人が行う債権譲渡の効力を争い、譲渡が無効であると主張することで、目的債権が譲渡人の責任財産に残っていることに対して、独自の法的利益を有するとみることができる。もちろん当該財産に担保権を有する者との関係では、一般債権者の利益は劣後するが、当該担保権設定行為が民法上無効と評価されるために、結局自己の利益を貫徹することができてしかるべきである。そうだとすれば、本判決の枠組みに照らすと、差押債権者は譲渡の無効を主張する独自の利益を有し、債務者が無効を主張する意思を有するかどうかと無関係に、譲渡の無効を主張することができると考えられる[210]。

(2) 善意無重過失の二重譲受人

　次に善意無重過失の二重譲受人Ｚはどうか。この場合そもそも債務者は無重過失の譲受人に対して特約の効力を主張することができず、Ｚは誰との関係においても債権を取得し、Ｘとの関係においても、自己のみが債権の譲受人としての地位を主張できる。債務者でないからという理由で、善意無重過失の譲受人が譲渡の無効を主張できないということにはならず、ＺもＸへの譲渡無効を主張できると考えるべきであろう。

---

208) 前掲注 2) 最判昭和 45・4・10。
209) 現行民法典には明文がないものの、旧民法債権担保編第 1 条第 1 項には、「債務者ノ総財産ハ動産ト不動産ト現在ノモノト将来ノモノトヲ問ハス其債権者ノ共同ノ担保ナリ但法律ノ規定又ハ人ノ処分ニテ差押ヲ禁シタル物ハ此限ニ在ラス」と定められており、その趣旨は現行法にも承継されている。
210) 四ツ谷・前掲注 194) 94 頁。

(3) 債務者が悪意の第二譲受人に対する譲渡を事後承諾した場合

このとき、債務者が双方の譲渡を承諾するということは論理的にありえない。それゆえに悪意の第二譲渡に対する債務者の承諾は、第一譲渡の無効を主張する意思が債務者に存在することを同時に意味する（無効を主張する積極的な意思表示の存否を問わない）。これは本判決が「特段の事情」として予定する場合に該当し、このときは誰でも無効を主張できることになろうから、第一譲受人が不当利得返還請求をした場合も、第二譲受人は第一譲渡の無効を主張して、請求を免れることができると考えられる。つまり債務者の意思によって競合する複数の譲渡間の優劣が判定され、この場面では467条2項の対第三者対抗要件ルールが機能しないことになる。

② 本判決と債権法改正提案との関係

(1) 譲渡の効力についての相対的構成

467条はフランス法を継受した形で、債務者の認識を基軸とする第三者対抗要件制度を定めており、対債務者対抗要件と第三者対抗要件制度とが連続性を有している。ところが法人による債権譲渡については、すでに債権譲渡登記制度が導入され、その限りで債務者への対抗要件（権利行使要件）と債務者以外の第三者対抗要件制度の分離が行われている。さらに進んで、今般の債権法改正提案においては、債権譲渡登記制度への一元化の可能性を見据えた改正が検討され、債権譲渡の効果については、債務者との関係と第三者関係を一般法のレベルでまったく別に考察する制度設計が考えられている。

債権譲渡の法律関係を債務者との関係と債務者以外の第三者相互の関係に分離して規律する発想を特約付債権の譲渡事例に及ぼすとき、次のような解決の道筋が浮かび上がってくる。すなわち特約違反の譲渡の効力を対債務者関係と譲渡当事者間および対第三者関係とで分けて考察し、譲渡は基本的に有効であるが、債務者との関係においてのみ相対的に効力を否定され、しかも債務者からの無効主張のみを認めれば足りる、という考え方である[211]。本判決の読み方としても、債務者保護に必要最小限の範囲に

効果を抑える観点からは、無効の主張権者を原則として債務者に限定しようとする立場を萌芽的に示したものとみることができる。

この考え方は、譲渡禁止特約付債権が悪意・重過失の譲受人に二重に譲渡され、第二譲受人への譲渡を債務者が承諾した場合に、その無効を相対的に（対債務者関係と第三者相互の関係）とらえ、債務者の弁済は有効であるものの、二重譲受人相互間ではあくまでも時間的に先行する第一譲渡が有効であるとして、不当利得返還請求を認める考え方にまで発展してゆく可能性を秘めている。

(2) 改正法提案

債権法改正委員会による債権法改正提案【3.1.4.03】は、譲渡禁止特約の物権的効力というアプローチから、特約違反の譲渡も有効であり、債務者が特約に基づく履行拒絶を主張できるというアプローチへと見方の転換を図っている[212]。いわば債務者のみが特約に基づき、譲渡の効力を否定しうる権能が与えられている。これは無効の主張権者を債務者のみに限定するのと類似した立場となる。その意味において、債権的効果説に接近する。しかし債権的効果説は、特約違反の債権譲渡も有効であることを前提として、譲受人に悪意または重過失がある場合に限って、譲受人に対して悪意の抗弁権を主張することができる、というものであるのに対して、本提案は、特約違反の譲渡の効果を譲渡当事者と債務者との間の関係を区別している点で異なる（その限りで、一定の範囲内で物権的効果（処分行為の効力発生を阻止される効果）を認めている）。債務者は、原則として、特約の抗弁を主張できる（その限りで譲渡が無効といえるのと同じ主張——債務者との関係での相対的無効）が、譲受人が善意かつ無重過失のときは、譲受人に特約の抗弁を主張できない（無効主張を制限される）、というものである[213]。

211) 民法（債権法）改正検討委員会編『詳解債権法改正の基本方針Ⅲ——契約および債権一般(2)』（商事法務、2009 年）285 頁。
212)【3.1.4.03】1 項：債権者および債務者が特約により債権の譲渡を許さない旨を定めていた場合であっても、当該特約に反してなされた譲渡の効力は妨げられない。ただし、債務者は、この特約をもって譲受人に対抗することができる。

③ 悪意の譲受人が債務者が事前に承諾したものと誤信した場合

　最後に、最判平成21・3・27の上告審では争点になっていないが、興味深い問題として、譲渡禁止特約付債権の譲渡を債務者が個別に承諾した外形が存在し、その外形を信頼して譲り受けた者を保護することの可否および保護する場合の法的根拠に関する問題を考察しておく。

　上記のとおり、本件第1審および第2審において、466条2項ただし書の類推適用の可能性が検討されている。第1審は466条2項ただし書の類推適用の可能性を承認しながら、譲受人の重過失を認定して保護を否定した。すなわち、「金融機関で、かつ同特約につき悪意であるYらが、本件債権譲渡担保契約を締結する際、Aから債権譲渡の承諾を得たことを確認し、確実に担保を確保することは容易であったと推認すべきところ、「承諾書」と「工事発注基本契約書」の印影が明らかに異なっているにもかかわらず、Yの担当者が両者を同一のものと判断して、Aに対する確認を怠り、印鑑登録証明書の交付等を求めることもなく、承諾があると軽信したことから、Aの承諾があると軽信したことにつき重過失がある」と。これに対して第2審は、そもそもYらが特約の存在につき悪意である以上、およそ個別承諾に対する信頼は保護に値しないとして、466条2項ただし書の類推適用の可能性それ自体を否定した。

　確かに第2審のように、承諾の有効性に対する信頼を一切保護しないことも考えられる。しかし譲渡禁止特約の保護目的は、譲渡を絶対的に禁止するというよりは、新たな債権者を選択する過程に債務者自身が関与することができる地位を留保することにあるとみるべき場合も少なくない。たとえば承諾書が何者かによって偽造された場合、承諾の意思表示は存在しないものの、承諾の外形が存在し、その外形を有効な意思表示と信頼した譲受人を保護するための何らかの受け皿は必要ではないだろうか。問題はその法的根拠として466条2項ただし書の類推適用が適切か、ということ

　213）民法（債権法）改正検討委員会編・前掲注211) 285頁。

である[214]。

　もし、譲渡性のない債権を譲渡性のある債権であると信じた第三者の信頼を一般的に保護する趣旨を466条2項が含むと解するならば、特約の存在それ自体を知らない場合と、特約の存在を知りつつ、個別承諾の存在を知らなかった場合とを区別すべき必然性はなく、466条2項ただし書の類推適用により保護することが考えられる。そしてこの場合、譲受人の保護要件は善意無重過失ということになろう。

　しかし、本問題においては、一般的に譲渡性が制限されている債権に対して、例外的に債務者の個別承諾により禁止が解除されたことに対する信頼の保護、より端的にいえば、債務者が有効な意思表示を行ったことに対する信頼保護が問題になっている。本来は譲渡の無効を覚悟すべき状況に置かれた者が、例外的に譲渡を有効と扱われ、自ら権利を取得することができる特別事情の存在に対する信頼を保護される場面においては、表意者の真意に対して細心の注意を払うことが譲受人側に求められてよい。第三者の保護要件として善意無過失が、他面において、「表意者」とされた側には、その外形に意思的に関与したか、あるいはそれと同等の非難が可能な重過失が帰責性要件として求められてよいように思われる[215]。

---

214) 本問題とやや類似した局面に関するものであるが、判例は、法人の理事の代表権が定款で制限されている場合、代理行為の相手方がその制限を知っていたとしても、そうした代表権が制限されている行為を容認する旨の総会等の決議書等が偽造され、相手方が有効な決議の存在を信じて取引関係に入った場合に、旧54条（一般法人法77条5項、197条）類推適用ではなく、110条類推適用によるとしている（最判昭和60・11・29民集39巻7号1760頁）。

215) 94条2項類推適用および94条2項・110条の類推適用（最判平成18・2・23民集60巻2号546頁）は主として不動産取引において登記名義に対する信頼に公信力類似の保護を認める機能を果たす形で拡大しつつある。本問題ではまさしく意思表示の外形に対する信頼保護が求められており、少なくとも94条2項類推適用は検討されてよいだろう。ただしこの場面において、110条をも援用した類推適用をどこまで広げることができるか、慎重な検討が必要であろう。

第2部
ドイツ法における債権譲渡禁止特約

第1章 はじめに

第1節 債権譲渡禁止特約の対外的効力

　わが国の民法典は、債権を原則として自由に譲渡しうるものとし、流通を予定された財産権として扱っている（466条1項）。現代社会において債権取引の重要性はますます高まっており、債権の流動化を促進する動きはわが国の社会にも相当に浸透してきた[1]。もっとも、現行法における債権は、債権者が債務者に対して特定の行為を請求できるという法律関係を中核として構成されている（請求権としての債権）。それに加えて、債権法は契約自由の原則が広く妥当する領域であるために、類型強制（物権法定主義）に服する物権とは異なり、当事者は、じつに多様なバリエーションをもった債権─債務関係を形成することができる。すなわち当事者には、相手方を選択する自由（締約自由）と債務の内容を形成する自由が委ねられている。このような契約法の出発点からすれば、特定の債権者との関係でのみ義務を負担したいという債務者の利益も一定程度は尊重されてしかるべきである。

　そこで民法典は、債権の自由譲渡性を原則として掲げつつも（466条1項本文）、例外的に、①法律上および性質上の譲渡制限を定めるとともに（1項ただし書）、②当事者の合意によっても譲渡を禁止しうるものとした（2項本文）。ただし合意の効力を善意の譲受人には対抗しえないとし（2項た

---

1) 債権譲渡登記制度の導入はそうした流れを代表する近時の立法措置の1つである。また流動化をめぐる問題点全般に関しては、「座談会 債権の流動化による中小企業金融の円滑化」ジュリ1201号（2001年）10頁の特集、北川慎介「債権の流動化等における中小企業の資金調達の円滑化について」金法1607号（2001年）32頁などを参照。

だし書)、当事者意思の尊重と取引安全への配慮との間でバランスをとったのである。こうした規律はわが国の旧来の慣行にも十分配慮した折衷の産物であるといわれている[2]。このように、債権譲渡禁止特約（以下「特約」と略称することもある）の効力をめぐる問題は、私的自治と取引安全という2つの基本原理の緊張領域に属するものといえる。

特約の効果に目をむけると、特約は債権から譲渡性を奪うものであって、特約違反の譲渡は無効であると従来から説かれてきた[3]。これに対しては、特約は単に債権者に「譲渡してはならない」という債務法上の不作為義務を課すものであって、違反に対するサンクションは譲渡人の債務者に対する損害賠償責任に尽きるとする債権的効力説も有力に主張されている[4]。この説によれば、特約は当事者間において債権的効力をもつにすぎず、2項ただし書は債務者にいわゆる悪意の抗弁権を与えるものと解釈されることになるが、いまのところ通説的地位を獲得するにはいたっておらず、実務にも採用されていない[5]。したがって特約違反の譲渡は万人との関係で無効とされる。もっとも特約はもっぱら債務者の利益のために締結されるのが常であるから、債務者が特約違反の譲渡を事後承諾した場合にまでその効力をあえて否定すべき積極的理由はとくに見当たらない。そこで現在の実務は、特約の対外効を認めることを前提にしつつ、債務者が特約違反の譲渡を事後承諾した場合の法律関係については、無効行為の追完の一場

---

2) 米倉明『債権譲渡――禁止特約の第三者効』（学陽書房、1976年）21頁以下。
3) 我妻栄『新訂債権総論』（岩波書店、1964年）524頁他枚挙にいとまがない。
4) 前田達明『口述債権総論〔第3版〕』（成文堂、1993年）400頁は、とくに債権の自由流通性を促進するという視点と証明責任論との整合性における利点を強調する。古くは、杉乃原舜一「判例民事法(5)大正14年度」34事件155頁が、近時においては、平井宜雄『債権総論〔第2版〕』（弘文堂、1994年）136頁、清原泰司「判批」判評472号（1998年）24頁、同「譲渡禁止特約付き債権譲渡に関する一考察」経済理論285号（1998年）45頁、秦光昭「判批」金法1368号（1993年）23頁、水野浩児「民法466条の法理と譲渡禁止特約の効力」関院77号（2005年）167頁が債権的効力説を支持する。
5) 角紀代恵「判批」民商118巻1号（1998年）110頁は、特約付債権について、二重譲渡がなされ、あるいは債権譲渡と差押が競合し、債務者が悪意の抗弁を提出した場合に、二重譲受人相互間あるいは譲受人―差押債権者間の優先的関係が不明になる点を債権的効力説の「致命的ともいえる」欠点として指摘する。

面として「116条ただし書の趣旨」の延長線上でとらえる方向で落ち着いている[6]。

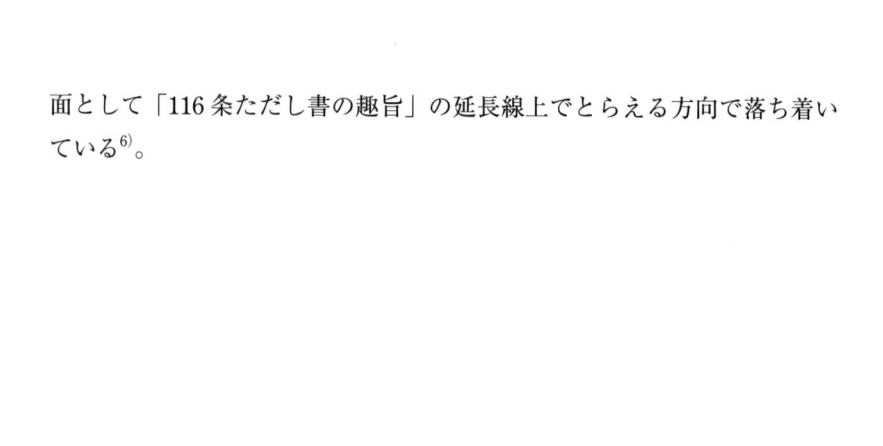

6) 最判昭52・3・17民集31巻2号308頁、最判平9・6・5民集51巻5号2053頁。

第2節　特約の効力制限論

　判例・通説はこのように特約の対外効を承認しているが、では特約があることだけを根拠に、それに違反してなされた譲渡の効力を常に否定してよいかというと、それは別問題である。ここで特約の効力制限論が浮上することになる。
　債権的効力説は、債権の相対効からの演繹という概念的な議論ではなく、判例・通説の対外効肯定説に比して、特約の効力をより一層制限すべきであるという実質的価値判断に裏付けられたものであった。その意味で特約の効力制限論の先駆と位置付けることも許されよう。とはいえ、特約の効力制限論がより詳しく、かつ本格的に進められたのは、米倉明の画期的な研究によってであった。
　米倉は、特約を通じて当事者が追求する具体的利益に焦点を合わせ、とりわけ銀行を債務者とする金銭債権の場合には特約の効力を制限する必要性があるのではないか、という問題の本質に明晰かつ直截に迫る議論を展開した。その背景にあるのは、周知のとおり立法者が譲渡屋対策など主に弱小債務者の利益保護を想定して466条2項を規定したにもかかわらず[7]、現代においてはむしろ、大企業や公的団体など力のある債務者が力の弱い債権者に対して主として約款条項を通じて自己の利益を貫徹するための道具として機能しているという実情に対する認識である。米倉は、ただ単に当事者がそれを意欲したということだけを理由に、悪意者に対しては常に特約を対抗することができてよいのか、という根本的な疑問から出発し、債権譲渡の取引社会における重要性を考慮するならば、特約によって追求されている利益と債権譲渡の確実性を望む悪意の譲受人側の利益とを比較したうえで、特約対抗の可否を決定すべきではないか、という解釈指針を提示した。具体的には、債務者が特約を通じて追求する利益を、①事務手

---

[7]　米倉・前掲注2) 39頁。

続の煩雑化回避という利益、②過誤払い防止の利益、③金融機関の預金債権においては相殺に対する期待利益、に分析する。そのうえで、①はそれ自体法的に保護に値すべき利益とはいいがたいこと、②は債権の準占有者に対する弁済の法理（478条）でカバーしうること、③についても、相殺に関する無制限説で金融機関は十分に保護されていることを理由として、特約の効力を認めることに否定的な結論を導く。ただ、④債権者—債務者間の打算を越えた特殊な人間関係を維持することを目的とする利益が問題になっている場合には特段の配慮を要するものとし、最後に、⑤弁済期の遵守を免れようとする利益は基本的には保護に値しないが、譲渡屋対策に目的を絞ったものについては、弁護士法73条、信託法11条による対応が可能であり、特約の対抗力を無限定に認めるのは目的を実現するための方法として妥当でない。結局、④以外の利益は、悪意者との関係においても保護に値する利益とはいえず、特約の効力を一層制限して、債権譲渡自由の原則が妥当する範囲を広げるべきである、とされるのである。

第3節　問題提起

　近時におけるファクタリングの普及や資金調達目的での債権譲渡に対する需要の高まりとともに、債権の自由流通性に重きをおく債権的効力説ならびに米倉の問題提起はこれまで以上に真摯に受け止めなければならないと筆者は考えている。特約がしばしば債権取引における足かせとなっているのは事実であり、こうした時代の流れにどのような形で法が答えるべきかが、今まさに問われているのである。本章においては、特約によって追求されている利益にまで踏み込んだ考察が必要性であるという出発点において特約の効力制限論と共通の問題意識をもちつつ、同時に個々の点における利益評価についてより一層検討を深め、効力の制限が必要な場合にそれをどのように解釈学的に構成すべきか、あるいは立法措置を講ずべきかという問題を考察することにしたい。

　特約の効力を制限する場合に、466条2項を廃止して、特約の対外効を一般的に否定するという方法ももちろん検討されてよいであろう。しかし、それに先立ち、錯綜する多様な利益を調整する基準を析出し、これに適切な法的構成を与えるには、民法典の基本原理にまで遡った考察が不可欠である。典型的な金銭債権だけを視野に入れるのであればともかく、466条2項の射程は多種多様な内容が盛り込まれうる債権一般に及んでいる。給付の相手方を固定したり、あるいは選定する自由を債務者が留保することに正当な利益をもつ場合は考えられるうえ、事務手続の煩雑化を避けたいという債務者の利益はおよそ法的に顧慮に値しないと断じてよいか、なお検討を要すると考えられるからである。

　解釈論の枠内で多様な法形成の可能性を残すという観点からは、立法者の決断をひとまず尊重しつつ、肌理細かな利益調整の道を模索する余地もあるのではないか。思いつくままに列挙するだけで、次のような手段が考えられる。まず、(i)特約の解釈レベルで、債権的な不作為義務のみが約定されたものと意思解釈することにより[8]、あるいは条項の規範的解釈によ

り特約の射程を限定することなどを通じて[9]、466条2項の適用を回避することが考えられる。(ii)次に、特約が債権者の自由を不当に拘束する場合には、公序良俗違反を理由に効力を否定することも検討されてよい[10]。また、(iii)強大な力をもつ債務者が約款条項を通じて弱小債権者に特約を押し付けているという事態に問題の本質を見出すとすれば、約款に対する司法的コントロールの可能性、消費者契約法10条などによる保護の道が望ましい処方箋ともいえる。最後に、(iv)特約の合理性が締結時には認められても、現実の譲渡時ないしは譲受債権の行使時における特約の効力主張を信義則違反あるいは権利濫用とみる構成もありうる[11]。

国際的な趨勢からみると、わが国のように特約に対外効を認める国はそう多いとはいえない[12]。466条2項の抜本的見直しの必要性も検討の俎上にあがって久しい[13]。比較的最近に成立した国際取引における債権譲渡に

---

8) 平井・前掲注4) 136頁。
9) 大判昭和8・10・14新聞3622号14頁は、預金契約の解除にもとづいて預金者に発生する金員の返還請求権には、預金債権における譲渡禁止特約の効力が及ばないものとした。大判昭13・12・17民集17巻2651頁は、預金者の支払請求に対して銀行が支払を拒否したため、やむなく金銭を入手する必要上預金者が譲渡した場合について、このような銀行側の不信行為という予期せざる非常の場合には禁止特約の範囲外にあり、譲渡は有効であるとした。東京高判昭和48・11・19判時725号43頁は、保証金返還請求権の譲渡・質入を禁止する特約は、店舗賃貸借契約終了後に指名債権譲渡の方式で譲渡することまで禁ずる趣旨ではないものと解した。賃借権にもとづく一切の権利の譲渡を禁止する特約の効力が敷金返還請求権には及ばないものとしたものとして、東京高判平成7・7・27判タ910号157頁、さらに、ゴルフクラブの入会保証預託金返還請求権の譲渡禁止特約は、退会後の譲渡を禁ずる趣旨ではないとして、退会後の譲渡を有効とした、東京高判平成12・12・21金判1117号26頁がある。特に債権譲渡担保、債権流動化取引を前進させる立場からこの問題を論じるものとして、宮川不可止「債権譲渡禁止特約——特約合理化の検討を中心として」法時74巻10号（2002年）88頁がある。
10) 条項の公序良俗違反性が争われたものとして（ただしいずれも消極例）、ゴルフ会員権の譲渡・相続を禁止した特約につき、東京地判昭和63・7・19判タ684号216頁、賃借権、建物所有権および電話加入権の譲渡禁止につき、東京高判昭和56・11・2家月34巻12号38頁がある。
11) 請負代金債権の譲渡担保に関する東京地判平成12・4・25金法1598号57頁、預金債権の死因贈与をめぐる、東京高判平成9・1・30金法1535号68頁。
12) 池田真朗『債権譲渡法理の展開』（弘文堂、2001年）304頁、同「債権譲渡禁止特約再考」法研72巻12号（1999年）205頁以下、同「譲渡禁止特約のある債権の譲渡とその承諾による遡及効の対第三者効——最高裁平成9年6月5日第一小法廷判決をめぐって」金法1499号（1997年）11頁を参照。

関する国連条約においても、同条約が適用される債権をいくつかの類型に分けて列挙した上で、それらに関しては特約の対外効を否定する、という手法がとられている[14]。世界各国の国内法は非常に多様であり、統一的な内容のルールを形成することが非常に難しい状況にある[15]。その中でもドイツ法は、第2章で詳しくみるように、対抗要件制度の採否という債権譲渡の基本的体系に関しては異なるものの、譲渡禁止特約の対外効を法律上承認している点では日本法との共通点を見出すことができる。のみならずパンデクテン方式による物権―債権二分体系を採用し、かつ履行請求権を債権の本体的（一次的）効力として位置付ける債権観念に立脚していることなど、細かな点での相違を度外視すれば、民法典全体の枠組みから十分

---

13) 山野目章夫「動産担保・債権担保法制の課題」別冊 NBL86 号『新しい担保法の動き』（2004 年）46 頁。

14) United Nations Convention on the Assignment of Receivables in International Trade, 同条約の審議過程については、池田真朗「国連国際債権譲渡条約の論点分析と今後の展望（上）（下）」金法 1640 号（2002 年）22 頁、1641 号 13 頁に紹介があり、とくに（下）1641 号 13 頁以下が譲渡禁止特約の問題を扱っている。また、Walther Hadding und Uwe H. Schneider(hrsg), die Forderungsabtretung, insbesondere zur Kreditsicherung, in ausländischen Rechtsordnungen, 1999 SS.135ff. が主としてヨーロッパ各国の債権譲渡法の概観を与える。もっとも同書に収められている論文、Eberhard Wagner, Vertragliche Abtretungsverbote im kaufmännischen Geschäftsverkehr(§354a HGB)27, 95 によると、このような認識はヨーロッパ大陸法全体に妥当するものではないようである。特にドイツ語圏の諸国においては特約に絶対効を認める考え方がなお根強い。同論文は、イタリア民法典 1260 条、オーストリアの判例（OGH, JBl 1984, 311）およぶスイス債務法 164 条 1 項などを、特約の絶対効を認める例として列挙している。なお、オーストリアでは 2005 年に法改正があり、次のような条項が新設された。§1396a ABGB「企業の行為にもとづき企業間に成立した金銭債権を譲渡してはならない（債権譲渡禁止）という約定は、それが個別に交渉されたもので、かつその事案の全ての諸事情を顧慮して債権者に重大な不利益を与えない場合にのみ、拘束力をもつ。そのような債権譲渡禁止は債権譲渡が有効であることを妨げない。債権譲渡および（債権の）譲受人（Übernehmer）が債務者に通知されると直ちに、債務者は譲渡人（Überträger）に給付を行い免責を受けることはできない。ただし債務者に軽過失があったにとどまる場合はこの限りでない。(2)拘束力ある債権譲渡禁止の違反を理由とする債務者の譲渡人に対する権利は影響を受けないが、債権の行使に対する抗弁とすることはできない。譲受人は譲渡禁止を知っていたというだけの理由で債務者に対して責任を負うことはない。(3)省略。」

15) Eva-Maria Kieninger, Das Abtretungsrecht des DCFR, ZEuP2010, 724, ヨーロッパにおける主な国の法状況については、Harry C. Sigman/Eva Maria Kieninger(eds.), Cross-Border Security over Receivables, 2009, 91.

に比較の基盤があるといえる[16]。債権譲渡法に関しては全体的にその影響が強いフランス法に関する重厚な研究の集積があるものの[17]、債権の譲渡性という出発点の問題に関しては親近性があるはずのドイツ法の議論はこれまでやや等閑視されてきたように思われる[18]。そこで、次章以下では、わが国における債権譲渡禁止特約を規律するための基礎的な考察として、特約に関するドイツにおける法発展の過程を追跡しつつ、特約にどのような効力を認めるべきか、仮に特約の効力を制限する必要がある場合、最も妥当な方法は何なのかを考察する手がかりを得たい。とりわけ特約の解釈をよりきめ細かにする必要はないか[19]、特約の対外効につき第三者の善意・悪意だけを基準に画一的に区分するだけでなく、より適合的な特約の効力規律方法を模索するというのが本書の主たる問題意識である。その際に、近時においては債権譲渡が担保目的で利用されることが多くなっている事実にかんがみ、担保法制としての債権譲渡法という観点から問題を眺めることも有益であると思われる[20]。

叙述の順序は次のとおりである。はじめにBGBの債権譲渡法の枠組みと特徴ならびに債権譲渡禁止特約の規律に関する現状を概観し（第2章）、ついで債権譲渡禁止特約という制度の歴史的発展を跡付けるためにBGB規定の沿革にさかのぼり（第3章）、§399 Satz2のBGBにおける体系的位置を確認する（第4章）。さらに戦後台頭してきた特約の効力を制限しようとする様々な試み（第5章）、近時における議論・法規制の展開をも踏まえたうえで（第6章）、最後に比較法的考察とともに若干の展望を示し

[16] こうした債権観に対抗する理解として、近時、債権者利益の実現を機軸とした債権観が強力に提唱されている、潮見佳男『債権総論Ⅰ〔第2版〕』（信山社、2002年）22頁、また履行請求権を救済手段の1つとして位置づける、吉政知弘「『履行請求権の限界』の判断構造と契約規範(2)」論叢130巻2号（2004年）86頁もこのような方向性を基本的には支持するようである。
[17] さしあたり、池田真朗『債権譲渡の研究〔増補2版〕』（弘文堂、2004年）、同・前掲注12）を代表的な業績として挙げておく。
[18] 萌芽的ではあるが、本稿の問題意識は、池田清治「民法学における『意図せざる効果』」みんけん517号（2000年）12頁以下に既に述べられていたことと共有する部分が多い。
[19] わが国でこの観点を前面に出すものとして、平井・前掲注4）136頁。
[20] 吉田邦彦「金融取引における民法典規定の意義（上）」法時71巻4号（1999年）57頁。

たいと思う（第7章）。

第 2 章
BGB における債権譲渡法の体系と債権譲渡禁止特約

第 1 節　概観

[1] 優先性原理の貫徹と債務者の利益保護

　BGB においては、譲渡人（Zedent）と譲受人（Zessionar）との間で行われる Abtretung[21] という無方式の債権譲渡契約だけで、つまり債務者がまったく関知しないところで債権の帰属変動が生ずる（§398 Satz1）[22]。しかも Abtretung は原因契約から抽象化された無因行為として構成されている[23]。法律効果については、「新たな債権者が従来の債権者の地位にとって代わる」という文言が端的に示すとおり（§398 Satz2）、債権譲渡によって、債権はその同一性を維持しながら譲渡人から譲受人へと移転する（同一性原理[Identitätsprinzip]）。ここでは、ローマ法における「法鎖」（vinculum iuris）としての債権、つまり主体（債権者）の変更が同時に債権そのものの変容をもたらすという債権観が裏から否定されている[24]。この同一性原理は、債権者は自己のもっている権利以上のものを他人に譲渡することは

---

21) 有体物などの処分の際に用いられる veräußern とは別個の概念 abtreten が債権の譲渡の場合には用いられる。
22) §398 の立法過程に関しては、古屋壮一「ドイツ債権譲渡制度における譲渡契約の効力――ドイツ民法 398 条の立法過程を中心として」広法 26 巻 3 号（2003 年）277 頁が詳しい。BGB 成立前においては、通知によってはじめて譲渡が完全な効力を生ずるという考え方と、Abtretung によって既に譲渡は完結しているという 2 つの見方が対立していた。また通知は譲受人側からしなければならないか、あるいは譲渡人側からもできるのか、という議論も大きな争点になっていた。
23) Palandt, 68. Aufl. 2009, §398 Rdnr. 2.
24) われわれが所与のものとするこのテーゼの背後にある興味深い歴史については、Klaus Luig, Zur Geschichte der Zessionslehre, 1966, S.1 (Einleitung) がきわめて示唆に富む。

できないというローマ法以来の法原理（Nemo plus iuris transferre potest quam ipse habet）と、債権譲渡によって債務者の法的地位が悪化させられてはならないという要請を同時に体現するものであると解されている。

またドイツにおいては、よく知られているように、帰属変動の場面での二重譲渡という事態が法理上一般的に否定されており（相対的帰属の否定）、債権譲渡においてもいわゆる「対抗問題」は生じない。日本法におけるような債務者の認識を機軸とする対抗要件制度は存在せず、優先性原理（Prioritätsprinzip）がそのまま妥当するのである。もっとも普通法においてすでに、現象としての債権の多重譲渡は生じており、債務者への譲渡通知が譲渡の過程において法律上いかなる効力を持つのかという問題、具体的にいえば、二重譲渡がされたが、第二譲渡の通知のみがされた場合、第一譲受人はなお債務者に債権の弁済を請求できるかという法的紛争において、債務者への通知（Anzeige［Denunciation］）にどのような効力を認めるべきかが議論され、その結果、現行法は通知に法的な意義を与えないことに決したのである[25]。もっとも現在は、実務上、債務者に債権譲渡の通知がなされるのが通常であると言われている[26]。

このように譲渡人および譲受人という新旧両債権者の利益ならびに法的取引を簡易化することに対する一般的な利益の背後に債務者の自己決定権は後景に退き、債務者は債権譲渡の過程に共働する（Mitwirkung）機会を与えられていない[27]。債務者は自己が気づかないうちに、その法的地位を改変させられることになる。そこで、自己の意思にかかわらず、それどころか自分の知らない間に新しいパートナーを押しつけられる債務者の利益に配慮することが肝要になる[28]。すなわちそこではフランス法や日本法のように債務者を公示機関とする対抗要件制度をとる法体系に比べて、譲渡によって債務者の地位を悪化させてはならないという要請がより一層強く働くといえよう。このような体系上の特質ゆえに、詳細な債務者保護規定による手当てが必要となり、さらに債権譲渡の問題に関して両立可能な複数の解釈が対立する場合には、「疑わしきは債務者の利益に（favor debitoris）」という解釈準則がドイツ法においては説かれるわけである[29]。

債務者保護規定の内容は概略次のとおりである。第1に、本書の扱う譲渡禁止特約がそうであるように、権利の性質上あるいは当事者の意思によって、権利の自由譲渡性が否定ないしは制限されることを定める §399 は、そうした債務者保護規定の筆頭に数え上げることができる。これについては後で（第2節）で詳しく見ることにする。第2に、債務者は債権譲渡の時点ですでに旧債権者（譲渡人）に主張しえた抗弁を新債権者（譲受人）にも対抗できる（§404）。これは同一性原理から直接に導かれる効果である。また相殺に対する期待をも保護するため、債務者は、譲渡の事実を知らなかった場合には、一定の要件の下で、債権が譲渡されたにもかかわら

25) 普通法における議論に関しては、Knorr, Die Anzeige von der geschehenen Cession, AcP42(1839), 312 が詳しい。また Otto von Bähr, Zur Cessionslehre, Jahrbücher für die Dogmatik des heutigen römischen und deutschen Privatrechts, 1857, S.436ff. は、同一の債権が C1 および C2 に二重に譲渡され、まず C2 から債務者に債権譲渡の通知がされたが、まだ支払はされていない時点で、C1 が債務者に請求した場合につき次のように論じている。「この論争の的になっている周知の問題においても、権限委譲概念（Delegationsbegriff）と債権譲渡概念（Cessionsbegriff）の争いが明らかにされているのである。権限委譲の立場（Delegationstandpunkt）からは、立て続けに複数の訴訟代理人（債権を訴訟上行使する権限を与えられた者）が設定された場合、訴訟代理人はその債権をわがものとすることにつきそれぞれ同等の権能を有している。つまり最初に争点決定に至った者がその債権の現実の所有者となった。そして（論者は）争点決定のこのような意義を今や通知（Denunciation）にも与えようというのである。これに対して近時展開されている債権譲渡概念（Cessionbegriff）に従えば次のように言わなければならない。Cession それ自体によって現実の、準物権的な法的素材が譲渡人から譲受人に移転される。それゆえ債権者はその債権を2回譲渡しても、ちょうど彼が物の所有権を譲渡した後に、再度これを譲渡するのとまさしく同じことをしていることになり、彼自身はもはや何も持っていない以上は、何の権利も譲渡できないのである。」ここにベールの意思主義をベースにした Cession 制度理解、すなわち通知が債務者に対する権利行使要件となる理解を明確に否定する立場が示されている。これと異なり、Bernhard Windscheid, Die Actio des römischen Civilrechts vom Standpunkt des heutigen Rechts, 1856, S.190 は、譲受人が譲受債権を行使することを通じて、あたかも物における支配（占有）を取得するのと同様に、その行使によってはじめて終局的に全うな債権譲渡の効果が生ずるとする、いわゆる占有獲得理論（Besitzergreifungstheorie）にしたがって先に通知を行った譲受人の優先を帰結する。占有獲得理論からすれば、通知はむしろ譲受人からなされるのが本筋であり、譲渡人による通知は認められないというルールの形成と親和性がある。

26) Klaus Luig, Zession und Abstraktionsprinzip, Wissenschaft und Kodifikation des Privatrechts im 19. Jahrhundert (hrsg.) Helmut Coing und Walter Wilhelm, 1977, Bd. II S.135.

27) Wolfgang Thiele, Die Zustimmungen in der Lehre vom Rechtsgeschäft, 1966, S.231.

ず、譲渡人に対して有していた反対債権をもって譲受人に対して相殺することができる（§406)[30]。

　さらに債務者を二重弁済の危険から保護することも必要である。すなわち譲渡の事実を知らずに旧債権者＝譲渡人に対して債務者がその債権に関して行った弁済ならびに支払猶予、免除、履行に代わる給付約束などの法律行為は有効と扱われる（§407Abs.1)。譲渡の事実を知らなかったことにつき債務者に過失がある場合は保護されないが[31]、譲渡通知が債務者のところに到達しただけでは必ずしも債務者はこれを認識したものとは扱われない[32]。同項の保護は債務者が主張する場合にのみ効力を生じるために、債務者は譲受人に対して§407 Abs.1に基づく免責を主張することもできる一方、譲渡人に対して給付不当利得の返還請求（§812 Abs.1）をしてもよい。すなわち債務者は抗弁権を行使するかどうかにつき選択権を有するが[33]、一旦行った選択には拘束される[34]。もちろん、債務者は、譲渡の有効性に疑問がある場合や、差押えとの競合などにより、いずれの権利主張者に支払うべきか不明な場合には、供託によっても免責される（§372 Satz2)。

28) Knut Wolfgang Nörr/Robert Scheyhing/Wolfgang Pöggeler, Sukzessionen Forderungszession, Vertragsübernahme, Schuldübernahme, 2., teilweise völlig neubearbeitete Auflage, 1999. S.6が的確にも指摘するように、法定債権の債務者はもともと債権者を選択しうる立場にないから、そもそも本文のような問題を生じないが、譲渡禁止特約が関連する契約債権においてこのような視点は重要である。
29) Nörr/Scheyhing/Pöggler aaO. (Fn.28), S.7.
30) 相殺排除の問題については、Hilmar Fenge, Zulässigkeit und Grenzen des Ausschlusses der Aufrechnung durch Rechtsgeschäft, JZ1971, 118.
31) Urt.v.22.3.1982, NJW1982, 2371.
32) Urt.v.24.2.1932, RGZ133, 247, 251, LAG Berlin AP Nr.1.
33) 債務者の選択権に関する解釈学的整序については、Eberhard v Olshausen, Gläubigerrecht und Schuldnerschutz bei Forderungsübergang und Regreß, 1988 S.104.
34) Palandt, aaO. (Fn.23), §407 Rdnr.5.b.

2 関連周辺領域の規律内容

つぎに債権が多重に譲渡された局面にも、上記の債務者保護規定が応用される。すなわち、二重譲渡の場合、帰属秩序の基本原理である優先性原理によれば、本来第一譲受人が優先すべきである。ところが債務者が第一譲渡の事実を知らずに、無権利の第二譲受人を新債権者と考えて、第二譲受人に弁済その他の債権を消滅させる法律行為を行ったとしよう。このように優先順位上の劣後債権者に過誤弁済した善意の債務者を二重弁済の危険から守るために、§407が準用され、その弁済ないし法律行為は有効と扱われ、債務者は同様に免責される（§408 Abs.1）。さらに強制執行または法律上の原因により債権の移転が生じた場合にも、債権移転に対する債務者の信頼は保護される（§408 Abs.2）。こうして債権の多重譲渡の場合とパラレルに差押えと譲渡が競合した場合の債務者の過誤弁済に対する手当てもなされている。

また真実は譲渡が行われていないにも関わらず、あるいは譲渡が無効であるにも関わらず、譲渡人が譲渡の通知を債務者にした場合、債務者が通知された内容の譲渡があったものとして効力を主張するときに、債権者はその効力の対抗をうける（§409）。すなわち債務者は譲渡の不存在や無効につき善意か悪意かに関わらず、§409の効力を援用できる[35]。

なお権利の質入は、別段の定めがない限り、その権利の譲渡に妥当する規定に従って行われ（§1274 Abs.1）、譲渡禁止特約付債権は質入も禁じられているものとされている（§1274 Abs.2）[36]。大きな違いは、譲渡の場合には債権譲渡契約の締結によりただちに譲渡の効力が全面的に生じるのに対して、質入の場合には債務者への通知によってはじめて効力が生じる点である（§1280）[37]。このように債権譲渡担保は公示性を欠く処分行為と

---

[35] Luig, aaO. (Fn.24), S.142. もっとも見解は分かれており、債務者の認識を問題にする見解として、Ph. Heck, Grundriß des Schuldrechts, 1929, S.206-207 などがある。

[36] Christian Berger, Rechtsgeschäftliche Verfügungsbeschränkungen, 1998, S.276, Häsemeyer, Insolvenzrecht, S.365, MünchKomm/Jürgen Damrau, 3. Aufl, 1997, §1274 Rdnr.14.

して構成されているが、質物の引渡しと対比して、第三債務者への債権譲渡通知は、第三者に譲渡を認識させるという目的との関係ではきわめて不完全な方法であることから、公示手段としての通知を採用することは否定されたのである[38]。そして、特段の定めがない限りは、債権譲渡に関する上述のルールは他の権利にも準用される（§413）。

③ 小括

以上概観してきたドイツ法における債権譲渡制度の基本枠組みは次のようにまとめられる。すなわち、§398 は、債権者が誰であるかは原則として債権の内容と関係がなく、債権者の変更は指名債権の同一性に影響をおよぼさないことを前提としている。それゆえ債権譲渡過程から債務者の関与を排除しても差し支えない。このように、BGB における債権の帰属変動に関する基本ルールが、債権がもつ財産権としての価値的側面を重視し、その流通性を優先させる一方、他方で給付の相手方を固定し、あるいは新たな債権者の決定に参与することに向けられた債務者の自由を後退させるかたちで成立しているため、そうした債務者の利益にも配慮するためのカウンターバランスとして、詳細な債務者保護規定を置く必要があった。さらに個々の解釈問題において疑義が生じたときには、より債務者の保護に奉仕する解釈を優先すべきことになった。債権譲渡禁止特約も、§398 の原則に反して債務者が債権者を固定し、ないしは権利者の変動過程に参与する可能性を留保したいという債務者の利益保護をはかる債務者保護規定の１つなのである。ここでの問題は、特約により債務者が手元に留めることのできる権能がいったいどこまでなのかにある。そこで次項で禁止特約

---

[37] ドイツにおいては、債務者への通知を効力発生要件とする質入に比べて、債務者不知の間に完全に譲渡の効果が生じる債権譲渡のほうが担保権設定の方法として好まれるがために（Ulrich Drobnig, Empfehelen sich gesetzliche Maßnahmen zur Reform der Mobiliarsicherheiten?, Gutachten F für den 51. Deutschen Jursitentag, 1976,)、Sicherungsübereigunung が実務で多用され、他の担保や譲渡禁止特約との衝突など多くの問題を生じさせた。

[38] Heinrich Lehmann, Reform der Kreditsicherung an Fahrnis und Forderungen, 1937, S.31.

に関する規律に目を転じることにしよう。

第2節　債権譲渡禁止特約に関連するルール

1　制定法の規律

　第1節で見てきた§398に対する例外規定が、本節で取り扱う§399である。同条は、1文で債権がその性質上属人的にのみ帰属する場合、2文でその性質いかんを問わず、当事者の合意に基づく譲渡禁止を定める。さらに差押禁止債権についての譲渡禁止も次条でうたわれている（§400）。2文がわざわざ1文と区別して規定されていることからも明らかなように、2文は、債権者の変更により債権の内容が実質的に変わらなくても、債務者が特定の債権者に対してのみ義務を負担したい場合には、その意思を尊重することで、当事者間に自由な法形成の余地を与えたのである。ところで§412は、§399〜§404ならびに§406の規定を債権の法定移転の場合にも準用しているために、条文を素直に読む限り、譲渡禁止特約付債権に関しては差押え・転付命令を得ることもできないことになりそうである。しかし特約が差押えなどの強制執行処分に基づく法定移転をも阻止する力をもつとなると、特約が執行免脱のために濫用され、譲渡人の債権者の利益が害されるため、それを防止する必要がある。そこでZPOは、債権は譲渡（移転）が可能な限り差し押えることができるという1項の原則（§851 Abs.1 ZPO）を2項で修正し、譲渡禁止特約付債権も差押え・転付が可能であるとした（§851 Abs.2 ZPO）[39]。もっともそこで認められる効果は、完全な権利移転ではなく、「取立てのための移転」に限られる。これにより第三債務者は転譲渡の危険から守られる[40]。

---

39) §851 ZPO(1)債権は、特段の規定がない場合には、それが移転可能な場合にのみ、差押えに服する。
　(2)§399 BGBにより移転しえない債権は、債務の対象となっている客体（geschuldete Gegenstand）が差押えに服する限りにおいて、差押え、取り立てのために委付（überweisen）することができる。
40) Berger, aaO.（Fn.36），S.317.

§399の文言は「譲渡されえない」（nicht abgetreten werden kann）とされ、§851 ZPOも「§399により譲渡不能な債権（nicht übetragbare Forderung）」という文言を用いており、このZPOの規定は、特約が債務者以外の第三者に対しても効力を持つことを前提にしていると一般に考えられている。また特約は債権を発生させる原因契約の成立時から原始的に存する場合と、事後的に付加された場合とを問わず妥当しうる[41]。このように、規定の文理からは、特約違反の譲渡の効果を絶対無効と解するのが自然である。

　問題はこのように対外効を持つ特約を公示する方法がないことである。特約の存在を知らずに取引関係に入った譲受人の利益が害されないようにする必要がある。そこで債務者が発行した債務証書を提示して債権譲渡が行われ、その債務証書に特約が記載されていない場合には、たとえ譲渡人（旧債権者）と債務者の間で禁止特約が結ばれていたとしても、譲受人が特約を認識していたか認識すべきであった場合を除き、債務者は特約を譲受人に対抗することができない、という特則が置かれた（§405）[42]。ここでは譲渡禁止を明示しない債務証書という権利外観に対する信頼責任が問題になっている。同条はあくまでも特約付債権の承継取得を認めるものであって、債権の善意取得が生じるのではない[43]。なお譲受人は軽過失でも権利取得を否定される[44]。善意無過失の譲受人は完全に譲渡性のある債権を取得するため、その転得者は特約につき悪意であっても権利を承継取得できる[45]。逆に直接の譲受人が悪意でも転得者本人さえ§405の要件を満たしていれば、本条の保護を受けうる[46]。

---

[41] Palandt, aaO. (Fn.23), §399 3) Rdnr.8.
[42] 特約の対抗力を一般的に第三者の悪意・重過失（最判昭和48・7・19民集27巻7号823頁）の有無で決する日本法とはそもそも枠組みが若干異なる。債務証書は、債権取引において重要な書面とされており、その提示と相まって、債務者による権利外観としての価値が認められている。もっとも実際の事案への適用結果はドイツと日本で大して変わらないものと思われる。なお§405についての詳細は本書第1部第1章を参照。
[43] MünchKomm/Roth, 2003, §405 Ⅲ 3 Rdnr.7.
[44] MünchKomm/Roth, aaO. (Fn.43), §405 Ⅲ 4 Rdnr. 8.
[45] 反対説として、Nörr/Scheyhing/Pöggeler, aaO. (Fn.26), S.73, Dieter Medicus, Schuldrecht I Allgemeiner Teil, 12. Aufl. 2000, §63 Ⅱ 2. S.357.
[46] StaudingKomm/Jan Busche, 2012, §405 Rdnr.25, S.857.

2 譲渡禁止特約の利用実態

次に特約の利用状況を概観しておこう[47]。実務においては、およそ一般的に譲渡を禁止する譲渡排除（Abtretungausschluß）条項よりも、債権譲渡の効力を、債務者の承諾や、債務者への通知その他一定の形式具備に係らせる譲渡制限（Abtretungseinschränkung）条項が多用されているようである[48]。そしてこうした緩和された譲渡禁止としての譲渡制限条項も同じく、§399 Satz2 の問題として扱われている[49]。特約は比較的広く普及しており、一般市民の日常生活にも密接に入り込んでいるといってよい。債権譲渡禁止特約の機能は非常に多岐にわたり、債務者・債権者・第三者の利益が複雑に絡み合っているため、単純には論じられないが、その中でもとりわけ重要な位置を占めるのは債務者が追求する利益であろう。それゆえ、ここでも主として債務者が追求する利益に照準を合わせて、特約で問題になる利益を分類・検討することにしよう。

債務者が追求する利益の第1は、二重弁済の危険を予め排除することにある。これは実務にみられる大部分の条項が狙う効果であろう。なるほど、立法者はこうした危険から債務者を保護する措置を講じている（§407）。しかし、債権者が危機的状態の下で同一の債権を多重に譲渡し、あるいは同一の債権について差押えと債権譲渡が競合する場合、債務者は譲渡の事実を疑っているにも関わらず、あるいは譲渡の事実を知りつつも、これまで緊密な取引関係にあった譲渡人に便宜を図るために、譲渡人に弁済する

---

47) Eberhard Wagner, Vertragliche Abtretungsverbote im Systeme zivilrechtlicher Verfügungshindernisse, 1994, S.41ff が詳しい。Walther Hadding/Frank van Look, Vertraglicher Abtretungsausschluß Überlegungen de lege lata und de lege ferenda, WM1988 Sonderbeilage Nr.7.S.9, Gerhard Oefner, Abtretungsverbote in allgemeinen Geschägtsbedingungen, 1987, S.34, Matthias Blaum, Das Abtretungsverbot nach §399 2. Alt.BGB und seine Auswirkungen auf den Rechtsverkehr, 1983, S.231, Manfred Wolf, in Wolf/Horn/Lindacher, §9 A12ff.
48) 給料債権にあっては、とくに制限を付さない譲渡禁止がなお主流であるという。もっとも実際は、担保目的でなされる給料債権の譲渡に対しては雇用者の同意を期待することができる。Wagner, aaO.(Fn.47), S.40.
49) MünchKomm/Roth, aaO.(Fn.43), §399 Rdnr.33.

ことがある。このように、§407の保護範囲から外れるケースに備えて、債務者は譲渡禁止条項ないしは譲渡制限条項を通じて、譲渡人に弁済しさえすれば確実に免責されるように、手を打っておくのである。

　第2に重要な機能は、契約関係における「清算手続の明確性と一覧可能性を保つ」という意味での簡明化利益である。広範囲におよぶ供給業者やその他多くの債権者と取引関係をもつ債務者はしばしば、とりわけ債権の部分的譲渡がもたらす弊害から身を守り、帳簿作業の負担が増えないようにしたいという事実上の利益を持っている[50]。建築主に対する請負報酬請求権、個人的にまたは労働協約によって約定される給料債権、大企業の売掛債権などに付される譲渡禁止条項がこれにあてはまる。これによって、債務者は、譲渡が真正に行われたかどうかの審査や給付先の電子データ書き換えに伴う負担を軽減することができる。

　第3に、将来における相殺可能性の保持ないしは、継続的取引関係の清算に関する利益である[51]。すなわち、債務者が自己の給付を拒絶する権限を与える関連性のある反対債権を有しているが、その債権の満期が譲渡後にはじめて到来する場合、ならびに譲渡の事実を債務者が認識した後に発生した債権による相殺は§406によって許されないことになっている[52]。こういう場合にも、特約を通じて、債務者は譲渡に伴う自己の法的地位の悪化を避け、相殺可能性を保持することができる。債務者のこうした利益を制度化したものが、§355 HGBによる商人間の交互計算（Kontokorrent）

---

50) Karl Larenz, Schuldrecht I Allgemeiner Teil 14.Aufl, 1987, §34II, S.580, Medicus, aaO., (Fn.45), S351-352, Wagner, aaO.(Fn.47), S.43. このような簡易化利益と電子的なデータ操作および通信手段の発達がもたらす影響に関して、Wagnerは簡易化利益はこのような電子化に伴い後景に退くべきだとみるが、Uwe Blaurock, Die Factoring-Zession, Zeitschrift für das HandelsR142(1978), S.333 はむしろ逆の評価をしている。また、Urt. v.9.2.1990, BGHZ110, 241, 245も現代的な分業体制およびデータ管理の電子化にかんがみると、制定法が用意する債務者保護規定（§407および§408）では不十分だという。
51) Wagner, aaO.(Fn.47), S.46.
52) §406「債務者は従前の債権者に対して有していた債権をもって新たな債権者に対しても相殺することができる。ただし、債務者がその債権を取得した時点で譲渡を認識していたか、あるいはその債権の満期が、譲渡を認識した後にはじめて、かつ譲渡された債権よりも後に満期が到来する場合はこの限りでない。」

である[53]。

　第4に、債務者が支払の遅延を大目に見てもらうことや一部免除などを債権者に期待して、鷹揚な債権者との関係でのみ義務を負担したいという事実上の利益をねらう場合もある[54]。

　第5に、高度に個人的な結びつきを理由とする譲渡制限である。自分が債務者であることを秘密にしておきたい場合や、企業の内部事情が外部に知られることを妨げるために用いられることもある[55]。さらに一定の範囲内の顧客および取引相手以外の者への物の引渡請求権の帰属を排除することにより、製造物の品質を守ることに重きがおかれる場合もある。

　第6に、制定法が用意する債務者保護を補強する機能である。これは主に譲渡の効力を債務者の同意や一定の方式遵守に係らせる譲渡制限条項がねらう効果といえよう。§404および§406は、先に述べたとおり、債権譲渡法上の同一性原理を保証している[56]。しかし制定法の債務者保護規定にも限界がある。§407の要件である債務者が譲渡を「認識」したといえるためには、譲渡通知の到達で足りるのか、債務者が実際に了知したときなのかが争われており[57]、譲渡に対する債務者の認識要件をめぐって実務上の不安定ないし法的紛争が生じうる。それゆえ、債務者は、債権譲渡の存在・有効性に関する判断リスク、つまり譲渡に伴って不可避的に生じる不利益を、制定法による保護の範囲を超えて最小化し、あるいは完全に除

---

53) §355 HGB「ある者に、結合から生じる双方の請求権および給付を利子とともに計算し、定期的に相殺および、決算の際に剰余がある者は決算の日から剰余についての利息を請求することができる。その計算書に利息が含まれている場合であっても。(2)決算は、別段の定めがない限り、毎年1回行われる。(3)計算書は、疑わしい場合には、計算期間の継続中であってもいつでも解約することができ、計算ののち剰余が帰属する者はその支払を請求することができる。」
54) Peter Baukelmann, Der Ausschluß der Abtretbarkeit von Geldfordrungen in AGB──Fragen zu §354aHGB, FS für Hans Erich Brandner, 1996, S.789.
55) Lüke/Dorndorf, JuS1961, 260, 261, Wagner, aaO.(Fn.47), S.48.
56) Nörr/Scheyhing/Pöggler, aaO.(Fn.28), §4I/II, S.38.
57) Claus-Wilhelm Canaris, Bankvertragsrecht, Rz.1704, Blaum, aaO.(Fn.47), S.231 は到達時説を採り、これに反対するのが、Urt. v. 8.12.1976, NJW1977, 581, Hadding/van Look, aaO.(Fn.47), S.9. である。

去しようとするのである。たとえば生命保険金請求権の譲渡に通知要件を課す§13 Ⅳ ALBは、保険会社が§407の範囲を超えて自らの法的地位を守るためであると同時に、§409を自己の有利に援用できるようにするための規定であり、譲渡を絶対的に禁止することを意図するものではない[58]。これとも関連して、公法人または公法上の特別財産との間で交わされる委託条件において、近時、債務者は譲渡通知の到達後一定期間（例えば6日間）は引き続き譲渡人に弁済できる旨の条項がよく見られる。分業組織において電子データ処理の導入が不十分であることから債務者に生じうる危険（いわゆる組織過失 [Organisationsverschulden]）の予防に譲渡禁止特約条項が有用であることがわかる。このようにフランス法や日本法に見られる（債務者）対抗要件制度の不存在を補完する機能が譲渡制限条項には認められる。

第7に、ドイツ法では、付従性のない担保権（担保のための土地債務"Grundschuld"）は原則として被担保債権と別個に処分することが認められているところ、担保権設定契約において、土地債務と被担保債権の間の目的的結合を絶対的なものとして約定し、被担保債権の満期後も債務者にとって不利益をもたらす物的債務と人的債務の分解を回避することが意図されている[59]。すなわち、土地債務と運命をともにして被担保債権も移転するという結合を約定により作り出すことが認められている。

第8に、新車販売の普通取引約款において、販売条件を保証するための同意留保が業界で慣用されている。この特約は、供給期間が長期に及ぶために、グレーマーケットの発生・新車の再譲渡による価格の吊り上げの予防手段として機能している[60]。すなわちここでは販売システムをアウトサイダー的商業人の侵入から守るための閉鎖性維持という特殊な利益のために用いられている。

---

58) Wagner, aaO. (Fn. 47), S. 44.
59) Wagner, aaO. (Fn. 47), S. 47.
60) Hadding/van Look, aaO. (Fn. 47), S. 3, Urt. v. 26. 2. 1992, NJW1992, 1222.

以上のように、ドイツ法において債権譲渡禁止特約が果たしている機能の第1〜第5は日本法で説かれているところとほぼ共通する[61]。第6〜第8はドイツ法特有の機能といえよう。ここで日本法と対比して特筆に値するのは次の3点である。その1は、ドイツ法では制度上欠落している債務者対抗要件制度に比肩すべき機能を主として譲渡制限特約が担っていること、その2は、ドイツでは金銭債権のみならず、物の引渡請求権を含めて、多様な債権にわたって譲渡禁止特約が使用され、またその法的効力につき議論されていること、その3は、日本法とは異なり、付従性のない担保物権が承認されているという制度設計上の違いに起因して、被担保債権と担保物権の目的的結合を回復・維持するための道具としても特約が利用されていることである。このようにドイツ法において特約が果たしている機能は日本よりも多岐にわたるということができる。

　以上みてきた多様な債務者の利益と、担保のための譲渡であれ、真正または不真正のファクタリングによる債権売買を通じてであれ、債権のもつ財産的価値を譲渡することに対する債権者の利益が真っ向から対立する。とりわけ期限未到来の債権や将来発生する債権のように譲渡時点では取立ができない債権の財産的価値換価に対する需要が今日では非常に高い。ところで判例・通説は後でみるように特約の対外効を認めるため、特約違反の譲渡は万人との関係で無効となり、債権者および第三者の債権流動化を望む利益は全く顧慮されないことになる。はたしてBGBは当事者がそれを意図したというだけで、債務者の利益を全面的に擁護することになる結果を正当なものと考えていたのであろうか。特約の効力を考察する上で、当事者が追求する利益を緻密に考慮する必要があると同時に、BGB規定の利益評価を法史学的観点からも正確に位置付けることが求められる。次章では債権譲渡禁止特約という制度の沿革にさかのぼることにしたい。

[61] 日本法の分析については、本書第1部第1章第2節で簡潔にまとめた。詳細は米倉・前掲注2) 70頁以下を参照。なおドイツでは労働者の賃金支払請求権に付された譲渡禁止特約も問題になっている。賃金請求権の場合、不譲渡性は支配的見解によれば、労働協約またはBetriebsvereinbarungによっても、営業のすべての労働者に対する効力を伴って設定することができる（BAG20.12.1957, BB1958, 448）。

第2節　債権譲渡禁止特約に関連するルール

第3章
処分制限規定の沿革
——§399 Satz2 と §137 の成立史[62]

第1節　前史——債権譲渡禁止特約 (pactum de non cedendo) の生成

1　普通法およびラント法の状況

　譲渡禁止特約という法形象の萌芽は18世紀末葉に見出すことができる。すでに1794年プロイセン一般ラント法（ALR）にはこのような特約に関連する規定があり[63]、普通法においてもおそらく19世紀頃から本格的に特約の効力が論じられるようになった。債権譲渡禁止特約は、論理的に債権の自由譲渡性が公認されていることを前提とするから、そのような前提を欠く古代ローマ法および古ゲルマン法ではそもそも問題にならなかった[64]。債権譲渡に代替する機能を果たしたのは、更改や訴訟代理（procurator in rem suam）といった法形式であり、後には通知による準訴権（actio utilis）の取得へとさらに手続が簡略化されていった[65]。それゆえに、こうした古い時代に譲渡禁止特約の問題に対する直接の手がかりになる法源は存在しないようである[66]。当事者の意思による譲渡制限は、債権取引

---

62) 沿革については、Berger, aaO. (Fn.36), S.232ff. に詳しい。
63) ALRI4 §§15ff. においては、意思に基づく物の処分制限が承認されている。「その本性または法律によってのみならず、法律上の私的処分によっても、物の流通可能性を奪うことができる。」
64) Helmut Coing, Europäisches Privatrecht Band I (1985) S.445, Dietmar Willoweit, Das obligatorisch wirkende Zessionsverbot, FS für Joachim Gernhuber zum 70. Geburtstag, 1993, S.552.
65) Reinhard Bork, Die Verfügungsbefugnis bei der Vorauszession, Reinhard Zimmerman, (hrsg.), Rechtsgeschichte und Privatrechtsdogmatik, 1999, S.289.

の要請が急速に高まった19世紀普通法においてようやく意味をもつようになったと考えられる。

　ALRは、周知のとおり、BGBの屋台骨ともいうべき物権・債権峻別論を知らない。そこでは物権変動と同様に債権譲渡も、債権の「所有権」を移転する法律行為として構成され、そのためには権原（causa）にあたる原因契約に加えて取得方式（modus = adquirendi）としてのCessionが必要とされた。ちょうど物権変動における引渡しに相当するものとして、つまり原因契約の履行行為としてCessionが捉えられていた（有因的構成）[67]。また、譲渡禁止特約に目を転じると、有体物に対する処分禁止と債権譲渡禁止については、それぞれに対応する個別化されたルールは用意されておらず、もっぱら意思表示に関する一般原則に従って処理されていた[68]。それによると、処分制限はその制限が基礎においている事実を第三者が認識していたか、登記による公示を通じて認識が擬制される場合にのみ第三者に対する効力が認められた[69]。このように、物権・債権を区別することなく、原則として特約に対する第三者の認識が処分制限特約の対外効の分かれ目になっており[70]、例外的に所有者と抵当権者との間で抵当権の設定された土地をさらに第三者に譲渡してはならないとする特約が無効とされた[71]。

　これに対して、初期の普通法学は特約の対外効を原則として否定してい

---

66) Stegemann, Das pactum de non cedendo, AcP67 (1884), 315.
67) Gerold Hoop, Kodifikationsgeschichtliche Zusammenhänge des Abtretungsverbots, 1992, S.67. ALR I 11 §376「権利の譲渡は、それによって他人にその権利の所有権を一定の対価と引き換えに譲渡する義務を負う、契約を前提とする。」§377「それにより譲渡されるべき権利がその他人に現実に移転する行為そのものはCessionとよばれる。」§393「譲渡人の、譲渡される権利が以後彼のものとして行使する権限があるとの表示および、その表示の承認によって、権利そのものの所有権はその新しい保持者のもとに移転する。」
68) Förster/Eccius, Bd. III §169 §156.
69) ALR I 4 §17「しかしながらその私的処分を知っていた第三者は、その処分に反して行動してはならない。」§18「第三者が処分を知っていたことの証明としては、単なる公の告知（Bekanntmachung）では足りない。」§19「これに対して、抵当権登記簿に登記された処分を知らなかったということによっては免責されえない。」
70) Christian Friedrich Koch, Allgemeines Landrecht für die Preußischen Staaten, hsg. mit Kommentar in Anmerkungen, 28 zu ALR I 4, §15.

たとみてよい。19世紀の前半を代表する普通法学者ミューレンブルフは、債権譲渡禁止特約を有体物に関する処分制限条項である pactum de non alienando とパラレルに論じ、特約の対外効を否定していた[72]。対外効を伴う形で譲渡が制限される場合は存在したが、そのような場合は法がその事由をリスト化していた[73]。すなわち、特約による譲渡・処分制限に関しては、例外的に、質権設定者が質権者との間で質物を譲渡することを禁止する特約や担保権を設定することを禁止する特約は無効だという議論がなされていただけであった[74]。これらの特約を無効とすべき理由は、債務者が更なる信用を得るための方法を理由もなく奪われてはならないという実質的配慮にもとづく。すなわち担保権を設定した土地を処分して換金し、債務の弁済に充てる自由を債務者に残しておくべきだというのである[75]。

　シュミットもその体系書において、債権者は債務者の意思と無関係に債権を譲渡できるという基本原則を援用しつつ、契約による処分権能の制限は当事者間でしか効力を有せず、特約に反してなされた譲渡も有効であると考え、債務者は譲受人に悪意の抗弁（exceptio doli）を対置できるに過ぎないと論じていた。そして悪意の抗弁を対抗できるのは、シュミットによれば、次の2つの場合に限定された。1つは、譲受人の債権取得の原因が有償であり、かつ譲受人が前主（譲渡人）の悪意（dolus）について責任を負うことを拒否した場合、もう1つは、債権取得の原因が無償で、譲受人が譲渡人の悪意に加担していた場合であった[76]。

　ザクセン民法典も、普通法と同様に、原則として処分権限の禁止・制限

---

71) ALR I 20 §439 なお、同規定は現行規定§1136の母体ともいえるが、BGBでは抵当権設定をこえて、土地の譲渡を禁止する特約も無効であるとさらに一般化された。
72) Christian Friedlich Mühlenbruch, Die Lehre von der Cession der Forderungsrechte, 3. Aufl (1836) SS. 306ff. 502, 507.
73) Georg Friedrich Puchta, Cession, in Weiskes Rechtslexikon, Bd. 2. 1840. S. 636ff. によると、後見人の被後見人に対する債権の譲渡、係争中の債権の譲渡、家父に対する債権の家子への譲渡、きわめて個人的な法的地位の譲渡などが禁じられていた。
74) Urt. v. 6. 6. 1903, RGZ55, 78, Heinrich Dernburg, Das Pfandrecht nach den Grundsätzen des heutigen römischen Rechts II, 1864, §81 S. 20ff.
75) Rüdiger Liebs, Die unbeschränkbare Verfügungsbefugnis, AcP175, (1975) S. 14.

に債務法上の効力のみを認め、法が特に定める例外的な場合にのみ、対外効を認めていた[77]。すなわち、法律上のあるいは裁判所の命令による譲渡禁止、遺言による禁止、解除条件を付された譲渡禁止特約の場合に限られる。もっとも土地に関する処分については、その処分権能の制限を登記することによって一律に第三者に対しても主張することができた[78]。このように、所有者に必要な自由領域の確保という理念に照らして、ザクセンでも処分制限の対外効には抑制的な立場が採られていた[79]。

バイエルン民法草案においても、遺言または契約による譲渡禁止が法的に効力をもつのは、「それが目的物に対する第三者の期待権を保障することを目的とする場合のみである」と規定されており[80]、やはりALRとは対照的に、特約による処分制限の効力を限定的に解する傾向にあったといってよい。

裁判実務に目をむけると、管見のおよぶかぎり、この問題を扱ったもっとも初期の裁判例と思われるものとして、1834年リューベックにおける

76) Albert Schmid, Die Grundlehren der Cession nach römischem Recht dargestellt, 1866, Bd.2, S.394.
77) Richard Schott, Über Veräusserungsverbote und Resoltivbedingungen im bürgerlichen Recht, Festgabe für Felix Dahn, IIITeil Recht der Gegenwart, 1905, 314.
78) §223 SächsischesBGB「法律上の禁止、法律の基準に従い裁判所によって無効の威嚇（Androhung）をもって発令された禁止、第三者の利益のために所有者によってその終意によって指示された禁止、あるいは契約において解除条件の効果を伴って設定された禁止に違反してなされた譲渡は無効である。ただしその譲渡が他人の権利の結果としてなされねばならなかった場合を除く。その他の譲渡禁止の諸事例においては、禁止に違反してなされた譲渡は、違反行為者が関係者に損害賠償する義務を留保しつつ、効力を有する。」§224 Satz1 SächsischesBGB「所有者が、裁判所による禁止に基づくものであれ、契約または終意処分に基づくものであれ、土地に関する処分の制限は、それが登記簿に登記されている場合にのみ第三者に対して効力を有する。」
79) Heinrich Dernburg, Lehrbuch des preußischen Privatrechts und der Privatrechtsnormen des Reichs, 3. neubearbeitete Aufl., §80 S.175.
80) §91 Abs.3 Bayerischer Entw.III「終意または契約による譲渡禁止は、それがその物に対する第三者の期待権を保証することを目的とする場合にのみ効力を有する。」とし、ザクセン民法典では対外効を持つ場合として列挙されていた解除条件に関しては、Motivによると、他の許された法的形式たとえば条件の設定によって、取得者による物の所有権取得に対抗する利益がある場合には、そのような譲渡禁止の代替手法は認められるとされていたので、解釈上はザクセン民法と同じ扱いになる。Vgl. Schott.aaO.(Fn.75) S.314.

第1節　前史——債権譲渡禁止特約（pactum de non cedendo）の生成

上級裁判所の判決がある。この判決は、保証契約に基づく債権に付された禁止特約の対外効を次のような理由で否定した[81]。すなわち、「かかる pactum de non cedendo は、それが譲受人に知られていないかぎり、譲受人に対しておよそいかなる法的効力をも有しない。……債権譲渡は、ちょうど pactum de non alienando によって所有権が影響を受けないのと同様に、債権そのものにはなんのレッテルも貼るものではなく、当然に無効とはならない。」というものである。

さらに、同様に保証債権に関する譲渡禁止特約の対外効を否定する別の判決は、前掲1834年判決と同じロジックに並べて、ミューレンブルフの体系書の記述を引用しつつ、債権の二重譲渡事例と対比して、次のような理由付けを付加している。すなわち債権者GがS債務者Sに対する債権をG1に譲渡するとき、それはG1以外の者に同一の債権を二度と譲渡しないという約束（譲渡禁止特約）をGがSとの間で行うことを当然に含意し、それにもかかわらず、GがG1への譲渡をSに通知することなく、G2に二重に譲渡した場合に、第二譲渡は有効であり、G2が債権を徴収すれば、あるいはその他の方法で債務者との間で債権を消滅させる行為をすれば、その債権はG1との関係においても消滅し、つまり、遅れて登場したG2がG1に優先する。すなわち黙示の禁止特約は第三者効をもたない。このことのアナロジーからも、特約の対外効を否定すべきことが基礎付けられるという[82]。そして、譲受人に対して債務者が提出できる抗弁は、債権自体に関する約束に基づく抗弁のみであって、本件で問題となっているような債権譲渡に関する約束についてではない。すなわち、仮に譲渡人自身が債務の履行を訴求した場合でも、債務者に認められたであろう抗弁しか主張することはできない。さらに悪意の抗弁（exeptio doli）を譲受人に主張できるのは、本件のように譲渡が負担的権原（titulus onerosus）に基づく場合は、害意が債権の発生自体に影響を及ぼした場合に限られるのであり、本件ではそのような事情は認められない、として、譲渡の効力が承認され

---

81) OAG zu Lübeck. Urt.v.29.11.1834, SeuffArch5(1851), Nr.11.
82) OAG zu Lübeck. Urt.v.30.11.1850, SeuffArch5(1857), Nr.10.

た。

　このように、当時の裁判実務においては、ミューレンブルフの圧倒的な影響力もあってか、特約違反の債権譲渡も有効であり、債務者はもっぱら悪意の抗弁権を主張できるにとどまるとする、いわゆる債権的効力説が通用していた。

② 権利内容（Rechtsinhaltstheorie）ドグマの生成

　このような状況は19世紀後半に至って様変わりをみせる。pactum de non alienando との対比を不当であるとして、明示的に体系書レベルで pactum de non cedendo の対外効を最初に承認したものはおそらくジンテニスだと考えられる[83]。ジンテニスは、特約付債権は譲渡不能な権利として、すなわち債権者に対してのみ成立する内容の権利として成立するのであり、物の処分禁止特約とは異なる性質を持つと考えた。特約違反の譲渡がされた場合、債務者は、譲受人に有効に弁済することもできるが、それは債権の性質上、黙示の合意・承認によって特約の内容が変更されたからであると説明していた。こうした流れをうけて保険契約の条項に含まれる特約の対外効を認める判決が現れるなど[84]、RG の判決も揺れをみせた。BGB 成立前夜においては、当時絶大な権威をもっていたヴィントシャイトの説明[85]に依拠しつつ、対外効を認めるものも現れた[86]。すなわち裁判所は、「保証が債権者の人格に限定して引き受けられたものであると特約を理解するならば、契約によって定められた債権の性質がきわめて属人的なものであるときには、債権者に対してのみ成立している権利は最初から譲渡の可能性を排除する。」と判示し、債務証書に記載されていない口頭の譲渡禁止特約の対外効までも無制限に認めて、善意譲受人の債務者に対

---

83) Carl Friedrich Ferdinand Sinntenis, Das practische gemeine Civilrecht, 2. Bd. 3. Aufl. 1868, S. 810, Windscheid, Pandekten, Bd. II 1 § 335 Anm. 5 S. 244.
84) OLG zu Celle. Urt. v. 3. 10. 1883, SeuffArch39 (1883), Nr. 96.
85) Windscheid, aaO. (Fn. 83), S. 244.
86) RG Urt. 10. 3. 1891, RGZ27, 341 は、上記 Sinntenis と Windscheid を引用しながらこれを肯定した。

第 1 節　前史——債権譲渡禁止特約（pactum de non cedendo）の生成

する訴求を退けたのである[87]。こうして特約の対外効に関する現在の判例・通説の礎石が形成された。

他方で、ゾイフェルトは、特約が取引法と私的自治の緊張関係にあることをいち早く指摘し、取引安全の要請を重視する実質的配慮を明示的に述べて、特約の対外効を否定すべきであると主張していた[88]。これを支持して対外効を否定する判決も出されて[89]、特約の効力は後期普通法学においては激しく争われていたのである。

以上のように BGB 成立以前のドイツ法の状況は統一性を欠いていた。ALR が、物権・債権を区別せず、権利の処分禁止特約一般について特約の認識または認識可能性を通じて対外効を認めていたのに対して、普通法やザクセン民法典・バイエルン民法草案においては、当初は契約による譲渡禁止特約に第三者効を原則として与えていなかった。ところが 19 世紀後半に至り、ジンテニスおよびヴィントシャイトの影響により、特約は債権を譲渡できないという属性をもった権利として成立させ、譲渡性を奪うものであるというドイツの判例・通説の柱をなす権利内容テーゼが生成する。しかしこのようなテーゼに対しては、処分権能は債権の権利内容を構成するものではありえないという指摘もされ、権利内容テーゼに対する批判はすでに早い時期から強いものがあったのである[90]。

---

87) Urt. v. 8.4.1885, SeuffArch40(1885), Nr.192.「転々流通することを予定された指図証券（Orderpapier）および無記名証券（Inhaberpapier）においては、その発行者が証書に記載されていたに第一取得者との口頭約束を善意の第三者取得者に対して援用することはできないとしても、通常の指名債権に関する保証契約書はそのような証書と同じ性質を持っているとはいえない」として、保証証書に特約の記載がないことは債権が譲渡性を欠いていることに対してなんの影響も及ぼさないという。

88) Lothar Seuffert, Üeber die Wirkung eines vertragsmäßigen Cessionsverbotes, AcP57, (1874) S.105 は pactum de non cedend と pactum de non alienando をパラレルに捉え、債務不履行による履行利益賠償（id quod interest）を求める請求権は承認しつつも（つまり特約の効力を全否定するわけではない）、対外効を否定する。これに対して、Stegemann, aaO. (Fn.66), S.315ff はこれに反対する。

89) Urt. v. 10.5.1893, RGZ31, 167. この判決はフランス法が適用されていた地域の事件である。

90) August Thon, Rechtsnorm und subjektives Recht, 1878, S.335, Ernst Schlesinger, Die Wirklichkeit des pactum de non cedendo, 1892, S.11.

次にこうした議論状況を背景に、BGBにおいて§399 Satz2が成立した過程を、これと密接に関係する§137の成立経緯と平行して検討しながら明らかにする。

第2節　BGB 立法過程

1　第一草案——債権譲渡禁止特約の対外効否定

　BGB は法律行為による権利の処分制限に関する主要な規定を2つもっている。1つは総則編の§137であり[91]、同条は、処分権能を制限する特約の対外効を否定する規定である[92]。もう1つが債権譲渡禁止特約に関する§399 Satz2 である。前史における争いが示すとおり、BGB の立法過程も平坦なものではなかった。まず§399 Satz2 の成立過程から辿ることにしよう。

(1)　§399 Satz2

　§399 Satz2 は、フォン・キューベルの部分草案にまでさかのぼる。当初、フォン・キューベルの草案§3 TE-OR Abs.3 は、債権成立時から原始的に存在する特約と事後的に付加される特約を区別して、後者についてのみ対外効を否定していた[93]。特約付債権は「最初から譲渡できない内容の債権として成立する」という、ジンテニスやヴィントシャイトのテーゼにもっとも忠実な立場に立脚していたのである[94]。具体的には、債権者—債務者間の結合が最初から緊密であって、他の債権者がそのきずなに立ち入ることができないような債権関係が想定されていたようである[95]。第2章第2節2でみた特約類型に照らすと、第8の高度に個人的な結びつきを理由とする譲渡制限のような場合といってよかろう。しかし、その後第一委

---

91)　§137の立法過程については、Jakobs/Schubert(hrsg.), Die Beratung des Bürgerlichen Gesetzbuchs, Recht der Schuldverhältnisse I, 1978, S.770ff. Peter Bülow, Zu den Vorstellungen des historischen Gesetzgebers über die absolute Wirkung rechtsgeschäftlicher Abtretungsverbote, NJW1993, 901, Schott, aaO. (Fn.77), S.309, Liebs, aaO. (Fn.75), SS.1ff が詳しい。

92)　§137「譲渡しうる権利に関する処分権限は法律行為によって排除または制限することができない。そのような権利を処分しないという義務負担の有効性はこの規定によって影響を受けない。」

員会の内部で、草案は普通法上の従来の通説的見解に引き戻されることになった。

　すなわち原案に対して、第一委員会で3人の委員から修正提案がなされた。その1は、フォン・シュミットの提案であり、原案第3項を「すでに成立している債権の譲渡可能性を法律行為によって排除しても、譲渡の有効性に影響を与えない」とし、債権成立後に付加された譲渡禁止特約についてのみ対外効を否定するという実質には触れずに表現のみを変えたものである。その2は、クルルバウムによる提案であり、原案第3項に代えて「債権の譲渡可能性を法律行為によって排除することはできない」とするものである。その趣旨は、特約が原始的であるか事後的であるかを区別せず、一律に対外効を否定すべきという点にある。その3は、提案2とはまったく対照的に、原始的・事後的を問わずに、「債権の譲渡可能性は契約によって排除することができる」というものである[96]。

　多数決の結果、提案2が採用されたが、その文言は、提案1の趣旨をも斟酌しつつ編集作業に委ねられることになった。議事録によれば、特約の対外効を承認するうえでネックとなったのは、理論的な問題というよりは、譲渡禁止特約が強制執行による債権の移転も排除することになれば、債務

93)　§3 TE-OR「(1)債権はその種類および発生原因を問わず譲渡の客体となりうる。債権者がそれにつき義務を有する債権も、債務者に§16により帰属する抗弁を留保しつつ、譲渡可能である。(2)もとの債権者以外の者に履行することが不可能である場合、もとの債権者以外の者への履行によってその内容が変わってしまう場合、契約によってまさにそのもとの債権者への履行のみが許容されている場合、あるいは権利の行使が、余人をもって代えがたい債権者の特性を前提とする場合には、その債権は譲渡できない。(3)すでに成立している債権の譲渡可能性を契約によって排除することはできない。(4)従たる債権は、それを独立して行使しうる場合には、主たる債権とは別個に譲渡することができる。」当時このような原始的制限と後発的制限を区別する立場をとっていた学説として、Attenhofer, Der Gegenstand der Cession nach schweizerischen Obligationenrechte mit besonderer Berücksichtigung des heutigen Rechts, Zeitschrift für Schweizerisches Recht neue Folge5, 1896, S.267ffがあった。

94)　Franz Philipp von Kübel, Die Vorlagen der Redaktoren für die erste Kommission zur Ausarbeitung des Entwurfs eines Bürgerlichen Gesetzbuches, Recht der Schuldverhälnisse, Teil1, 1980, S.927, 949f.

95)　Von Kübel, bei Jakobs/Schubert, aaO. (Fn.91), S.950.

96)　Windscheidの提案と推測されている。

者が容易に債権者の責任追及から免れることになる、という実際上の危惧であった[97]。こうして§295Abs.2 EIは提案2の内容にしたがって起草されることとなった[98]。そして、この規定は、後の審議の過程で加えられた準用規定である、§312 EI（現在の§413）を介して、他のすべての権利の譲渡可能性に関しても妥当すべきものとされるに至った。

(2) §137

つぎに、法律行為による処分禁止の一般規定である§137についてはどうか。同条はヨホフの部分草案に起源をもつ。すなわち物権総則編のルールとして起草された§91 TE-SRは「物を譲渡し、またはその物に負担を設定してはならない、という所有者の契約による義務は、第三者に対して効力を有しない。」としており、これがほぼそのまま第1草案の§796 EI[99]となった。すなわち、§137の原始規定はその射程を契約による処分制限に限定し、また遺言による場合は相続法に委ねるというスタンスにもとづき、同条はたんに対外効についてのみ言及し、債務法上の賠償請求権は債務法で規律するという意図のもとに起草された[100]。この規定内容は普通法理論の多大な影響下にあった第一委員会にとってはむしろ自明のことに属していたが、第1節で見たように、議論があったため、解釈上の疑義を払拭するために置かれたものである。§796 EIに付された理由書は次のように述べている。すなわち、「本草案では、法律行為自由の原理は債務関係法の領域においてのみ一般的な真実であり、その他の領域では妥当しないという立場を採用している（§295 Abs.2 EI）。物権は特別の規定に従ってのみ設定されうるのであるから、物に関する所有権その他の権利に関する処分権を第三者効を伴う形で制限することは、法律に別段の定めが

---

97) Prot I 1279, Jakobs/Schubert, aaO. (Fn.91), S.772.
98) Jakobs/Schubert, aaO. (Fn.91), S.773.
99) §796 EI「別段の定めがない限り、物に対する所有権または他の権利を有する者が、その権利を処分する権能を、法律行為によって第三者に対する効力を伴って排除することはできない。」
100) Schott, aaO. (Fn.77), S.310.

ない限り、許されない。(そのようなことを認めると)全財産を流通の場から締め出し、債権者による摑取から免れさせることになってしまう」、と[101]。すなわち本条はもともと物権・債権峻別論をベースにしたうえで、物権に関する処分制限を念頭においた規定であったことが明らかである。

第一委員会の草案の立場によれば、§295 Abs.2 EI によって、すでに§796 EI の妥当領域すなわち物権の領域以外における処分制限の効力の問題はすべてカバーされていたのである[102]。そうであるからこそ、§796 EI の審議の際に援用された理由付けは、§295 Abs.2 EI の理由付けを参照指示しつつ、加えて、①登記簿に登記されていない処分制限は第三者の善意取得によって効力を失うべきか、また、②法律行為による処分制限のうちどのようなものが登記簿に登記されうるか、という問題に関する議論に言及するにとどまっていた。①②の問題を審議する際に、後に§796 EI で目指された法律効果が先取り的に示され、処分制限がどのような法律行為によって行われた場合に第三者に効力を持つかという点について、法律が完結的に（abschließend）決定すべきことが、示唆されていた。§137 を物権法定主義（numerus clauses）に結びつける萌芽をここに見出すことができる[103]。しかしなぜ第三者に対して有効な処分制限についての完結的な規律が必要なのか、に関する立ち入った理由付けは見られない。

また§295 Abs.2 EI の審議においては、もう1つの重要な観点である強制執行の機能性確保という問題も意識されていた。すなわち§296Abs.2 EI（現行の§851Abs.1 ZPO）が第一委員会の草案審議の過程で挿入されることになった。第一委員会は、譲渡可能な財産権が差押えに服することは、物権法ならびに民事訴訟法においては自明のことであることを前提としつつ、譲渡可能でない権利も、特段の定めがある場合あるいは譲渡可能でない権利の行使が他人に委ねられうる場合には、差押えに服すると考えた。

---

101) Motiv, S.77, Benno Mugdan,(hrsg.), Die gesammten Materialien zum Bürgerlichen Gesetzbuch für das Deutsche Reich Band III, S.42. Johof の理由付けは Motiv のそれとおおむね重なっている（S.536f)。
102) Liebs, aaO.(Fn.75), S.15.
103) Liebs, aaO.(Fn.75), S.17.

第2節　BGB 立法過程　141

そして、この理は、実体法上のより高次の一般原則なのであるから、民事訴訟法の中で表明しておくだけでは不十分で、民法典の中に規定すべきものとされた[104]。

　さらに、§137の趣旨・目的に関わる第3の点として、財産の流動性確保が挙げられる。第一草案は普通法理論に立脚していたため、ALRのように、処分行為によって財産的価値のある客体を法的取引の場からも強制執行の場からも逃れさせる可能性を認めることは、およそ考えられなかった。したがって、§137は、BGBがこの点においてもALRときっぱり袂を分かつことを宣言する意義を持っていた。つまり法律行為による処分制限によって大量の客体が法的取引の場、とりわけ不動産市場から排除されないようにすべきだという実践的目的に裏打ちされていたのである[105]。

② 第二草案——対外効の肯定

　第一草案の立場と対照的に、帝国司法庁準備委員会（Vorkommission des Reichsjustizamtz）は、対外効をもつ譲渡禁止特約が許容されるべきことは、債権の性質上すでに基礎付けられており、かつ債務者が譲渡禁止特約によって保護されるべき実際上の利益を有していることも少なくないと考えていた。そして、差押債権者保護のためには、Pactum de non cedendoが付着する債権は、給付の客体が差押えに服する限りにおいて、つまり取立目的での委付（Überweisung zur Einziehung）を認める規定をおくことによって十分に手当てされるものとした[106]。§295 EIにおいて「債権はそれがもとの債権者以外の者への給付が、債務関係の内容からしてなされるべきでないときは、その債権は譲渡できない」という案が第一草案に入り、その2項に法律行為によっても譲渡を禁止しうるという先の条項がおかれ

---

104) Liebs, aaO. (Fn.75), S.18.
105) Liebs, aaO. (Fn.75), S.19.
106) Jakobs/Schubert, aaO. (Fn.91), S.774. これは§399と合わせてみると、裁判所の手続を経て取立権能のみの移転を認めた古くローマ法において債権の行使を代行する趣旨で認められていた債権関係（procurator in rem suam）を合意によって再生させることを可能にしたものといえ、法史的にみても興味深い。

142　第3章　処分制限規定の沿革——§399 Satz2と§137の成立史

ることになった。もっともここでいう特約は債権者と債務者（債権の当事者間）で締結されたもののみが考えられている。したがって、債権者が第三者に対して債権を処分しないことを義務付ける場合には、たとえ第三者（取得者）がこの譲渡禁止につき悪意であったとしても、そのような合意には債権的効力しか認められず、その譲渡は有効だとされている。

　第二委員会は、この提案をうけて§796 EI に明示的に同意したものの、同条は狭く起草されすぎており、体系的に誤って整序されていると考えた。すなわち、所有権または物に関する他の権利についての処分制限のみならず、処分権能の排除ないし制限がなされてはならないということはすべての譲渡性のある権利についても妥当する[107]。したがって§102a EII として[108]、総則編の法律上および裁判上の処分禁止に関する規定の次におかれるべきだとされた[109]。そして§137 は基本的にこの第二草案の内容をそのまま採択している。

　もっとも§796 §312 §295 Abs.2 EI をこのように§137 という1つの規定にまとめて、規律の妥当領域を拡大したとはいえ、それは第一草案の規律内容を実質的に変更するものではなかった[110]。規定の体裁がこのようになったのは、次のような事情による。というのは、§796 EI が第二委員会で検討される以前の段階で既に、§295 Abs.2 EI は削除され、そのかわりに、債権は債権者と債務者との約定によって債権の譲渡性を奪うことができる旨を宣言する§343 EII（現行の§399 Satz2）の規定がすでに挿入されていた。これによって、自動的に、法律行為による処分制限の不許容性、§356 EII（§312 EI、§413）における「他の権利」の移転すべてには妥当しない、という帰結が導かれることになる。なぜなら§356 EII は第一草案（§312 EI）ではなお、物権を除くすべての権利の移転を想定し

---

107) Mugdan, aaO. (Fn.101), S.500.
108) Mugdan, aaO. (Fn.101), S.500.
109) §102a EII「譲渡性のある権利に関する処分権能は法律行為によって排除または制限しえない。そのような権利を処分しないという義務負担の有効性は、本規定によって影響を受けない。」
110) Liebs, aaO. (Fn.75), S.20.

第2節　BGB立法過程　143

ていたからである。したがって、§796 EIは原則としてすべての譲渡性のある権利にまで広げる形で、総則編に置くことこそが適切だと考えられた。

　第二草案において移転不能の権利として念頭におかれていたのは、たとえば、保険会社に対する請求権、鉄道の往復乗車券、周遊券、定期券、帝国銀行の預金証書に基づく権利などである[111]。第一草案の内容を擁護する立場からの実質的な反対理由は、特約付債権を「譲渡不能な債権」と性格付けることにより、同時に債権の執行をも不可能にする、という危惧であったから、執行債権者の利益については民事訴訟法に規定を導入して（§851 Abs.2 ZPO・旧§749a CPO）対処することにした。現行の文言は編集委員会の手になるものである。そうすると、今度は、§102a EIIとならんで§356 EII（§413）を介して、§343 EIIも「他の権利の移転」にも妥当すべきかという問題が生じるが、この点は立法過程では明らかにされていない。

　こうして第二委員会は§137と強制執行に関する準則との間の相互的な依存性を明示的に確認した。また同時に、譲渡可能な権利の取得者は、いかなる種類のものであれ、法律で決められたものまたは許されたもの以外に対外効を伴う形での諸制限を考慮しなくともよい、ということを確定した。そして取得者が、契約による処分制限につき悪意であったとしても、それ自体は権利取得にとって何ら影響を及ぼさないとした[112]。

111) Jakobs/Schubert, aaO. (Fn. 91), S.773.
112) Liebs. aaO. (Fn. 75), S.22.

第3節　小括

　以上の立法過程の追跡から次のことが明らかとなった。§137 はもともと物権総則編の規定として、物権法定主義と密接に関連したルールであった。また現行 §399 Satz2 の前身に当たる §295 Abs.2 EI は、普通法理論の多大な影響を受けて、現行法とはまったく逆に特約の対外効を一律に否定していた。そして処分制限特約の対外効を否定する §295 Abs.2 EI のルールは、準用規定を介して、物権以外のその他の権利にまで妥当すべきものとされていたのである。

　ところが、帝国司法庁準備委員会における提案を受けて、第二草案に至る過程で、状況は一変する。第一草案とは逆に、物権法定主義の縛りがなく、契約自由の原則が広く妥当する債権法の世界においては、債権者と債務者の間で譲渡性のない権利を作ることは可能であり、また譲渡を禁止することにつき当事者（特に債務者）が正当な利益を持つこともあるとされ、債権の譲渡禁止特約の対外効を承認する §343 EII が挿入された。特約により当事者は、譲渡をしないという不作為義務を負うばかりではなく、対外効をもつ pactum de non cedendo を結ぶことができるようになった[113]。それと同時に、譲渡性のない債権にも強制執行が可能であるように手当てしておく必要性から、第一草案では民法典中に置くべきとされていた例外規定が民事訴訟法中に §851 Abs.2 ZPO として置かれることになった。立法者が実体法で法律行為による処分制限を認める場合、同時に強制執行法が明示的に認めないかぎり、強制執行もその限りで排除されてしまうおそれがあるという理解があったのである[114]。

---

113) Jakobs/Schubert, aaO. (Fn.91) S, 774. もっとも沿革の評価に関して、Claus-Wilhelm Canaris, Die Reschtsfolgen rechtsgeschäftlicher Abtretungsverbote, FS für Rolf Serick, 1992, S.22, Helmut Koziol, Das vertragliche Abtretungsrerbote JBl1980, 111 は、立法者が特約違反の譲渡の効果につき相対無効か絶対無効かという点を十分に考慮した形跡は認められないとして、絶対無効が立法者意思に適合するとも言い切れないと主張する。
114) Liebs, aaO. (Fn.75), S.19.

そしてこれと連動して、譲渡性のある権利についての法律行為による処分制限が対外効を持たないことは、何も物権の場合に限られるべきことではなく、債権も含めておよそ権利一般について妥当すると考えられるようになった。むしろ物権法定主義と切り離して考えるべきだとされ、第二草案では、もともと物権編の規定であった§796 EI は総則編に配置換えされ、§102a EII となった。そしてそれがほぼそのまま§137 Satz1 として結実したのである。

　このように、BGB の基礎に敷かれている物権・債権峻別論の生成と歩調をあわせるかたちで、債権譲渡禁止特約は契約自由の原則のうえに築かれることになった。普通法上争われた特約の対外効の問題に対して BGB が明確な解答を与えたため、特約違反の譲渡＝無効ということに決着がついた。そこでこの無効の意義が次に問題になる。

第4章
譲渡禁止特約に反する譲渡の効力

第1節　§137 と §399 Satz2 との関係

1　§137 の意義と機能

　§399 Satz2 に違反して行われた譲渡の無効の意義を考察するには、同条と密接に関連する処分禁止特約の効力に関する §137 との関係に留意しておくことが有意義である[115]。第3章でみたとおり、§137 はもともと物権法に関する規定として起草された。ところが、同条は立法過程において、処分制限に関する一般的規定に再構成された。同条によると譲渡性のある権利について処分を制限する特約は第三者に対して効力をもたず、もっぱら当事者間で債務法上の義務を基礎付けうるにすぎない。これに対して §399 Satz2 が、債権を対外的にも譲渡できないようにする特約を想定していることは明白である。

　そもそも §137 の立法趣旨は何に求められ、同規定はどのような機能を果たしているのだろうか。一般に、§137 は複合的な機能を備えた規定と理解されている[116]。第1に、法的明確性および法的安定性を与えるという意味での方向付け機能（Orientierungsfunktion）が挙げられる。同条は権利の所在と処分権能の帰属先との食い違いを防止し、法仲間相互間における処分行為に対する信頼性を高める機能を有している。すなわち原則とし

---

115) Eberhard Wagner, Rechtsgeschäftliche Unübertragbarkeit und §137 S.1 BGB, AcP194, (1994) 451ff. Adalbert Raible, Vertragliche Beschränkung der Übertragung von Rechten, 1969, S.72.
116) MünchKomm/Theo Mayer-Maly, §137 Rdnr. 7, S.1124.

て譲渡可能な権利を取得しようとする者は、客体の譲渡可能性が法律行為によって排除または制限されていないことを信頼してよい[117]。このように権利の潜在的取得者のために権利の帰属状態を分かりやすく編成するという要請は、物権のみならず、すべての権利、したがって、§398によって原則的に譲渡可能な債権についても妥当する。

第2に、立法過程における検討が示すとおり、強制執行の機能性を確保することを通じて、差押債権者の利益を保護する機能がある[118]。強制執行法はもともと、財産が他人に譲渡ないし移転可能であることを前提に構築されているから、その譲渡性を当事者間の特約で簡単に奪うことができるとすれば、それは強制執行法の理念に反し、執行制度の機能性を損なうことになるからである。

第3に、家族世襲財産に代表されるように、財産取引の流動性にとって障害となるようなALRの法状態を否定するという歴史的な意味があった。すなわち私的自治に基礎付けられた法体系の機能性を確保して、とりわけ不動産市場において法的取引の客体になりうる商品の窮乏を回避するという経済的な狙いがあった[119]。この点も§137の立法過程の段階で既に現れていた視点である。

第4に、権利主体に保障されるべき処分自由の保護である。たとえば、ベーマーは、「処分の自由は、契約自由が債務法の自由主義的要素に属するのと同じくらいに、われわれの物権的な財産法の自由主義的要素に属する」と述べる[120]。

以上便宜的に4つの機能に分解したものの、これらの機能が互いに密接に連関していることも事実である。

ところで上記の説明に対しては異論も聞かれる。たとえば、第1の「方

---

117) Werner Flume, Allgemeiner Teil des BGB II §53.6 S.884, Liebs, aaO.(Fn.75), S.34ff.
118) MotivIII zu §796, S.77, Wagner, aaO.(Fn.115), S.472, MünchKomm BGB/Mayer-Maly, aaO.(Fn.116), §137 Rdnr.6.
119) Wolfram Müller-Freienfels, Die Vertretung beim Rechtsgeschäft, 1955, S.133, Rudolf Reinhardt, Die Vereinigung sujektiver und obbjektiver Gestaltungskräfte im Vertrage, FS für Schmidt-Rimpler, 1957, S.115, 125.

向付け」機能については、§137 Satz1 の適用の結果に過ぎず、同条の本来の趣旨ではないという批判がある[121]。すなわち§137 Satz1 のそのような狙いは、第1に、立法者が会社法および無体財産法の領域で権利の譲渡性を排除または制限することを容認していること、第2に、判例がすでに譲渡担保や物権的期待権など制定法が明定しない物権類型を事後承認することを通じて空洞化されているという[122]。しかし、後者の批判に対しては、同条は、当事者が私的自治に基づき任意の内容を備えた新しい物権を創設することを禁じるにとどまり、権利主体を通じて具体化された慣習法上の物権を合意することまで禁ずるものではない[123]という再反論が可能である。

　第2の機能について、ライブルは、同条の本来な規範目的を果たして債権者利益の危殆化防止に見出しうるか、疑わしいと評している[124]。すなわち、§137 Satz1 に反して対外効をもつ法律行為による処分制限が、権利主体から処分権能のみを奪うものであって、権利の譲渡可能性に影響を与えないとすれば、§137 Satz1 自体は、結局債権者利益の侵害を防止する機能を果たしえない。なぜなら差押質権の取得や有効な差押えのために、権利主体の処分権限は必須ではなく、客体である権利に移転可能性さ

---

120) Gustav Boehmer, Einführung in das Bürgerliche Recht, 2Aufl., 1965, S.281 また Baur は、財産に関する自由な処分は権利主体たる人の合意によっても排除することのできない属性であり、同条に民法典の枠内での根本規範であるという位置付けを与える。Friz Baur, JZ1961, 335, これに対して、Wolfgang Däubler, Rechtsgeschäftlicher Ausschluß der Veräußerlichkeit von Rechten?, S.1118, 1119, Hermann Weitnauer, Die unverzichtbare Handlungsfreiheit, FS für Friedrich Weber, 1975, S.433 は、人間の尊厳にかかわる根本規範を定めたもの、自己決定の意味における人格の包括的な保護をうたう規定とみる。

121) Hans Schlosser, Außenwirkungen verfügungshindernder Abreden bei der rechtsgeschäftlichen Treuhand, NJW1970, S.683.

122) Raible, aaO. (Fn.115), S.75, Schlosser, aaO. (Fn.121), S.683 また解除条件を用いることで§137Satz1 の脱法行為は容易に行われうる。すなわち、ある物を譲渡する際に、譲受人が転譲渡することを解除条件として、物の所有権が自動的に譲渡人に復帰することが約定される場合、解除条件成就による効果には絶対効がある。そのためこのような脱法行為をどう規制すべきかが民法典施行直後から議論されてきた。Vgl. Schott, aaO. (Fn.77), S.306.

123) Liebs, aaO. (Fn.75), S.35.

124) Railble, aaO. (Fn.115), S.74.

えあれば足りるからである。仮に権利の譲渡性をも奪うという見解に与した場合でも、処分禁止特約は仮装行為として§117により無効とされ、あるいは債権の危殆化に基づく取消権によって、問題は適切に解決できる。

　第3の機能に対して、不融通物を当事者の合意で生じさせないという事態は、権利に譲渡性を残すことによって導かれるのではない。ある権利について処分権能が欠けていれば、すでにそれだけで実際上の結果においてその権利は取引の場外へ置かれることになるからである。立法者がもし本当にこうした目的を狙っていたのであれば、そもそもある客体を譲渡しないという義務を引き受けることをも阻止したはずであろう[125]。

　第4の機能に対しては、立法者が明示的に意図していたものとは見がたいという批判がある。そもそも人格の保護を説く見解は、なぜ§137 Satz2が処分制限特約の債務法上の効力を承認しているのかを十分に説明していない。同条は債務者の行為自由をうたう根本規範というよりは、むしろ行為自由が妥当する範囲を画する規定と見るべきではないか、というのである[126]。しかしこれらの批判も決定的ではない。例えば、譲渡人に違反行為があっても、債務者に損害が発生しておらず、違約罰の要件として求められる有責性が譲渡人にない場合、処分者は何のサンクションをうけることもなく自由に処分できる。このことにはやはり意味がある。さらに、例えば芸術よりも商売に関心をいだく唯一の推定相続人たる息子に対して、家族代々コレクションとして所蔵している絵画の処分を遺言によって禁止したとしても、息子は遺言に反して有効にこれらの絵画を処分することができる。このように終意処分による処分制限のように、禁止された処分行為がされた時点で債務法上の義務を負う名宛人が死亡している場合においては、同条の自由保持機能はなお健在であるといえる[127]。

　このように§137 Satz1は、立法論的にみて多岐にわたる批判があるにも関わらず、さしあたり依然として、以上4つの複合的な機能を担う規定

---

125) Raible, aaO (Fn. 115), S. 74.
126) Wolfram Timm, Außerwirkungen vertraglicher Verfügungsverbote, JZ1989, 16.
127) Liebs, aaO. (Fn. 75), S. 25.

であると理解して先へ進むことにしたい。

2 禁止説（Verbotstheorie）

以上見てきた§137 Satz1 の機能に照らして、次に同条と§399 Satz2 との関係について考察することにしよう。条文を一見して素直に導かれるのは、債権者─債務者間で合意された処分制限は本来§137 Satz1 の原則によって対外効をもち得ないところ、債権の特殊性にかんがみ、§399 Satz2 が§137 Satz1 の特則として、例外的に対外効を備える処分禁止を認めているという理解である[128]。すなわち2つの規定は原則─例外関係をなす。そして特約違反の譲渡の効果は無効であるが、その無効は債務者との関係においてのみ無効となる、いわゆる相対無効と考えられる。相対無効の法的根拠は法律上の処分禁止に関する§135の趣旨に求められる[129]。同条によると、禁止に違反する処分はその禁止規範が保護する者に対してのみ無効であり、その結果、被保護者との関係では譲渡人が権利者にとどまるが、それ以外のすべての人との関係では譲受人が権利者として扱われることを意味するからである[130]。

この説によると、特約付債権の差押えを許容する§851 Abs.2 ZPO は、§13 Satz2 KO および§80 Abs.2 InsO と同様に、§772 ZPO に対する例

---

128) Urt.v.29.5.1935, RGZ148, 105, Urt.v.11.6.1959, BGHZ30, 176, 183, Wünschmann, Vom pactum de non cedendo, GruchotBeiträge54, 209, Franz Leonhard, Allgemeines Schuldrecht des BGB 1929 1.Band S.659, Hellmut Scholz, Die verbotswidrige Abtretung, NJW1960, 1837, 比較的新しいところでは、Raible, aaO.(Fn.115), S.88 がこのような理解に立つ。
129) §135「特定人の保護を目的とする法律上の譲渡禁止に反してある客体が処分された場合、その処分はこの特定人に対してのみ無効である。法律行為による処分と、強制執行または仮差押えの執行（Arrestvollziehung）の方法によりなされた処分は同列に扱われる。」
130) Auwed Blomeyer, Zum relativen Verboten der Verfügung über Forderungen, Berliner FS für Ernst. E. Hirsch, 1968, S.26. このような見解からすれば、特約違反の譲渡に対する債務者の追認には設権的効力がなく、§135 が債務者に与える無効主張の抗弁を放棄することを意味する。§405 も譲受人の信頼保護（善意取得）ではなく、債務者は本来主張できるはずの§135 の保護を善意譲受人に対しては援用できないことを定めたものと理解することになる。Scholz, aaO.(Fn.128), S.1838.

外規定として位置付けられることになる。

　もっとも、特約違反の譲渡の効果が相対無効であるとすると、債務者が譲渡への同意を拒絶する場合には、譲受人は債務者に対して強制的に取り立てることができず、譲受人の地位は脆弱なものに留まる。したがって譲渡人はこの場合、債権譲渡の基礎にある原因関係に基づき、信義則上、債務者が譲渡に同意した場合と同様な法的地位に譲受人を置くべきことを義務付けられる。すなわち契約目的を達成するために、譲渡人は譲受人に帰属する債権を取り立て、かつその収益を譲受人に支払う義務を負うものとされたのである。

　債権譲渡禁止特約を上記のような相対的な処分禁止とみる説は次のような批判を受けている。例えばティーレは、譲渡禁止（Veräußerungsverbot）とは、処分行為はそれ自体何の問題もなく行うことができるにもかかわらず、その処分の客体につき正当な利益を有する第三者に不利益な効果を波及させないことを目的としている。ところが§399 Satz2 の規律構造は、むしろ§1365 および§1369 の諸事例にむしろ近接し[131]、ある処分行為によってその法的地位に影響が及ぶ第三者にその処分行為に参与する機会を保障するものであり、両者は法律行為の領域において完全に区別されるべき利益保護の法的手段なのである[132]。このようにティーレは、処分の禁止ではなく、むしろ処分行為に関与する法的地位を留保することにこそ特約の本質があるとみる。

---

131) §1365 Abs.1「夫婦の一方は配偶者の同意がなければその全財産を処分するという内容の義務を負担することはできない。他方の配偶者の同意なしに義務を負った場合には、その他方配偶者が同意をした場合にのみ彼は義務を履行することができる。」§1369 Abs.1「夫婦の一方は自己に帰属する婚姻家計の客体につき、他方配偶者が同意した場合にのみ義務を負担することができる。」
132) Thiele, aaO.（Fn.27), S.237 また MünchKomm/Mayer-Maly, aaO.（Fn.116), §137 Ⅲ Rdnr.11 もほぼ同旨か。

3 権利内容説（Rechtsinhaltstheorie）

これに対して判例・通説は、譲渡禁止特約付債権は、契約の当初から特約がある場合はそもそも譲渡不能な権利として成立し、事後的に結ばれた場合には、債権がその時点から譲渡性のないものに内容が転換するとみる[133]。ジンテニスおよびヴィントシャイトの議論を承継するものと言える。それゆえに、§399 Satz2 は、もともと譲渡性のある権利に対して外から処分禁止を付加する §137 Satz1 とは全く異なる状況を想定しており、両条文は原則—例外関係に立たない[134]。すなわち特約付債権はそうでない通常の指名債権と異なる内容をもち、§398 とは独立別個の規律として捉えられるべき §399 Satz2 に服すると理解される。しかし、このような論拠は、よく指摘されているように、まさに特約の対外効を認めるための論点先取りと言わねばならない[135]。さらに処分権能は権利の内容を形成するものではない、という普通法学者による体系的観点からの批判も想起される（第3章第1節2）。とりわけ、事後的に特約を付加する場合は、もともと譲渡可能であった権利につき事後的に処分を制限するものに他ならず、このような説明はすでに破綻しているようにも思われる。特約が債権の内容を変えてしまうのであれば、§399 Satz2 が1文とわざわざ区別して、2文を置いたことも理解しづらいことになろう[136]。

---

133) Blaum, aaO. (Fn.47), S.12.
134) Urt. von 14.6.1932, RGZ136, 395 は、次のように述べ、いわゆる権利内在説ないし権利内容説の基礎となる考え方を提示した。「この種の約定は債権から譲渡性を奪う。特約は債権の内容そのものを規定しているのであり、§137 が前提とするような、債権にその本質にはなじまない処分禁止を付加する場合を規律するものではない。債権というものは、債権者および債務者間の債権法上の拘束を基礎付ける。債務者に対して無効な債権譲渡にはそれゆえ財産権移転の効果を付与されない。このことから、約定に違反して行われた債権譲渡によって、譲受人には債権者としての権利は移転しないことが導かれる。この権利はむしろ譲渡人のところにとどまる。」
135) Heinrich Dörner, Dynamische Relativität, 1985, S.142.
136) Hadding/van Look, aaO. (Fn.47), S.13.

第2節　債務者の事後承諾と行為の有効化

1　共働説（Mitwirkungstheorie）

　特約の趣旨が、譲渡人の処分禁止か、あるいは譲渡不可能な性質＝内容をもった債権を作り出すことなのかという、二分法的対立を止揚する見解も提示されている。従来の見解においては、ヴィーアッカーが適切にも指摘したとおり[137]、債権の二面性、すなわち債権が債務法上の請求権という側面と財産権客体としての側面とを合わせもつことが看過されていたのではないか、というのである。デルナーによれば、債権の内容変更と処分権能の制限はコインの両面のような関係にあり[138]、外部的視点からみれば内容変更である事態が同時に権利主体たる譲渡人にとっては処分制限として現れるに過ぎない。すなわち従来の対立は、同一の事態を眺める視角の選択に依拠しており、つまり言語使用上の違いを実質問題に高めてしまっていた。特約は確かに債権の内容に関わるだけでなく、譲渡人の完全な処分権能を制限するものである。その限りにおいて、§399 Satz2 は §137 Satz1 の原則からの逸脱を認めたものといわざるを得ない。とはいえ、pactum de non cedendo は不融通物を作ることを目的とするわけではなく[139]、§398 の原則とは別に、譲渡人と譲受人の間の合意だけによる帰属変動を許さないタイプの債権を生み出すことを認めるものだと考えられる。処分禁止は処分制限の下位概念であり、債権譲渡禁止特約は、債権者の処分を一律に禁止するものではなく、債務者の同意なしには有効な処分行為の効果が発生しないという意味で、債務者の共働を処分行為の構成要件に組み入れたものと理解すべきである、と[140]。このように理解することにより、特約違反の譲渡を債務者が事後承諾することで、新たな譲渡行為な

---

137) Franz Wieacker, DrWiss, 1921, S.49, 61ff, Paul Oertmann, AcP123（1925）, 129, 143.
138) Dörner, aaO.（Fn.135）, S.142.
139) Däubler, aaO.（Fn.120）, S.1118.

しに譲渡が有効化すること（追完可能性）に対して道が開かれる。

2 債務者の事後承諾と遡求効

さて、債務者の承諾ないし同意については、①特約の解除に対する同意と、②すでになされた譲渡を有効にするための事後承諾を区別しなければならない。前者は原理的に将来に向けられた効果のみを基礎付けうるものであるのに対して、本節で主として問題にするのは後者の意味での承諾（追認）である。すなわち、特約の目的は主として債務者の私益保護にあるから、債務者さえ特約違反の譲渡を事後承諾する意思があれば、譲渡が有効とされてよい。この点に関して、特約付債権の譲渡を有効にするには改めて合意（変更契約）が必要か（§311）[141]、それとも債務者の一方的な承諾で足りるか[142]、という問題が従来から議論されてきた。権利内容テーゼの生みの親ともいうべきジンテニスは、「債務者は特約に反して譲渡がなされた場合に譲受人に有効に弁済することができるが、その場合、債権の性質すなわち譲渡を禁止する特約は黙示の意思表示ないしは債務者の黙示の同意によって変更されることになる。」と変更契約的な構成から、事後承諾の効力を容認していた[143]。新たな契約構成による場合、譲渡は承諾時から将来に向けてのみ有効となり、遡及効は認められない。

他方、債務者の一方的な承諾による有効化を支持する構成によると、例

---

140) Berger, aaO. (Fn.36), S246. も同旨。もっとも Hadding/van Look, aaO. (Fn.47), S.13 は処分制限は絶対効を備える債権者―債務者間の債務法上の義務負担にすぎず、債権の内容に関わるものではないという点で若干理解を異にする。
141) 契約説に立つのは、Wolfgang Fikentcher, Schuldrecht 8. neubearbeitete Aufl. 1991, §57II 4 D S.350, Wolfgang Lüke, Das rechtsgeschäftliche Abtretungsverbot, Jus1992, 114, Larenz, Schuldrecht I 14. Aufl. 1987, §34II, Blaum, aaO. (Fn.47), S.138. もっとも、Georg Furtner, Die rechtsgeschäftliche Verfügungsbeschränkung und ihre Sicherung, NJW1966, 186 は契約構成に立ちつつ、§184 の直接適用または準用によって遡及効を肯定する。
142) Medicus, I§62, Rdnr.46.
143) Sintennis, aaO. (Fn.83), S.811. なお、Seuffert, aaO. (Fn.88), S.103 は、債務者に譲渡人に対する悪意の抗弁権（Arglischteinrede）を付与していた。Lorenz Brütt, Das rechtsgeschäftliche Veräusserungsverbot nach gemeinem Recht und Bürgerlichem Gesetzbuch, 1900, S.30 もほぼ同旨か。

えば債権譲渡後に譲渡人（債権者）が破産した場合でも債務者は追認することが可能であるが、契約構成によると、債務者は特約の解消＝処分行為をもはやすることができなくなる[144]、という違いが現れる。権利内容テーゼを前提にすると、権利の譲渡性を回復するには基本的に両当事者の合意が要求されるから、権利内容説は契約構成と親和的であり、他方、共働説は追完構成と親和的である、という対応関係を見て取れる。

　判例[145]・通説は、権利内容説の立場から、債務者の承諾は譲渡禁止特約を将来に向けて解消するか[146]、§399 の抗弁放棄に向けられた債務者の了解の意義としてのみ理解される、という[147]。改めて譲渡行為をする必要はないが、債務者の承諾に遡求効は認められない。無権代理や他人の権利の譲渡の場合に認められているような追完は生じないのである。その理由は次のとおりである。債権譲渡の場面において「権利者」とは旧債権者＝譲渡人を意味するのが通常である。そうすると、ここで問題になっている債務者の承諾は、§182[148] および §184 Abs.2 にいう「第三者」の承認に当らないし、§185 Abs.2[149] における債権の「権利者」の承認でもない。こうした BGH の判断の射程は、当初は譲渡排除特約のみを対象としていたが[150]、その後譲渡制限条項の一部についても拡張された[151]。

---

144) OLG Celle Urt.v.14.12.1967, NJW1968, 652.
145) Urt.v. 1.2.1978, BGHZ 70, 299-303.
146) Larenz, aaO.(Fn.50), S.582.
147) RGZ75, 172.
148) §182「契約または他人に対して取り行われるべき一方的法律行為の有効性が、第三者の承認に係らされている場合には、承諾の授与および拒絶はその一方当事者と他方当事者のどちらに対しても表示することができる。」§184 は追認の遡及効につき次のように定める。「追認は、特段の定めがないかぎり、法律行為の実行時点にまで遡及する。遡及効によって追認の前に法律行為の客体に関して追認者によって行われたかあるいは強制執行によって行われたか、あるいは仮差押えの執行（Arrestvollziehung）または、破産管財人によって行れた処分は無効とはならない。」
149) §185「(1)無権利者が客体について行った処分は、それに権利者が同意を与えたときには有効である。(2)処分は、権利者がそれを追認するか、処分者がその客体を取得しもしくは権利者から相続し、かれが遺産債務につき無限責任を負う場合に有効となる。後二者いずれの場合も、その客体につき複数の互いに両立しえない処分がなされているときは、時間的に先行する処分のみが有効となる。」

特約付債権が二重譲渡された場合、いずれの譲渡も無効であるから、債務者が第二譲渡を先に承諾して第二譲受人に弁済すれば、たとえ第一譲受人が債務者から第一譲渡について承諾を得ても、承諾には遡及効がないので、第一譲受人は第二譲受人に対して不当利得返還請求をすることができないとした判決がある[152]。

　このように、債権者が譲渡禁止特約付債権を二重譲渡し、債務者が第二譲渡を先に承諾した場合、第二譲渡が優先することになる。つまり、判例・通説の立場においては、時間的に先に譲り受けた者が優先するという優先性原理との抵触が問題になりうるのである。そのかわりに、譲渡と承諾の間になされた差押えなどの中間処分の効力が債務者の承諾によって覆されるおそれはない。

　これに対して、共働説は、先に見たとおり、§398 Satz1 とは異なり、債権譲渡の効力を債務者の同意に係らせることに特約の本旨をみる[153]。もちろん、これは、当事者による法律関係形成の自由を制限し、帰属上有意味的な処分行為の構成要件に介入することになるため、同意条件を解釈によって自由に創設することはできず（いわゆる同意要件の法定主義 [numerus clausus]）、法律行為の有効性を第三者の同意に係らせるためには制定法上の根拠を必要とすると考えられる[154]。ところが、§399 Satz2 の文言から同意要件を導きだすことは、要件面でも効果面でも難しい[155]。

　§399 Satz2 に債務者の同意要件を読み込む可能性を開拓したティーレは[156]、三面契約によって共同の権限行使をすることもできるが、債務者が譲渡を承諾することによっても可能であるとする。というのも、債務者が譲渡の効力につきイエスかノーを言うことができれば、債務者の私的自

---

150) BGHZ70, 304 (Fn.145).
151) Urt.v.29.6.1989, BGHZ108, 172.
152) Urt.v.14.10.1963, BGHZ40, 156, 161.
153) Planck/Siber, §399 Anm.2, Siber, Schuldrecht, S.141, Dörner, aaO. (Fn.135), S.141ff. MünchKomm/Mayer-Maly, aaO. (Fn.116), §137.
154) Thiele, aaO. (Fn.27), S.236.
155) Berger, aaO. (Fn.36), S.304.
156) Thiele, aaO. (Fn.27), S.231ff.

第2節　債務者の事後承諾と行為の有効化　157

治は遵守されるからである、と論じた。このことは§399 Satz2の事例を§182ないし§184に包摂することを可能にする。ティーレは、§399 Satz2は「間接的な権利関与に基づく同意」の事例群と構造的に近いことから、こうした構成が可能であると説明する[157]。すなわち団体の構成員は団体の財産の持分権については分割を請求することはできないという、§119と本問とを類比して論じている。しかし、これでは、法律行為の有効性を第三者の同意に係らせるためには制定法の基礎を必要とする、という先に述べた原則との関係で十分な説明がされていないという難点があった[158]。この点の説明を試みるのが、第6章で詳しく見るベルガーである。

ベルガーは、債権譲渡は債務者から導かれる権能が授権の形式でされていることを前提として、債権の処分権能に関しては債務者も債権者と同等の資格で「権利者」の概念に包摂され、債務者の承諾が§185 Abs.2 Satz1 Fall1の適用によって基礎付けられるというのである。このように解することによって、債権債務の主体変更に関わるもう1つの法制度である債務引受との統一的な理解も可能になるという[159]。

これに対しては、債務者の事後承諾とは結局抗弁の放棄であって、抗弁の放棄は、債務者が、自己の気に入った債権者に対する特定の譲渡を優遇するために用いられてはならず、同意を有効な譲渡の構成要件として整序することに否定的な評価もある[160]。この点の評価に関しては、なお否定説[161]と肯定説[162]が対立している。

---

157) Thiele, aaO. (Fn.27), S.239.
158) Berger, aaO. (Fn.36), S.306.
159) Berger. aaO. (Fn.36), S.307.
160) Ludwig Häsemayer, Insolvenzrecht, 1992, S.364.
161) StaudingKomm/Kaduk, § 399 Rdnr.109, Larenz, SchuldrechtI, § 34 II1.S581, Serick, II S.291, Blaum, aaO. (Fn.47), S148.
162) Johannes Denck, Wirksamkeit einer zwischen abredewidriger Forderungsabtretung und nachträglicher Genehmigung liegenden Pfändung, BB1978, 1086, 1087, Thiele, aaO. (Fn.27), S.240ff., Wagner, aaO. (Fn.47), S.480, StaudingKomm/Gursky, Vorbem.32, Urlich Huber, Gefahren des vertraglichen Abtretungsverbots für den Schuldner der abgetretenen Forderung, NJW1968, 1905.

第3節　小括

　以上のように、禁止説は、§399 Satz2 を処分禁止の対外効を否定する §137 Satz1 の原則に対する例外であると同時に、債権の自由譲渡性を宣言する §398 との関係でも例外である、と位置付ける。特約違反の譲渡の効果は §135 の適用（または類推適用）により相対無効とされ、債務者の同意は抗弁権の放棄という意味を持つにとどまる。これに対して、権利内容説は、譲渡禁止特約付債権は「譲渡性がない」債権として成立し、本来譲渡性のある権利を法律行為によって処分制限に係らしめるものではなく、つまり §137 Satz1 が適用される前提を欠くから、同条と §399 Satz2 との間にはそもそも矛盾は生じないとする。債務者が事後承諾すれば、譲渡行為は債務者の承諾によって（三面契約であれ、債務者の一方的意思表示によるものであれ）、契約内容が変更される結果その時点から譲渡が有効になるのであり、遡及効は認められない。

　これに対して、共働説は、§398 が §137 Satz1 との関係では例外則であるとしても、§399 Satz2 に対する §398 の原則性を当然には承認しない点に大きな特徴がある。すなわち構造的に債務者―債権者（譲渡人）―譲受人の三面関係をなす、債権の帰属変動においては、債務者の意思が関与するのが私的自治の観点からは本来的な形態であり、§399 Satz2 が明示的に債権の帰属変動につき債務者の関与可能性を留保するものであるのに対して、§398 は、債務者に帰属すべき処分権能の一部分が法により債権者に包括的に授権されているとみるわけである。したがって、債務者の承諾によって処分の有効要件が事後的に満たされた場合には、遡及的に債権譲渡が有効になると考えられる。

第5章 特約の効力制限論

第1節　問題の端緒

　以上のように、特約の対外効は BGB 施行以来一貫して承認されている。ところが、特約は実務界においてしばしば債権の流通を阻害する足かせと意識されるようになった。利益衡量上も問題をはらむケースが噴出し、ドイツにおいても特約の効力を制限しようという流れ（特約の効力制限論）が生じてきた。90 年代においてそうした傾向はますます強くなり、1992 年には、譲渡禁止特約によって 2000 億マルク以上の流動性が阻止されたことにつき、ドイツファクタリング連盟から警告が発せられたほどである。

　特約の効力制限論のきっかけとなったのは、いわゆる延長された所有権留保と譲渡禁止特約との衝突事例をめぐってであった[163]。ドイツでは、所有権留保により商品を納入した供給業者が、所有権留保買主に対して、その商品の転譲渡・加工につき授権すると同時に、自己の売掛債権を担保するために、所有権留保買主がその顧客に対して取得すべき将来の債権を予め譲渡させるという取引形態が多用されている。その際に、所有権留保買主とその顧客との間で所有権留保買主を債権者とする債権につき約款において譲渡禁止特約が結ばれていることが少なくない。特約付債権は当初から譲渡性のない権利として成立しているとみる判例・通説によれば、この特約は時期的に早くなされた譲渡に対しても貫徹される結果、転譲渡・加工への授権とともに予定されていた将来債権の譲渡は効力を失うことになる。顧客＝約款使用者は §932 または §366 HGB に従って目的物の所

---

　163) Sabine Klamroth, Abtretungsverbote in Allgemeinen Geschäftsbedingungen, BB1984, 1842.

有権を取得する余地があるものの、BGH によれば、約款使用者は前主から買い受けた物が通常は前主の売主の元に所有権を留保するかたちで売却されている可能性があることを予期すべきであるからという理由で、譲渡人の所有権ないしは処分権能に対する正当な信頼（善意）が欠けており、善意取得は成立しないと解されている[164]。特約が約款使用者に対して持つ、いわゆる「ブーメラン効果」がここで語られる[165]。

このような問題と時期を同じくして、ちょうど延長された所有権留保と包括的債権譲渡との衝突に関する法理が形成されつつあり[166]、所有権留保と競合する各種担保権との調整問題の一環として、譲渡禁止特約との関係も他のケースと対比する形で問題にされるようになった。こうした動きを契機として、特約は中小規模の供給業者や企業を害するために、その効力を許容することが国民経済上望ましくないとの批判がしだいに声高に主張されるようになった[167]。ファクタリングなどの普及に伴い、この問題はますます現実的な意義を獲得するようになり、真正ファクタリング（echte Factoring）と不真正ファクタリング（unechte Factoring）とを問わず、債権譲渡の効力が法律行為による処分制限によって挫折するという事態の発生は今日深刻なものとなっている。これは決してファクタリングや信用機関だけの問題ではなく、まさに経済全体に関わる問題なのである[168]。

そこで、ゼーリックは、特約がそれ自体において処分行為的性質を帯びることに着目し、特約が締結される前に行われた所有権留保との関係では

---

164) Urt. v. 19. 6. 1980, BGHZ 77, 279, Rolf Serick, Eigentumsvorbehalt und Sicherungsübereigunung Bd. IV, 1976, §54IV2a S. 691 がこのような見解を主張していた。
165) Werner Sunderman, Geschäftsführerhaftung beim ermächtigungswidrigen Einbau von Vorbehaltsmaterial, WM1989, 1201.
166) この問題については、藤井徳展「将来債権の包括的譲渡の有効性(1)(2・完)――ドイツにおける状況を中心に」民商 127 巻 1 号 22 頁、2 号 36 頁（2002 年）以下が詳しく検討している。
167) Rolf Serick, Eigentumsvorbehalt und Sicherungsübereignung BdII, 1965, §24III2, S. 289, Winfried Mummenhoff, Vertragliches Abtretungsverbot und Sicherungszession im deutschen, österreichischen und us-amerikanischen Recht, JZ1979, 425.
168) Klaus Bette, Um das Abtretungsverbot, Zeitschrift für das gesamte Kreditwesen, 1969, 463.

当該特約の効力は及ばないとして、優先性原理の観点から特約の効力を制限しようとした[169]。将来債権をすでに譲渡した所有権留保買主には、譲渡目的債権を「譲渡しえない権利」として成立させる権限が欠けていると考えたのである。ところがこれに対しては、ハッディング／ファン・ルークによる次のような批判がある。すなわち「譲渡できない権利」を設定することは、既存の権利の内容変更、権利の移転、負担の負荷、放棄のいずれにも当たらず、つまり債権譲渡禁止特約は処分行為ではないから（権利内容テーゼの否定）、将来債権譲渡の特約に対する優先効を処分行為においてのみ妥当する優先性原理によって正当化することはできない[170]、というものである。

---

169) Serick, aaO. (Fn.164), §51 Ⅱ S.490ff. もっとも債務者は §407 で保護される。
170) Hadding/van Look, aaO. (Fn.47), S.7. なおこの問題については第3部第3章で詳述する。

第 2 節　§399 Satz2 削除論

　以上の解釈論的な試みとは別に、§399 Satz2 の立法論的な妥当性自体に対する疑問も表明されていた。既に 1969 年 3 月の時点において、連邦ドイツ産業連盟の提案 6 は、「あるいはありうる企業の一般的な売却条件の制限」という告知において、譲渡の無制限的な禁止を明示的に「望ましくない」ものであると問題提起をしていた。これを受けて、1976 年第 51 回ドイツ法曹大会において、担保法改革との関連で債権譲渡禁止特約に関する現行ルールも検討の俎上にのぼった。特約に絶対効があれば、確かに、債権者が特約に違反して債権を譲渡した後で破産した場合でも、破産財団に特約付債権が留まり、譲渡人の一般債権者にとって歓迎されるべき結果になる。しかし、債務者は、将来における相殺確保の利益をねらう場合を除いて、債権者（譲渡人）の一般債権者の利益など眼中にないまま特約を結ぶのが通常であろう。そのような債務者の判断次第で、一般債権者の利益が左右されるのは妥当ではなく、担保債権者の正当な利益との衡量および調整が図られるべきである、という方向性が鑑定意見において示されたのである。

　ドロープニックは鑑定意見の中で、抜本的に、§137 Satz1 の原則に沿うかたちで、①将来的には債権の譲渡性を法律行為によって排除できないようにすべきであるという、§399 Satz2 削除案を第 1 案として提示した[171]。若干譲歩したものとして、②債務者は譲渡の有効性を自己の同意に係らしめることはできるものの、特に反対すべき重大な理由がない限り、債権者は債務者に対して同意を請求できるものとする第 2 案（折衷案）を付した[172]。そして、第 2 案においては、同意義務がない譲渡禁止特約を例外的に承認する場合もあるとし、例外を正当化する事由としては、連邦ドイツ産業連盟の推薦提案 6 と同様に、特に「企業グループの会社にとっ

---

171) Drobnig, aaO. (Fn.37), F77.
172) Drobnig, aaO. (Fn.37), F80.

ての相殺可能性」および「委託者が受託者との取引を完全に清算することにつき正当な利益がある場合」が言及されている[173]。採決の結果、①案が採択されたため、②案は採決に付されなかった。ところが結局、その後①案にしたがって立法がなされることはなかったのである。

---

173) これに対して、債務者の帳簿管理における技術的困難さや不便さといったものは考慮に値しないとされる。

第3節　§399 Satz2 の目的論的縮減

　判例・通説による§399 Satz2 の解釈も従来の立場を堅持して変わる気配はない。もっとも、解釈論の枠内で譲渡禁止特約の効力制限を試みる苦肉の策として、所有権留保と担保のための債権譲渡が競合する場合に限って、§399 Satz2 の適用を否定する考え方も唱えられるようになった。ムンメンホフは、特約が債権の信用取引を阻害しているという問題意識から、§399 Satz2 の適用範囲を目的論的に制限して解釈しようとする[174]。すなわち現在の信用取引における債権譲渡の隆盛を立法者はおよそ予測しておらず、制定法の欠缺が生じている。その欠缺を補充するために、ムンメンホフは、利益状況の類似性において、担保のための債権譲渡を債権差押えと同視し、特約付債権も有効に差押え・転付命令の対象にしうるとする§851 Abs.2ZPO（第2章第2節[1]参照）を類推適用する。

　たしかにドイツ法において、一般債権者は差押えによって客体に対する法定の差押質権を取得するため（§804 ZPO）、差押えを一種の担保権設定行為として類比する発想はそれほど突飛ではない。しかしながら、このような構成には幾つもの問題点があった。第1に、両者の競合事例において、担保のための債権譲渡を優先させるべきだという利益評価をBGBの体系性から導き出すことはできない[175]。第2に、差押債権者は第三債務者に対する債務名義に基づいてその意思に反してでも国家の助力を得て債権に摑取できるという点で、当事者の任意により行われる譲渡制限と本質的に異なる。ところがムンメンホムは差押えの強制的性格を無視している[176]。第3に、ドイツ法の特徴である無因性原理とも調和しない。なぜなら無因

---

174) Mummenhoff, aaO.(Fn.167), S. 425 のほか、Karl-Heinz Matthies, Abtretungsverbot und verlängerter Eigentumsvorbehalt, WM1981, 1040 がこれを支持している。
175) Hadding/van Look, aaO.(Fn.47), S.6.
176) Blaum, aaO.(Fn.47), S.226f. Peter Bülow, Recht der Kreditschierheiten, 2.Aufl.1988, Rdnr.997 も担保のための債権譲渡事例のみを特別扱いする理由を見出すことはできないとする。

性原則によれば、当事者が当該処分によって何を目的にしているかは処分の有効性に影響を与えないはずである。にもかかわらず、債権譲渡担保に限って、その処分行為の目的によって譲渡の有効性が左右されるのは体系的に一貫しないからである[177]。第4に、第三債務者の観点からすれば、強制執行において「支払に代えて」の移転は許されていないのに、担保のための債権譲渡にあっては権利が完全に移転する結果、転譲渡も可能であるという違いを無視しており[178]、§851 Satz2 ZPO の類推によって基礎付けることができるのは、せいぜい譲渡禁止特約付債権について取立授権を許容するところまでである。第5に、目的論的縮減は問題の部分的な解決しかもたらさず、現代においてむしろ重要な問題領域となっている、債権売買の履行として行われるファクタリングにおける真正の債権譲渡を可能にするものではなく、その結果商品および金銭の信用供与者を優遇するという意義のみを持つことになる[179]と批判されている。このような理論上および実際上の多数の問題点を抱えていたため、ムンメンホムの目的論的縮減説もやはり大方の支持を得ることができなかった。

---

177) Berger, aaO. (Fn.36), S.275.
178) Wolfgang Fikenscher, §57II4 Schudlrecht S.351 1991, Berger, aaO. (Fn.36), S.276.
179) Hadding/van Look, aaO. (Fn.47), S.6.

第4節　良俗違反の法律行為

　そこで、次に§399 Satz2 の規律内容を一応妥当なものとして是認した上で、個別具体的な特約ごとに法律行為の効力を否定するために、一般条項である§138 を活用することが考えられる。同条によると、良俗違反の法律行為は無効と評価される。すなわち譲渡禁止特約によって債権者の経済上の行為自由が強度に制限される場合には、桎梏（Knebel）の観点から契約の効力を否定すべきである[180]。同条の適用領域は、法律行為がその内容に照らして法秩序および公序良俗に反することを理由に直ちに無効とされる場合と、その内容、目的、動機に照らし全体として顰蹙に値する（anstößig）とされる場合とからなる。担保設定行為で問題になるのはもっぱら後者の場合であり、そこでは第三者または相手方に著しい不利益を及ぼすという客観的な給付のアンバランスとともに、主観的に非難に値する態度が必要とされる[181]。

　この件に関するリーデイングケースといえるのは、建築請負契約における建築業者の報酬請求権の譲渡を禁止する条項が原則として良俗に反しないとした BGH の判決である[182]。判決は、第1に、特約を結ぶ債務者と債権譲受人との関係は、包括的債権譲受人と所有権留保売主との関係のように、同列にならぶ複数の信用供与者間の紛争ではないこと、第2に、譲渡禁止特約の効力は、包括的債権譲渡と異なり、債権者が有するすべての債権に及ぶわけではないし、債務者の事後承諾を得ることも可能であること、第3に、供給業者たる所有権留保売主は、所有権留保買主が顧客に対して有する債権に譲渡禁止特約が付されていないと思い違いをすることを、債務者は計算に入れて行動する必要はないこと、を理由として挙げる[183]。

---

180) Blaum, aaO.(Fn.47), S.248.
181) Manfred Wolf, Inhaltskontrolle von Sicherungsgeschäften, in FS für Fritz Baur, 1981, S.148.
182) Urt.v.28.11.1968, BGHZ 51, 113, Urt.v.12.5.1971, BGHZ56, 173.
183) Hadding/van Look, aaO.(Fn.47), S.4.

しかし、良俗違反性を否定するこれらの論拠に対しては、批判も強い。約款使用者たる債務者が債権者の唯一のあるいは最も重要な取引先である場合には、少なくとも第2の理由付けの前半部分はあてはまらない[184]。このような紛争が生じた場合に債務者の同意を現実に期待できるかどうかも疑問である。包括的債権譲渡の良俗違反性が債務者の強制状態およびその結果生ずる債権者利益の危殆化にあるとすれば、譲渡禁止も事情によっては同様の強制状態を作り出す可能性があるから、一概に特約が良俗に反しないとは言い切れない[185]。特約が広く用いられるのはむしろそのような場合であるともいわれている[186]。したがって包括的債権譲渡と譲渡禁止特約事例の利益状況を分ける本質的な違いは第1の理由に見出すべきであろう[187]。しかしこの点すらも、第2章第2節[2]でみたように、特約が相殺利益の確保を狙う場合には、事実上の担保権設定に類似した機能を果たしているのであるから、やはり包括的債権譲渡と競合した場合と問題状況が決定的に異なるとはいえないようにも思われる。

　もっとも、譲渡禁止特約を締結した債務者は、先述のとおり（第1節）、契約相手方である所有権留保買主が通常は目的物の所有者でないことを知っているはずであるから、善意取得による保護をうけられず、所有権留保売主からの所有物返還請求に応じなければならない、とされている。そうすると、所有権留保売主を保護するためにあえて特約を無効にする必要性は、包括的債権譲渡との競合事例における譲受人保護の場合に比べると乏しいと言える[188]。したがって、そのような利益状況の違い、すなわち所有権留保売主を保護する目的との関係で特約を無効とすべき必要性が相

---

184) Thomas Burger, Probleme der Vereinbarung eines Abtretungsverbots beim Wareneinkauf, NJW1982, 83, Hans-Georg Koppensteiner, Abtretungsverbote gegenüber dem Kreditnehmer im Spannungsfeld zwischen Globalzession und verlängertem Eigentumsvorbehalt, Jus1972, 374.
185) Koppensteiner, aaO. (Fn.184), S.375.
186) Blaurock, aaO. (Fn.50), S.334.
187) この判決の理由付けを周密に検討したものとして、Koppensteiner, aaO. (Fn.184), S.373.
188) Serick, aaO. (Fn.164), Bd.IV P51 III 5c S.517, Hadding/van Look, aaO. (Fn.47), S.8.

対的に小さいことを根拠として、原則として譲渡禁止特約には良俗違反の問題を生じないとする判例・通説の立場は一応妥当なものと評価することができる。

第5節　約款規制[189]

　次に、債務者による約款を通じた特約条項の押し付けに問題の本質を見出すべきだとすれば、債務者が追求する利益と債権者および潜在的譲受人の利益とを緻密に考量するために、約款の司法的コントロールという方法に拠ることも考えられる[190]。この場合は、信義則に反した相手方の不当な不利益扱いが問題になり、必ずしも関与者の主観的態様の悪性は要求されていない[191]。すなわち§307における内容コントロールにおいては、法律行為の良俗違反判断よりもクリアーすべきハードルが低いと通常は考えられている[192]。ところが、判例は、良俗違反性を判断する際に用いる基準をためらいなく、そのまま約款の内容コントロールにも流用し、商品取引における約款の譲渡禁止特約条項を原則として有効と認めている[193]。たしかに第三者（譲受人等）の利益は、内容コントロールの際の利益考量の際に考慮されないのが原則であるが、それが間接的に約款使用者の相手方＝債権者の利益に影響を及ぼすべき場合には、考慮要因に入れる余地がある。

　例外的に§307（旧§9 AGBG）違反で無効とされたものとしては、運送業者の約款において、§67Abs.1.Satz1.VVG の被保険者から保険会社への法定代位（債権移転）を阻止するために定められた特約条項を[194]、第三者との損害賠償をめぐる争訟に煩わされたくないという契約相手方の利益を冷遇するものとして無効とした例が挙げられる。BGH は、積荷の損傷

---

189) 2002年1月1日より施行された債務法現代化において、約款規制法のルールが BGB に組み入れられたのに伴い、従来の §9 AGBG が §307 とされた。
190) Oefner, aaO.(Fn.47), S.29ff, Hadding/v.Look.aaO.(Fn.47), S.15.
191) Schlosser-Coester/Waltjen-Graba, AGBG §9 Rdnr.8, Ulmer-Brandner-Hensen, AGBG, 3.Aufl. 1978, §9 Rdnr.55.
192) Brander/Ulmer/Brandner, AGB-Gesetz §9 Rdnr.32, Blaurock, aaO.(Fn.50), S.334, Ulrich Hübner, ZIP1980, 743.
193) Urt. v. 18.6.1980, BGHZ77, 275.
194) Urt.v. 8.12.1975, BGHZ65, 364, Urt.v. 9.11.1981, BGHZ82, 162.

に基づく運送会社に対する損害賠償責任を法律行為によって保険会社に移転する旨の特約条項についても、この考え方を拡張して、運送会社とのトラブルにみずから巻き込まれることなく、もっぱら保険会社に任せたいという契約相手方の利益が優越するものとして、やはりそのような条項を無効とする[195]。

　これに対して、学説においては、約款コントロールに積極的な見解も有力に主張されている。ヴォルフは、§398が処分の自由に対する債権者の利益を承認し、§137 Satz1がこの利益を保証し、こうした権利の処分可能性は§14 GGに支えられた権利内容の本質的内容、立法の基本思想に属するという理解から出発する[196]。そして約款コントロールにおいては純粋に関係当事者間の利益比較が問題になるところ、契約相手方である債権者の利益を不当に不利に扱うときには、債務者の追求する簡明化利益は後退しなければならない[197]。約款使用者の相手方は、自己の供給者との取引関係を維持する利益を有するが、こうした債権者の利益は原則として債務者の簡明化利益よりも高く位置付けられるべきである。譲渡に伴って生じる債務者への負担は、自己の取引関係が危殆化することから所有権留保買主に生じる負担や供給者にその担保利益の侵害ゆえに供給者を脅かす不利益よりもはるかに小さい。制定法はこうした債務者の利益をすでに§406以下によって十分に保護しており、約款における譲渡制限は原則として無効と評価されるべきである[198]。以上のように説いている。

　もっとも、これら対極に位置する立場の間で、折衷的な見解も主張され

195)　BGHZ82, 162(Fn.194).
196)　Manfred Wolf, Wolf/Horn/Lindacher, AGBG §9 Rdnr.A12, Oefner, aaO. (Fn.47), S.123ff.
197)　Wolf, aaO. (Fn.181), S.158.
198)　もっとも、Wolf, aaO. (Fn.181), S.159 も、交互計算約定と関連した譲渡制限特約の有効性は認めている。この場合、譲渡制限は、最終残高の確定のために一時的にあてはまり、最終残高そのものは支配しない。留保買主はその正当な担保利益を差引残高の予めの譲渡を通じて十分に満足を受けることができるからである。加えて、部分的譲渡はとりわけ訴訟上の観点から債務者に不利益を及ぼすとして、例外的に無効にならないとする。その結果 Wolf は、BGH と彼の見解の結論的な差は大きくなく、せいぜい立証責任が転換されるにすぎないという。Sundermann, aaO. (Fn.165), S.1199 も基本的に同旨。

第5節　約款規制

ている。第1に、フォン・ヴェストファーレンは、譲渡禁止特約を原則として有効と認めながらも、金銭債権に関しては、債権の流通性に対する債権者の利益が優先すべきとの結論を導く[199]。つまり金銭債権に関しては、譲渡禁止特約の物権的効果はもちろん、債権的効果をも否定する立場を宣言するものである。第2に、ハッディング／ファン・ルークは、債権者（供給業者など）が同時履行の抗弁権（§320）を債務者の利益のために放棄し、先履行義務を負担する一方で、期限未到来の売掛債権や請負代金債権を履行期前に譲渡することによって資金を調達する道を、譲渡禁止特約によって妨げられるとすれば、それは公平の観点からも問題であるため、債務者と債権者との間で適切な利益調整を行うには、債務者が支払延期という恩恵に浴する見返りとして、債権者に債権譲渡によって流動性のある債権を調達することを積極的に認める必要があるという観点を付加する[200]。それゆえに、譲渡禁止特約が§307による内容コントロールをクリアーするためには、譲渡に対する債権者の利益にも十分に気を配って、約款使用者に同意の準備があること、ないしは同意に対する一定の要件が含まれていなければならない。債務者は、例えば、譲渡を事情によっては一定の方式にしたがって通知をうけることに係らせるか、債務者が旧債権者（譲渡人）に過誤払いした場合には、譲受人は更なる支払請求をしないように要求できる、というように条項を整備することが望ましいという。

更に、より端的に、約款使用者の利益はしばしば、緩和された形での譲渡禁止（たとえば通知要件または特定の要件に依存した同意の必要性）によって満足させられうるのであるから、定型書式による譲渡禁止特約が正当化されるのは稀であるとして、その有効性に懐疑的な見解も主張されている[201]。また、債務者の保護に値する利益は、むしろ、旧債権者に過誤払いした場合の二重払の危険から逃れることにあることを前提にしつつ、

199) Friedrich Graf von Westphalen, Vertragsrecht und AGB-Recht, Stichwort "Abtretungsausschluß" Rdnr.3.
200) Hadding/van Look, aaO. (Fn.47), S.11.
201) Peter Ulmer/Hans Erich Brandner, AGB-Gesetz 9.umfassend überarbeitete Auflage, 2001, Anh.§§9-11, S.970[H.E.Brandner].

ファクタリングを行う企業が譲渡を開示している場合のように、新債権者の表示がなされている場合には、債務者は譲渡への同意をすることを義務付けられており、もし同意しない場合には、そのように硬直的に運用される譲渡禁止は無効である、という見解もある[202]。しかし以上のような、法的安定性を重大に揺るがす構成要件を立てることに対しては、取引における効率性の観点から問題が多いという批判もあり[203]、それほどの支持を得ていない。

　このように、学説においては、判例の立場に抗して、交互計算取引の局面や部分的譲渡を排除することを目的とする場合を除き、債務者の清算取引における明確性と一覧可能性を保つという利益のみによっては、譲渡禁止特約の例外なき有効性を正当化することはもはやできないという理解が徐々に有力化しているとみてよい。

---

202) Blaurock, aaO. (Fn.50), S.334, Brandner, aaO. (Fn.201), S.969.
203) Horst Eidenmüller, Die Dogmatik der Zession vor dem Hintergrund der internationalen Entwicklung, AcP204 (2004), 473.

第6節　法律効果面における目的論的縮減——相対無効説

1　相対無効説の基本思想とメリット

　以上の議論は、第3章でみたとおり、§399 Satz2 および §851 Abs.2 ZPO の文言解釈および規定の成立史から、§399 Satz2 が特約違反の譲渡の効果について、絶対無効を想定していることを前提としてきた。望ましくない特約の効力は、約款コントロールや一般条項によってケースバイケースに柔軟に制限すればよいというのが判例・通説の基本スタンスである。しかし、比較的最近、§399 Satz2 の解釈において、より取引安全に資する法律構成として、相対無効説の再評価が主張されている。譲渡の制限を求める債務者の私的自治は、特約に反して債権を譲渡したいという譲渡人および譲受人の私的自治と正面から対立する。特約を交わした当事者の真意をくみとりつつ、また §399 Satz2 の立法理由にまで遡ると[204]、絶対無効という効果が論理必然的なものとはいえない。なぜなら契約による利益調整にあっては、原則として当事者以外の法律関係および利益に触れるべきではないという基本原理からすれば[205]、特約違反の譲渡の効果も債務者の利益保護の趣旨に必要な範囲、すなわち相対無効で十分なのではないか、という議論が出てきても何ら不思議ではないからである。

　相対無効説の代表的論者であるカナーリスは、判例・通説である権利内容説のテーゼおよび絶対無効説の論拠が決定的ではないことを論証し、むしろ相対無効構成こそが合理的かつ誠実な当事者の推定的意思に合致し、かつ §398 および §137 Abs.1 とも整合性があると述べる[206]。そのうえ

---

204) Hubert Beer, Die relative Unwirksamkeit, 1975, S.181.
205) Enneccerus-Lehmann, Recht der Schuldverhältnisse, 14.Bearbeitung, 1954. §78 IV 2, S.304 Claus-Wilhelm Canaris, Bankvertragsrecht, 2.Aufl.1981, Rdnr.1705 S.874, Johannes Denck, Die Relativität im Privatrecht, JuS1981, 13, Kalus Bette, Das Factoring-Geschäft Praxis und Rechtsnatur in Deutschland im Vergleich zu anderen Formen der Forderungsfinanzierung, 1973, S.93, S.180.

譲受人の取引安全保護の見地からも望ましい効果が得られるという[207]。

　すなわち、法律効果の面で、絶対無効説と相対無効説とでは、次の3点において、実質的な違いを生じる。相対無効説によると、第1に、譲渡人が債権譲渡後に破産した場合に、譲受人は単なる一般債権者にとどまらない地位を得ることができる。すなわち、譲受人は破産の場合に代位物につき取戻しまたは別除ができる。第2に、債権譲渡後に出現した譲渡人の差押債権者による強制執行に対して、譲受人は第三者異議訴訟を提起して自己の利益を主張することができる（§771 ZPO）。第3に、債務者が、二重譲渡ケースにおいて、優先性原理の観点から劣後すべき第二譲受人に弁済した場合に、第一譲受人が第二譲受人に対して不当利得返還請求権を行使できるという解釈の余地が生じる（§816 Abs.2）。いずれの側面からみても、相対無効説は、債権の譲受人の法的地位を強化すべきであるという実質的価値判断に立脚していると評価することができる。

2　相対無効説批判

　それでは、こうした効力制限方法は果たして妥当なものか、相対無効説批判を詳細に展開するブラウムおよびライブルの議論を手がかりにして、以下において、相対無効構成の可能性と問題点を詳しく検討する。絶対無効説を擁護する論者は次の4点を指摘して、相対無効説を批判する。

　第1に、§399 Satz2が法律上許されていることを特に制限する禁止規範ではなく、債権から取引可能性それ自体を奪う規範であることを見落としている、という点にある[208]。

　第2に、そもそも§851 Abs.2 ZPOの規定が相対無効の考え方になじまない[209]。すなわち、譲渡人の債権者による特約付債権の差押えを許容することと、譲受人が相対的に無効な譲渡に基づき債権を取得するという

206) Canaris, aaO. (Fn.113), S.22.
207) Matthias Armgardt, Die Wirkung Vertraglicher Abtretungsverbote im deutschen und ausländischen Privatrecht, RabelsZ73, (2009) 314, 318 も相対無効説を支持する。
208) StaudingKomm/Jan Busche, Neubearbeitung, 2012, Rdnr.65.
209) Blaum, aaO. (Fn.47), S.24ff. もっとも Scholz, aaO. (Fn.128), S.1839 はこれに反対。

観念は互いに相容れない。というのは、差押債権者は譲渡禁止特約＝処分制限の被保護者ではないから、本来譲渡の無効を主張しうる立場にないはずである。にもかかわらず、債権譲渡がなかったものとして、特約付債権を差し押さえることができるとすれば、第三者（差押債権者）に対する関係でも債権は結局譲渡人になお帰属することになる。しかしこれは債務者との関係においてのみ譲渡を無効と評価する相対無効という立場と相容れない[210]。このことは責任を負うべき範囲はそのときどきの債務者の責任財産に限られるという一般原則と調和せず、例外事象として説明する他ない[211]。

第3に、譲渡人が破産した場合に問題となる§13 KOの存在が相対無効説に反対する論拠となりうる。§13 KO Satz1は破産債権者の平等取り扱いの原則を保障する規定であり、特定人の利益保護に資する§135ならびに§136の処分禁止がこの趣旨に反することから[212]、破産者に対して行われた処分制限を破産債権者との関係において無効であると定めている。そこで、譲渡禁止特約も、§135に基礎付けられた相対無効の諸原則を一貫して（類推）適用すれば、債権者（譲渡人）が破産した場合に、禁止特約は§13KO Satz1によってその効力を失う、すなわち対外的にも無効という推論が導かれうるからである。

第4に、債権の相対的帰属を招来する法的構成がドイツ法において、そもそも体系的観点から受容できるかどうかも疑問である。相対無効説によるときは、譲渡人の元に免除、支払猶予、内容変更など債権の処分に関する権能が相対的に債務者との関係では残る。もしそのような包括的な処分権限が譲渡人の手元に残るとすれば、譲受人はもはや「債権」と呼ぶに値するものを取得したとはいえないのではないか[213]。譲受人が手に入れるのは、いずれも消極的な権能に過ぎず、債権の本体的効力＝債務者への行

210) Raible, aaO. (Fn. 115), S. 39.
211) Beer, aaO. (Fn. 204), S. 182.
212) Kuhn/Uhlenbruck, Konkursordnung Kommentar 11. Aufl. §13 KO Rdnr. 2.
213) BGHZ136, 339, Railble, aaO. (Fn. 115), S. 42, Blomeyer, aaO. (Fn. 130), S. 29, Hadding/van Look, aaO. (Fn. 47), S. 14.

為請求権を欠いている。すなわち債権の対外的な帰属関係と債務者に対する権利貫徹権能が対応していない[214]。それは結局、主体の変更によって権利は内容的に変更されないという同一性原理、すなわち権利承継（Sukzession）の基本思想と相容れない結果をもたらすことに帰着する[215]。

第5に、強制執行の場合に実務上も厄介な問題を引き起こす[216]。個別執行を行う際に、譲渡人と譲受人のいずれの債権者が特約付債権に対して強制執行をかけられるのか。すなわち、相対無効構成によれば、当該債権は債務者との関係ではなお譲渡人の債権とみなされるから、譲受人の一般債権者が譲渡された債権に摑取しようにも、譲受人は無権利者と位置付けられてしまう。そうすると、特約付債権の譲受人の一般債権者はその債権を差し押さえ、債務者に対してどのように振舞うことができるのか、という問題がある。

③ 相対無効説による再反論

以上の批判に対しては、相対無効説の側から、次のような再反論が対置されている。カナーリスによれば、第1に、判例・通説の依拠する文言解釈は必ずしも説得力を有しない。すなわち、たとえば旧§514は[217]、債務法上の先買権は「譲渡できない」と規定しているにも関わらず、判例は、この譲渡制限の趣旨が公益ではなく専ら私益の保護を目的としていることから、先買権の譲渡の効果を相対無効と解してきた[218]。これは文言解釈に拘泥すべきでないことの好例である。さらに、原則として譲渡性のない先買権においてすら、法律違反の譲渡の効力が相対無効だとされているのだから、譲受人保護の見地からは、原則として譲渡性のある債権にあってはなおさら相対無効にとどめるのが体系的に整合するともいえる。

第2点についてはヤコブスの的確な反論がある。すなわち、譲渡禁止特

---

214) Blaum, aaO. (Fn.47), S.89, 96 Berger, aaO. (Fn.36), S.294.
215) Berger, aaO. (Fn.36), S.297.
216) Berger, aaO. (Fn.36), S.293.
217) なお本規定は先買権の他の規定と共に2001年の債務法現代化において削除された。
218) Urt.v. 29.5.1935, RGZ148, 105.

約の効力を尊重しつつ、債権者平等原則に則って、破産財団の利益に配慮することは十分可能である。破産法により、相対的な処分禁止が債権者の破産債権に対しては無効とされているとはいえ、破産管財人が処分禁止を付された客体を有効に処分できるということは、もちろん望ましい結果ではない。そして絶対無効説がまさにこうした結果を避けようとしているのは事実である[219]。もっとも、§13 KO の規範目的からすれば、ちょうど個別の債権執行の場合に §851 Abs.2 ZPO が「取立てのため」の差押えのみを許しているのと同様に、破産管財人には取立権能が認められているから、それ以上に債権を普通に譲渡する権能まで与える必要はない[220]。そうかといって債務者の利益に反する §13 KO の目的論的縮減も必要でない。なぜならこの規定は本来、§135ff. の意味における譲渡禁止のみを把握しており、譲渡禁止特約はこれらの規定が想定しているケースそれ自体ではなく、類推によって同じに扱われているだけであるから、ここでは利益状況に類似性がなく、§13 KO の射程は及ばないと考えられるからである。

第3点について、相対無効構成によって生じる帰属関係の分裂状態は債権法の世界ではおよそ認められないという批判も当を得ていない。たとえば、§392 Abs.2 HGB は、問屋営業に基づく問屋の債権は委託者と問屋あるいはその債権者との関係では、その債権が委託者に譲渡されていないとしても、委託者の債権として妥当するとされている[221]。同条は純粋な債務法上の法的地位と物権的な地位の間にある様々な中間的形態ないしは混合的形態が存在しうることを示す一例であり、そうだとすれば、債権譲渡の局面で相対的帰属を生じさせる性質の債権が存在しても不思議ではない[222]。特約違反の債権譲渡により、譲受人が債権者になる一方で、譲渡

---

219) Denck, aaO. (Fn.205), S.13.
220) H.H.Jakobs, Die Verlängerung des Eigentumsvorbehalts und der Ausschluß der Abtretung der Weiterveräußerungsforderung-BGHZ56, 228, JuS 1973, 152, 156.
221) Canaris, aaO. (Fn.113), S.18.
222) この点については、Claus-Wilhelm Canaris, Die Verdinglichung obligatorischer Rechte, FS für Werner Flume zum 70.Geburtstag 1978, SS.371ff, 408.

禁止特約の目的が要求するところに従い、取立権能と受領権能が依然として譲渡人に残る、という事態が生じても差し支えないとも考えられる[223]。

実際、BGH は、正当にも、債権の差押えに§136を適用し[224]、差押えと競合する債権譲渡は差押債権者との関係において相対的に無効であると解している[225]。カナーリスは、このような法的構成がなぜ譲渡禁止特約の場合には許されないのは不明であると疑問を呈する[226]。同様の解釈は、譲渡禁止特約付債権の譲渡の場合にも応用できると考えられる。すなわちBGH は、仮処分に基づく動産の譲渡禁止に関して、禁止に違反した処分行為者が被保護者との関係では所有者にとどまり、その他のすべての人との関係では取得者が所有者になるという形での所有権の分裂を否定し、その代わりに、取得者への所有権の帰属を承認した上で、処分行為者には被保護者に対してその利益のために処分する「権能」が留まることを認めている[227]。この見方を債権の差押えの場合にも応用すれば、特約違反の譲渡により、債権は譲受人に一応移転するが、禁止の目的から、執行債権者との関係では譲渡人が引き続き必要な法的権能（取立・受領権能）を保持し、§835 ZPO[228]にしたがう委付の権限は譲渡人の下にとどまるという理解も可能である[229]。すなわち、譲渡人は、差し押さえられた債権の債権者と

---

223) わが国でも、取立権限と受領権限を譲渡人に留保しつつ、譲受人に債権が帰属するという形での債権譲渡と対抗要件具備の効力が承認されている（最判平成13・11・22民集55巻6号1050頁）。
224) §136「裁判所または他の官署により、その管轄内において発布された譲渡禁止は、§135に示された種類の法律上の譲渡禁止と同視される。」
225) Urt. v. 5. 2. 1987, BGHZ100, 36, 45.
226) Canaris, aaO.（Fn.113）, S. 20.
227) Urt. v. 7. 6. 1990, BGHZ NJW1990, 2459, 2460.
228) §835ZPO「(1)差し押えられた金銭債権は、債権者の選択にしたがい、取立てのため、あるいは支払に代えて券面額で移付することができる。(2)後者の場合債権は債権者に移転し、その債権が存在する限りにおいて、彼の債務者に対する債権ゆえに満足を受けたものとみなされる。(3)829条2項3項の規定は債権の移付にも準用される。自然人である債務者の金融機関に対する預金債権が差し押さえられ、債権者に移付した場合、第三債務者への移付決定の発行から2週間経過後に始めてその預金から債権者に給付し、またはその額を供託することが許される。」
229) Canaris, aaO.（Fn.113）, S. 21.

しての法的地位を取立てのための移転によって失うことなく、専ら処分権能を§136の基準により相対的に制限されているに過ぎない。これと同様に、差押え・転付と債権譲渡が競合する場合には、譲受人は確かに転付にもかかわらず債権者となるが、取立権能と受領権能は譲受人と差押債権者の間では、差押債権者に帰属する、ということになる。

第4点について、つまり譲受人の一般債権者による強制執行の可能性およびその基礎付けに関しては、ショルツの提示する二重の差押え[230]によって対応することが可能である。つまり担保のための債権譲渡の場合、譲受人は譲渡人に対して被担保債権を有している。そこで譲受人の一般債権者は、まず譲受人の譲渡人に対する被担保債権を差し押えて、その差押債権者としての法的地位に基づいて「支払に代えて」債務者に対する譲渡人の債権につき転付命令により移転を受けることができる。次に、この譲渡禁止特約付債権に対して§851 Abs.2 ZPOの直接適用によって強制執行すればよい、というのである。

さらにカナーリスは、相対無効を観念することこそが譲受人の保護に資するし、その結果債権の財産権としての価値が高まり、債権者＝譲渡人の利益にもなる点を強調する。その際にゼーリックがいう「譲渡禁止特約の保護目的からは（譲渡人が破産した場合の）破産財団の増加を正当化する理由を導き出すことはできない」[231]という命題を援用しながら、絶対無効説によると、譲渡人の一般債権者には「棚ぼた」になる（Zufallsgeschenk）が、これは破産の場合には担保債権者が一般債権者に対して優先的な地位を与えられてしかるべきであるという担保法の根本原則に反するものであると批判する[232]。

加えて債権者（譲渡人）が破産した場合に、絶対無効説は債務者自身の不利益にさえ作用する可能性がある。判例の事例を素材にしていえば[233]、

---

230) Scholz, aaO. (Fn.128), S.1839, Canaris, aaO. (Fn.113), S.26.
231) Serick, aaO. (Fn.164), Bd V §66 IV 3a, S.570.
232) Canaris, aaO. (Fn.113), S.24.
233) BGHZ108, 172 (Fn.151).

債務者が§106 Abs.1Satz 3 KOによる一般的譲渡禁止の発令後[234]、債権譲渡担保の譲受人の1人への譲渡を承諾して債務を弁済したとしよう。破産管財人が改めて債務者に支払を要求したところ、裁判所は、譲渡は万人との関係で無効だから譲受人への弁済も無効であるとして、この請求を認容したのである。そうすると、債務者は、結果的に、特約によって回避しようとしたまさにその効果である二重払を強いられることになってしまうのである。こうした解決は決して望ましいものとはいえまい。

　もっともカナーリスは、相対無効説が、譲受人保護という観点から万全ではないことも十分自認している。第1に、債務者からの相殺による債権消滅の抗弁は、§406の定める範囲をこえて譲受人に対抗できることになり、譲受人の利益はこれによって侵害される。第2に、「二重の差押え」をめぐる議論が示すとおり、譲受人は単に譲渡を債務者に通知して債権を貫徹することができるわけではなく、§851 Abs.2ZPOにより強制執行手続を常に経由する必要がある。このような手続は煩瑣である[235]。

4 絶対無効説からの再々反論

　以上の再反論に対して、更に絶対無効説側からの再々反論がある。ベルガーは、債権という権利の分裂状態そのものを容認すべきでないし、債権の相対的帰属をドイツの判例が萌芽的に承認する方向にあるとするカナーリスの評価にも疑問を呈している[236]。すなわち債権というタイトルの帰属先と取立・弁済受領権限の帰属先の分離という事態をBGH自身が既に認めているとカナーリスは主張するが、その際にカナーリスが基礎付けに援用しているBGHの判決は、動産の処分禁止の仮処分の局面における所有権概念の分裂＝所有権の相対的帰属を否定したものであった[237]。処分

---

234) §106 Abs.1KO「裁判所は強制的な引致（Vorführung）と債務者の拘束を命じることができる。裁判所は、破産財団の保存のために存するすべての仮処分命令を下すことができる。とりわけ債務者への一般的な譲渡禁止を命じることができる。」
235) Canaris, aaO. (Fn.113), S.32.
236) Berger, aaO. (Fn.36), S.293.
237) Berger, aaO. (Fn.36), S.294.

禁止の被保護者との関係では譲渡人が所有者にとどまる一方で、第三者との関係では禁止に違反した取得者が所有者になる、という所有権の分裂はありえないと裁判所は判断したのである[238]。ベルガーによれば、このケースと譲渡禁止特約付債権の譲渡とを比較対照するにあたって、カナーリスは、債務者との関係においては旧債権者が同時に特約付債権に関して譲渡以外の他の処分をする権限を有することに意を用いていないという[239]。相対無効説によれば、§399 Satz2 による合意がなされる場合でも、支払の免除・猶予・内容変更・相殺等は自由にでき、§407をこえる債務者保護が可能になってしまう[240]。これでは譲受人保護という点でも十分でないし、そもそも法的構成の仕方として問題であるというのである。

このように、帰属関係を絶対的に確定するという方針で強固に組み立てられており、かつ特定人に対する行為請求権を本体とする債権観に支えられたドイツ法において、権利の相対的帰属という考え方は疎遠なものであるために、こうした構成に対する抵抗はどうしても強くなるのである。

238) ③でカナーリスが挙げる仮処分による動産の処分禁止に関する前掲注227) の判決。
239) Berger. aaO. (Fn.36), S.294.
240) Berger, aaO. (Fn.36), S.294.

第7節　小括

　特約の効力制限論をめぐっては、抜本的に§399 Satz2 を削除するという立法提案は行き過ぎであり、また債権譲渡担保に限定して§399 Satz2 の適用を制限するという代替案も法体系全体の中での整合性という点において難点を抱えており、支持を集めることができなかった。

　したがって現在において特約の効力を制限する際のアプローチは、判例・通説の絶対無効説に依拠しつつも、§307（旧§9 ABGB）の約款規制ないしは§138 の良俗違反の問題として個別的に効力を制限してゆく流れと[241]、債務者は債権の履行相手を譲渡人に固定することをこえて、帰属決定秩序に参与する権能までは与えられておらず、特約に相対的効力のみを承認する流れの2つに大別することができる[242]。

　前者のアプローチの中でも、判例は例外的ないくつかのケースを除くと、効力制限にやや慎重である。ところが学説においては、とりわけ§307 によるコントロールを強化しようとする傾向が有力になりつつある。少なくともいわゆる譲渡制限条項でも債務者が自己の利益を十分に守れる場面において、漫然と譲渡を全面的に禁止する条項を使うことに対しては、否定的評価が下される可能性が高い。

　他方、相対無効説は、債権の自由譲渡性をうたう§398 の原則にも適合しており、§137 Satz1 との抵触関係も生じさせない。さらに§135 という条文上の根拠に特約違反の効果を結びつけることができる利点がある。債権の多重譲渡が生じた場合には、優先性原理との衝突という問題も生じない[243]。

241) Manfred Wolf, aaO.(Fn.181), S.158　さらに約款における譲渡禁止特約の効力規制を検討するものとして、Oefner, aaO.(Fn.47), SS.1ff. がある。
242) Jakobs, aaO.(Fn.220), S.156, Ebehard Wagner, NJW1987, 932, Derselbe, JZ1988, 705, Hadding/van Look, aaO.(Fn.47), S14, Canaris, aaO.(Fn.113), S.32, 最近の体系書では、Josef Esser/Eike Schmidt, Schuldrecht BandI Allgemeiner Teil Teilband2, 8., völlig neubearbeitete Auflage, 1997, §37I, S.309.

しかし相対無効説には、そもそも債権の相対的帰属という観念が体系にそぐわない、すなわち債権譲渡によって債権はその同一性を変ずることなく主体が交替するという大前提と、相対無効を採用した場合に不可避な履行請求できない債権という観念とが果たして相容れるのかという疑問がある[244]。百歩譲って、相対無効という法律関係を認めるにせよ、譲受人が取得することができる法的地位はきわめて脆弱なものであり、そこまで複雑な構成を介したところで、それが債権の流動性を持続的に高めてゆくという政策目的にいったいどこまで寄与できるかも怪しい。特約付債権の譲受人の一般債権者による差押え・執行は「二重の差押え」によって可能であるとしても、それは技巧的で迂遠な構成であり、およそ効率的な債権回収方法とは言いがたい。このように、判例・通説の絶対無効説と有力説である相対無効説との対立は未だに決定打を欠いたままの状態が続いているのである。

---

243) 優先性原理の後退という判例・通説の問題性を初期に指摘したものとして、Scholz, aaO. (Fn.128), S.1839.
244) Berger, aaO. (Fn.36), S.297.

第6章
近時における議論の展開

第1節　当事者意思の探求

1　解釈規定としての §399 Satz2

　ヴィロヴァイトは譲渡禁止特約という法形象の歴史的な考察を踏まえたうえで、契約自由の原則の再発見と活用を提唱する。すなわち §399 Satz2 の規範目的および機能にまで立ち返って検討を加え、同条を任意法規と位置付け、解釈準則として捉えるべきであるという提案をする[245]。第3章でみたとおり、§399 Satz2 が紆余曲折をへて導入された背景には、ミューレンブルフやシュミットなどの代表的な普通法学者が、当初は pactum de non alienando について債務法上の効果のみを認めていたのと同様に、債権の処分制限特約についても対外効を否定することから出発したため、対外効を有する譲渡禁止特約という法形象が一般的な承認を受けるには、制定法中の明示的な規定を必要としたという事情があった。実際に、BGB 成立以前における RG の判例には判断のばらつきがあり、この点を一義的に解決できる規定がないと、対外効をめぐる争いが生じることが予想された。そこで契約自由の原則から債務者の利益が要求する場合には、特約が対外的にも有効であることを明確にすることに規定の目的があった[246]。同条は任意規定に他ならず、それと異なる債務法上の不作為義務のみを当事者が合意することを何ら妨げるものではない。その際にヴィロヴァイトは、「疑わしきは自由の有利に（in dubio pro libertate）」という法

---

245) Willoweit, aaO. (Fn.64), S.557.
246) Willoweit, aaO. (Fn.64), S.558.

格言を、債権譲渡の自由を容認する方向での解釈準則として援用している[247)248)]。事実、BGHの判例の中には、土地債務を被担保債権から分離してそれぞれを別人に譲渡することを禁ずる銀行の約款条項を、§399 Satz2の譲渡禁止特約ではなく、債務法上の不作為義務のみを基礎付けるものにすぎない、と意思解釈したものがある[249)]。

ヴィロヴァイト自身、この点に関して想定される批判に予め反論をしている。債権の譲渡禁止とは、流通可能性という権利客体の有する最も重要な法的性質にまつわる決定である。債権譲渡が処分行為であるのと同様に、譲渡権能を法律行為によって否定することも1つの処分と見なければならないし[250)]、行為の目的を顧慮しない特約の無因的性格も処分行為としての性格を裏付けるものといえる。そうだとすれば、処分行為の効力を当事者の自由な決定に委ねてよいかという点が問題となり、§399 Satz2も強行規定として理解されるべきではないのか、そしてこうした理解は§137 Satz1によっても裏付けられている、という批判である。

しかしこの批判は、ヴィロヴァイトによれば、譲渡禁止が対外的に作用するもの以外には存在しえない、というそれ自体証明を要する命題を前提とするものだという。実際この前提は当然のものとみなされてきた。しかし法史学および比較法学の成果が示すところによれば、別の論理も成り立ちうる。債務法上の義務のみを設定しうる譲渡禁止が一般的に可能であるならば、処分に関する当事者の自由な決定に対する上記の疑念はすべて取り払われるのである。

例えば、債務者が特約によって、債権者が誰であるかを明確にしたいという利益を追求しているだけであれば、特約の対外効を正当化することは

---

247) Willoweit, aaO. (Fn.64), S.555.
248) 元来は、ある者が奴隷であるかどうかが問題となる場面で生まれた法格言である。Dig.50, 17, 20 (Pomponius) Lateinische Rechtsregeln und Rechtssprichwörter, Detlef Liebs, 6.Auflage, 1998, S.103.
249) Urt.v.21.4.1972, BGH WM1972, 853, Urt.v.13.5.1982, NJW1982, 2768.
250) Willoweit, aaO. (Fn.64), S.557, Joachim Gernhuber, Bürgerliches Recht, 3.Aufl.1997, S.32. これに対してHadding/van Look, aaO. (Fn.47), S.7およびCanaris, Bankkreditrecht, Rdnr.1700は特約の処分行為的性質を否定する。

できない。債務者は過誤弁済による免責を受けることができるし、供託も可能だからである。また延長された所有権留保と譲渡禁止特約の競合が問題になるケースでは、債権者の変更をコントロールできないことに由来する危険は、債務法上の不作為義務の約定で十分であるとも解される。

これに対して、当事者の意思が対外効を意欲していると見ざるをえない場合があることもヴィロヴァイトは承認する。§399 Satz2 が想定する利益状況に対応した、①決算取引の明確性と一覧可能性が交互計算約定の枠内において、および一般的に、継続的な（zeitlich gestreckte）債務関係の下で保持されなければならない場合、②医師の診療報酬請求権のように人格権領域の侵害が問題になりうる場合、③商品の納入期間が長期に及ぶために「グレーマーケット」が助長されるのを妨げるために特約を結ぶ場合、④営業の構造が複雑であるため、制定法が用意する債務者保護の欠缺を埋めるために特約を用いる場合、などに対外効を伴う譲渡禁止特約が認定されるべきことになる。このように、特約を機械的にすべて§399 Satz2 の問題として取り扱うのではなく、特約の解釈レベルで、条項の効力を制限するテクニックをもっと積極的に利用すべきだというのである。

② §399 Satz2 内部における法律効果の細分化
——排除条項と制限条項による区別

以上のような問題提起をある意味引き継ぎながら、ヴァグナーは、最終的には立法論をも視野にいれた解釈論を、その大部なモノグラフィーにおいて展開する。ヴァグナーは、従来から説かれてきた禁止説、権利内容説、共働説[251]の対立を、いずれも一面的な議論であり、前述したような譲渡禁止特約が目指す当事者の利益の多様性を不当に平準化するものであると論難する[252]。§399 Satz2 の中に、立法者意思に忠実な絶対無効的な効果を志向するものと並んで、相対無効的な効果あるいは債権的効果のみを意図した特約を認定することにより、すなわち当事者の追求する利益にもと

---

251) Thiele, aaO. (Fn.27), S.232. 本部第 4 章参照。
252) Wagner, aaO. (Fn.47), S.501.

づく周密な類型化を§399 Satz2 の解釈に持ち込むことによって、ヴァグナーは、実務上債権流通の阻害要因となっている譲渡禁止特約の強大な効力がもたらす問題点の克服を試みる。

　ヴァグナーは、権利の譲渡性が権利内容を形成するというテーゼに一応依拠する一方で、契約自由の原則から、§399 Satz2 が明示的に定める「排除」は言わば債務者に許容された最大限の構成要件（Maximumtatbestand）であり、比喩的にいうならば、大は小を兼ねるという論法によって、より制限的な条項の特約も内容形成という観点から可能であり、それに対応した法律効果を類型論の手法により与えるべきだという。すなわち当事者が譲渡排除を用いる場合と譲渡制限を用いる場合とではそれぞれ異なった利益を追求しているのであるから、その利益に応じて異なった法的効果を与えるのがよい。そして、カナーリスの相対無効説に対しては、明示された当事者意思が、譲渡の排除と制限のいずれを合意したのかを判断する際の基準になるのであり、推定される合理的な当事者意思は相対無効説の論拠とならないとしている[253]。

　ヴァグナーは、§135 を参照して、特約付債権に対する取引能力への侵害の比例性（Verhältnismäßigkeit）原則を援用する。すなわち、特約条項は、①債権譲渡を完全に排除する条項（Ausschlußabrede）、②修正された（modifizierte）譲渡排除条項ならびに、③譲渡制限条項（Beschränkungsabrede）に大別される。修正された譲渡排除条項としては、譲渡を特定の目的のためにのみ禁止し、あるいは期限または条件に結びつける譲渡制限が考えられている。譲渡制限条項は、債務者が相手方となる債権者を選択したいという利益を持つ場合（選択利益を伴う同意留保—③—1）と、そうでない場合（③—2）に細分化されうる。そして特約違反の譲渡の効果もこれに応じて、3つの無効形態に区別すべきであるとする。(1)完全排除条項（①）および修正された排除条項（②）にあっては、譲渡の確定的絶対無効が妥当である[254]。例えば会社や取引関係の秘密保持が重要である場合、普通

---

253) Wagner, aaO. (Fn.47), S.465.

保険約款において、填補義務の存否および範囲が確定される前の段階での保険金請求権譲渡を禁止する条項などがこれにあてはまる[255]。(2)債務者が選択利益を伴う同意留保を付す場合（③—1）には、未確定的絶対無効が妥当する。匿名性の高い金銭債権の場合には問題になりにくいが、例えば物の給付請求権の場合には債務者がその債権が「不適当な者の手」にわたらないようにしたいという場合が考えられる[256]。(3)これに対して同意留保のその他の場合（③—2）、すなわち方式・通知条項のような譲渡制限の場合には、未確定的相対無効が帰結される[257]。たとえば、普通保険約款（AVB）のように、保険会社は通知があるまでは債権者に支払えば免責され、書面による通知後は仮装債権譲渡の場合にも有効に仮装譲受人に給付することができるという約款条項中の特約は、このように解することが、生命保険給付請求権の経済的意義、当事者の利益状態に相応し、かつ通知条項の一義的に明確な文言にも合致するという[258]。そして上記(1)〜(3)のいずれを当事者が意欲していたか、その明示の意思表示にしたがって分類され、意思が不明確な場合には一般的な解釈準則にしたがい、§133および§157によって当事者意思を探求すべきである[259]。

③ 債権の帰属確定における不安定

　もっともヴァグナーのように、当事者の追求する個別具体的な利益に応じて特約違反の譲渡の効力を細分化する考え方に対しては、帰属関係の画一的確定という要請の観点から疑問が提起されている。すなわち、§399 Satz2 においては、債務者と債権者の利益のみならず、取引安全の保護一般も問題になっている。債権の帰属変動に関するルールがいたずらに複雑化し、第三者の予測可能性を著しく損なうのは望ましくない[260]。ヴァグ

---

254) Wagner, aaO. (Fn.47), S.475.
255) Wagner, aaO. (Fn.47), S.50.
256) Wagner, aaO. (Fn.47), S.51.
257) Wagner, aaO. (Fn.47), S.456.
258) Wagner, aaO. (Fn.47), S.456.
259) Wagner, aaO. (Fn.47), S.408.

ナー自身、§399 Satz2が§137 Satz1の特則であること、そして§137 Satz1の最も重要な機能が法的取引の方向付け機能にあることを認めながら、譲渡禁止特約の中にこのような多様な細分化を持ち込むことは首尾一貫していない。さらに、ヴァグナーによれば、選択利益を伴う(上述(2)では譲渡の効力は未確定的絶対無効であり、§182にいう同意で治癒可能であるのに対して、債務者が同意留保によって選択利益を追求していない(過誤払いの防止のみを目的とする))場合は未確定的相対無効となるが、このような区別を前提にすると、潜在的取得者または執行債権者は、そもそも同意留保の有無のみならず、債務者が同意留保によって追求している利益の中味まで探求しなければ法律関係を明確に予測できないことを意味する。しかし、このような内部事情にまで踏み込んだ調査を潜在的取得者および潜在的執行債権者に期待することはできない。さらに債務者が1つの同意留保条項で双方の利益を追求している場合、あるいは様々な譲渡排除条項および譲渡制限条項を組み合わせている場合には、法律関係の整序がより一層不明確になってしまう[261]。

　最後に、法律効果の細分化を基礎付ける法律上の根拠も不十分である。というのも、ヴァグナーは§135を手がかりに、相対的な処分禁止に典型的な、人的に限界付けられた保護および利益状態が確定可能であるときには§135が妥当するというが、この観点からは、むしろ債権の譲渡性を制限するすべての場合において相対無効が導かれるはずであり、同条をもとに法律行為の細分化を導くことはできないからである[262]。もし§135に依拠しながら効果論を展開するのであれば、むしろカナーリスのように相対無効で貫徹することこそが首尾一貫するといえる。

260) Berger, aaO. (Fn. 36), S. 287.
261) Berger, aaO. (Fn. 36), S. 288.
262) Berger, aaO. (Fn. 36), S. 290.

第2節　債務者に許される私的自治とその限界付け

　他方ベルガーは、特約違反の譲渡に未確定的絶対無効という統一的効果を付与すべきことを、処分授権説によって正当化しようとする。ベルガーは、§399 Satz2 が、契約内容形成の自由と締結の自由という双方の領域から、他人による形成からの防御という二重の意味で自己決定思想によって根拠付けられると見ている[263]。すなわちこれまで言われてきたように、§399 Satz2 が債権者の私的自治を制限しているのではなく、§398 こそが債務者の自己決定権を制限する一方で、債権者の処分権能を拡大しているという理解から出発している[264]。「債権者（譲受人）と譲受人との間の契約のみによって債権が譲渡されるということは、債権に関する債権者の処分権限とならんで、債務者の法的地位の変更に関する処分権能を前提とする。」このような処分授権説の発想は、ティーレやデルナーの指摘を支持しつつ、これをさらに独自の方向に発展させようというものである。ベルガーは、債権関係すなわち債務者の法的領域をその協働なしに変更することへの授権によって導かれる債権者の権能を、債権の保有者としての第一次的権能とは区別された派生的な二次的権能として位置付ける[265]。

　§399 Sat2 は、債務者が事後承諾によって、債権の譲渡可能性を事後的に作り出すことのみならず、それをこえて、具体的にどの譲渡を有効にすべきか、誰が自分の新しいパートナーになるべきかを債務者が自由に決定できる利益をもっており、そうした利益は同条によって十分にカバーされている。したがってベルガーにおいては、特約付債権の二重譲渡の場合に債務者が第二譲渡を先に承諾することが §185 Abs.2 の「権利者」による処分と理解できるとされるのである。

　このような処分授権説の考え方を前提とすると、特約の障害事由とりわ

---

263) Berger, aaO. (Fn. 36), S. 228.
264) Berger, aaO. (Fn. 36), S. 246.
265) Berger, aaO. (Fn. 36), S. 243.

け約款規制や良俗違反性の判断基準も通説とは若干異なってくることになる。判例は、第5章第5節で見たとおり、約款に含まれる金銭債権の譲渡禁止特約を原則として有効と認めている[266]。ところが、ベルガーは、§398にこのような指導形象的な機能を見出すこと[267]、すなわち当然のように同条から債権の自由譲渡性原則を導き出すことに反対する。むしろ§398においては、債権の処分に関して債務者による授権が存在することの証明責任が転換されているに過ぎないとみるべきだとする[268]。すなわち、BGBは、§398と§399 Satz2とを2つの完全に等価値な帰属移転問題を扱う構成要件の形式において用意しており、この場合には処分を禁止する§137 Satz1は問題にならないのである。したがってまた、§399 Satz2は§137 Satz1の原則を破るものではない。デルナーとは異なり、両条文の関係を原則―例外とは見ない点にベルガー説の特色がある。憲法上の原理との関係では、§398以下の債権譲渡という帰属秩序に関する諸規定は、憲法が§2 Abs.1GGに据える債務者の私的自治の表現であるから、§14GGのみを論拠にすることはできない[269]。したがってベルガーによれば、良俗違反判断に関して、§138 Abs.1の意味での桎梏（Knebel）要件は存在しない。なぜなら、債権譲渡の権能は債務者から導出される権能の存在を前提とするから、最初から存在する譲渡制限の場合には本来認められていた債権者の行為可能性に対するゆき過ぎた制限は問題にならないからである[270]。もっとも、譲渡禁止特約において、譲渡不能性へのある程度「正常な状態への復帰」が目論まれているという見方に対しては、通説から、債権の自由譲渡性を大原則とするBGBの基本的発想となじまず、§399 Satz2は、債務者保護のための特別規定に過ぎないのであり、その目的の範囲を超える効力を付与するには特別の理由を必要とする、と批判されている[271]。

266) Urt.v.18.6.1980, BGHZ77, 274.
267) Hadding/van Look, aaO. (Fn.47), S.9.
268) Berger, aaO. (Fn.36), S.245.
269) Berger, aaO. (Fn.36), S.270.
270) Berger, aaO. (Fn.36), S.266, Dörner, aaO. (Fn.135), S.144ff も同旨か。

第3節　特別法（§354a HGB）における対外効の否定

1　要件——適用範囲の限定

　1994年に§354a HGB が新設され、金銭債権に関しては、その債権の発生原因である法律行為が双方当事者にとって商行為であるか、あるいは債務者が公法人または公法上の特別財産である場合には、譲渡禁止特約に反する譲渡も有効とされるようになった[272]。同時に債務者保護のために、債務者は譲渡の事実を知っているかどうかを問わず、旧債権者（譲渡人）に弁済して免責を得ることができる[273]。この場合、譲受人である新債権者は譲渡人に対する不当利得返還請求により損失を補填すべきことになる。債務者の主観（善意・悪意）を問わないため、ここでは、§407以上の強い保護が債務者に与えられることになり、さらに譲渡人が破産した場合には、譲受人は債権につき、取戻権（§43 KO）あるいは別除権（§48 KO）を有する[274]。これらの新しい準則によって、特約違反の譲渡も有効であるが、債務者が譲渡を知らず、あるいは譲渡の効力を容認せずに、譲渡人に対して履行をした場合には、弁済により当該債権は消滅することになり、その限りにおいては相対無効説とほぼ同じ効果を実現していることが分かる。

　改正にあたっては、当初より次の5点を明確に規律することが課題とし

---

271) Canaris, aaO. (Fn.113), S.18.
272) Das Gesetz zur Änderung des DM-Bilanzgesetzes und anderer handelsrechtlicher Bestimmungen vom 25.7.1994 (BGB l I1682). この新しい法律の紹介については、Peter Derleder, Absatzorganisation durch verlängerten Eigentumsvorbehalt, Wie ist die Hürde des §354a HGB zu nehmen?, BB1999, 1561, また、Stefan Chr.Saar, Zur Rechtsstellung des Schuldners nach §354a Satz2HGB, ZIP1999, 988. Peter Henseler, Die Neuregelung des Abtretungsverbots, BB1995, 6 は、交互計算に §354a HGB は適用されないとする。
273) Henseler, aaO. (Fn.272), S.5.
274) 債務者、譲渡人、譲受人が破産した場合に §354a HGB がもたらす問題については、Eberhard v. Olshausen, Konkursrechtliche Probleme um den neuen §354aHGB, ZIP1995, 1950 がある。

て設定されていた。すなわち、(a)商品供給またはサービス給付に基づく債権を再び信用による資金調達の手段として使えるようにすること、(b)債務者の保護に値する利益が確保されること。(c)第三者の保護に値する利益が不利に変更されないこと。(d)法的明確性と法的安定性が保証されること。(e)規律の範囲が以上で目指された目的を超えないこと、であった[275]。これをうけて原案は端的に特約違反の譲渡を相対無効とする構成をとっていた。すなわち1978年の国際ファクタリングに関する条約草案5条の立場をほぼ受け継ぎ、「金銭債権の譲渡が債務者との約定により§399 Satz2にしたがって禁止されており、かつその金銭債権の原因となった法律行為が双方当事者にとって商行為であるか、債務者が公法上の企業もしくは団体である場合には、譲渡は債務者に対してのみ無効である。これに反する約定は無効である。」と定めていた[276]。しかし相対無効構成の下では、債務者との関係では譲渡人に全ての法律行為を行うことのできる権限が残っていることになり、他方譲受人は債権の強制履行を求めることができず、実務の需要に十分こたえられないとして、この提案は批判を浴びた。そこで§354a HGBは、債務者を二重払のリスクから保護するにとどめ、同時に、譲受人には債権を自分自身で取り立てる権限を与えることにした[277]。

　このように本条は、§399 Satz2が特約の絶対効を定めたものであるとする判例・通説の理解を前提としつつ、同条に対する特則として設けられている。本条の文言から明示的に包摂されるのは、排除特約であるが、制限特約にも適用が予定されている[278]。また、このような要件の立て方からは、約款のように定型書式によって行われる場合のみならず、理論上は個別契約による譲渡禁止にも及びうる一方、労働者や消費者の利益は全く

275) ZIP-Dokumentation, ZIP1994, 1651.
276) DT-Drucksache12/7570.
277) Berger, aaO. (Fn.36), S.287.
278) Eberhard Wagner, Abtretbarkeit von Geldforderungen aus beiderseitigen Handelsgeschäften und Aufträgen der öffentlichen Hand nach §354a HGB, NJW1995, 180.
279) これは立法資料においても明示的に述べられている。DT-Drucksache 12/7570 zu e) S.4 また、Ulrich Brink, Zum Ende des Abtretungsverbots, Finanzierung, Leasing, Factoring (FLF) 1994, 212.

影響を受けないものと考えられている[279]。したがって、賃金債権や給料債権譲渡の禁止、保険契約上の特約には従来の法がそのまま適用される。また2文の"leisten"の意義については、弁済の他に相殺・免除・支払猶予・和解などの処分行為への適用可能性が問題とされている。相殺は給付結果の実現に向けられた給付行為として理解されうるゆえに含まれるが[280]、履行とは直接関係のない処分は同条の射程外と考えるべきだと解されている[281]。なぜなら債権譲渡後には、もはや譲渡人には処分権限が残っていないはずだからである。比較的最近の判例には、特約に違反して譲渡人が債務者と行った和解の効力を否定したものがあり、その判旨によれば、和解が有効に締結されるのは、§407 Abs.1の原則が妥当する場合、すなわち債務者が譲渡の事実を知らずに譲渡人（旧債権者）と和解をした場合に限られる[282]。もっとも、このような2文の狭い捉え方に反対し、およそ処分行為全般に拡張して解釈することにより、本条の効果を一層相対無効の効果に近づける見解も主張されている[283]。

2 本条の意義および問題点

本条は1項で債権者と譲受人の利益を保護する一方で、2項は、旧債権者（譲渡人）と新債権者（譲受人）いずれに対しても債務者は有効に弁済できるとし、債権者および債務者の両者の利益に配慮している[284]。この点に規定の妥協的な性格が如実に表れている。こうした暫定的な解決に対する批判や理論的な問題点を指摘する声も強い。第1は、伝統的な商人概念に依拠して譲渡禁止に関連する問題性を解決しようとした点である[285]。同じく信用に対する需要をもつ、非商人たる団体や私人の債権を信用に供

---

280) Henseler, aaO. (Fn.272), S.8.
281) Baukelmann, aaO. (Fn.54), S.196.
282) Urt.v.13.11.2008, BGHZ178, 315, 317.
283) Eberhard Wagner, Neue Rechtslage bei vertraglichen Abtretungsverboten im kaufmännischen Geschäftsverkehr, WM1988, 2098.
284) Baukelmann, aaO. (Fn.54), S.185, 192, Berger, aaO. (Fn.36), S.283.
285) Berger, aaO. (Fn.36), S.280ff., Nörr/Scheyhing/Pöggler, aaO. (Fn.28), S.34, Baukelmann, aaO. (Fn.54), S.193.

したいという要求はカバーしておらず、問題の部分的解決しかもたらさない[286]。

第2に、体系的観点から根本的な疑問が提起されている。すなわち、同条は1文で禁止特約付債権の譲渡が完全に有効であるとする一方、同時に2文で、債務者が譲渡の事実につき悪意の場合ですら、既存の履行をめぐる法律関係（弁済受領権）が旧債権者のもとに残ることを認める。これにより相対無効説に匹敵するほどの広範囲に及ぶ保護を債務者に与えることになるが、そのさい、譲渡人の法的地位は十分に解明されないままである[287]。また債権の貫徹リスクは債務者の無資力から譲渡人の無資力へと移転することになるが、これは、立法が目的としているような債権の流動化を強化するという持続的効果を果たしてもちうるのかという疑問も出されている。

第3に、§354a HGB が譲渡禁止特約の債務法上の効力にいかなる影響を及ぼすべきか、という解釈問題が残されている[288]。特約は債務法上も無効であるとする見解と、同条は債務法上の効力とは無関係であり、譲渡人は債務不履行責任を負うとする見解が対立している。

③ 約款コントロールに及ぼす影響

最後に、この新たな規律が、約款コントロール全般にどのような影響を及ぼすのか、今後の進むべき道を占ってみよう。バウケルマンは、§354a HGB が導入されたことをきっかけとして、定型書式による金銭債権の譲渡排除に対する内容コントロールが、これまでとは異なる基準で行われるべきなのか、あるいは従来の基準がそのまま妥当するのかが新たに問題になると指摘している[289]。通説は、逆推論によって、§354a HGB が適用されない特約に関する約款規制・良俗違反の判断基準は従来のまま変わるべきでないとする[290]。これに対して、§354a HGB の導入後は、譲渡禁止特

---

286) Wagner, aaO. (Fn. 278), S. 181.
287) Wagner, aaO. (Fn. 14), S. 93.
288) Karsten Schmidt, Zur Rechtsfolgenseite des §354aHGB, in FS für Herbert Schimansky, 1999, SS. 503, 508ff.
289) Baukelmann, aaO. (Fn. 54), SS. 185, 187ff., von Westphalen, aaO. (Fn. 196), S. 3.

約を原則として有効とする旧来の判例の状況はもはやそのまま維持されるべきでなく、債権譲渡に対する金銭債権者の利益が原則として重要であるという考量は、双方的商行為以外の契約に基づく債権にも妥当すべきとする見解も有力に主張されている[291]。

　さらにバウケルマンは、非商人間での取引においても状況によっては金銭債権の譲渡可能性による資金調達利益の確保が非常に重要な意味をもつことは容易に理解されるが、消費者や労働者の場合には利益衡量がより複雑になるとして、分けて考察する[292]。すなわち、非商人間取引における金銭債権の譲渡禁止特約であるということだけを理由に、§354a HGB の適用事例と区別して取り扱うことを正当化するのは難しい。たとえば商人の属性を有せず、他の取引範囲の一部に属する建築企業体の場合にも、債権を信用手段として活用したいという需要は存在する。§354a HGB の背後にある評価は、それ以外の取引の約款規制の場面にも影響を及ぼし、その結果、約款使用者である債務者の利益のみを優遇し、債権者の債権の活用に対する期待を必然的に無視する一般的な譲渡排除特約の合理性を認めるのは難しいことになる。

---

290) MünchKomm/Roth, 2001, §399 Rdnr. 43.
291) Manfred Wolf/Norbert Horn/Walter F. Lindacher, AGB-Gesetz 4., völlig neubearbeitete Auflage 1999 §9 A14 S. 412 (Manfred Wolf), von Westphalen, aaO. (Fn. 199), Rdnr. 7.
292) Baukelmann, aaO. (Fn. 54), S. 201.

第4節　国際的動向との調和

1　債権譲渡に関する国際的ルールの形成

　1980年代後半から債権譲渡の流動化を視野に入れた国際的ルールの構築の動きが生じ、いくつかの試みがすでに一定の成果を残している。重要なものを概観しておくことにしよう。

　まず1988年5月28日にオタワで批准された、国際ファクタリングに関する条約（Art.6 Abs.2 Ottawa-Konvention）は、ファクタへの売掛債権の譲渡の効力を、譲渡禁止特約の存在にも関わらず絶対的に有効とし、さらに特別の債務者保護規定をも準備していない。アメリカのUCCをモデルに作成されたファクタリングにもっとも好意的な原案に対して、大陸法系諸国からの激しい批判を受けて、次のような折衷的な解決に落ち着いた[293]。すなわち条約加盟国が留保（Vorbehalt）を宣言することにより、その加盟国に営業地を有する債務者との関係での相対無効という効果を承認している[294]。

　ユニドロワ国際商事契約原則はさらに債権譲渡に好意的なルールを設定している。すなわち譲渡禁止特約は金銭債権の譲渡に関しては一律に、非

---

[293] この条約の詳細ならびに成立過程については、Eberhard Rebmann, Das UNIDRIOT-Übereinkommen über das internationale Factoring (Otawa, 1988), RabelsZ53 (1989), 599, 609.

[294] Art.6 Ottawa-Konvention「(1)供給業者からファクタへの売掛代金債権の譲渡は、供給業者と債務者との間で交わされたそのような譲渡を禁止する合意にも関わらず、有効とする。(2)しかしながらそのような譲渡は、物品売買契約の締結時点において、本条約の第18条に基づく宣言をした締約国に営業所を有する債務者に対しては、効力を有しないものとする。(3)1項の規定は、供給業者が債務者に対して信義に基づく義務または物品の売買契約の条項に違反してなされた譲渡について供給業者が債務者に対して負うべき責任についてなんら影響を与えないものとする。なお同条約18条は、次のような規定である。「締約国は、いつでも6条2項にしたがって、6条1項によっても債権譲渡は、物品売買契約締結の時点で、債務者が当該国に営業地を有する場合には、効力をもたないものとする、と宣言してもよい。」

金銭債権に関しては善意（無重過失）の譲受人との関係においてのみ対外効を否定する、というものである[295]。

これに対して民事一般ルールとして構想されている、ヨーロッパ契約法原則は、特約違反の譲渡について相対無効という効果を取り入れている。すなわち1項で、原則として特約違反の譲渡を債務者に対して無効としつつも、3つの例外準則を導入した。第1に、債務者が譲渡を承諾した場合、第2に、譲受人が善意の場合、第3に、将来発生する金銭債権を包括的に譲渡する場合は、特約違反の譲渡も絶対的に有効とする、というものである。その結果、1項でうたわれている相対無効構成は、法文の体裁とは裏腹に、むしろ受け皿的準則として機能することになる[296]。

2001年の国際債権譲渡に関する国連条約は、相対無効という考え方も、第三者の認識・認識可能性による区別いずれをも採用せず、特約の対外効が否定されるべき債権を類型化して列挙するに留めている。債権の種類に特化したアプローチである点において、ユニドロワ国際商事契約原則をより精緻化すると同時に、非金銭債権に関してはとくに規定しないという方針である。すなわち、9条において、一定の債権に限って、特約に反した譲渡であってもこれを有効とする規定をおき、同時にこの規定が、譲渡人の債務不履行責任に関して影響を与えないことを明示している[297]。このようにネッティング等最近の金融サービス取引において特約が果たしている役割などにも配慮して、一律に対外的効力を否定する方法は断念された。

---

[295] Art.9.1.9Abs.1S.1 UNIDROT-Prinzipien「(1)金額の支払を求める権利の譲渡は、譲渡人と債務者の間でそのような譲渡を制限する合意にも関わらず有効である。しかしながら譲渡人は債務者に対して契約違反の責任を負うことがある。(2)他の履行を求める権利の譲渡は、もしそれが譲渡人と債務者との間で譲渡を制限または禁止する合意に違反する場合には無効である。それにも関わらず、債権譲渡は、譲受人が譲渡の時点でその合意を知らず、あるいは知ることができなかった場合には有効である。譲渡人はその場合債務者に対して契約違反の責任を負うことがある。
[296] Art.11:301 Lando-Prinzipien「(1)契約によって譲渡を禁じられている債権の譲渡は、債務者に対しては無効である。ただし、(a)債務者がその譲渡を承諾したか、(b)新しい債権者が契約違反を知らずまた知ることもできなかったか、(c)金銭の支払を目的とする将来の債権の譲渡に関する1つの契約に基づいていた場合、はこの限りでない。(2)前項の規定は従前の債権者の契約違反に対する責任に影響を及ぼすものではない。」

いずれの国際ルールも、特約違反に基づく譲渡人（債権者）の債務者に対する債務法上の責任に関してはタッチしないとしているため、譲渡人が義務違反に対して損害賠償責任を負うという点では共通理解が形成されていると言ってよい。

2 ドイツ法と国際ルールとの相互作用

(1) ドイツ法へのインパクト

このように、各国が債権譲渡に関する国際ルールの作成や国内法の調和に向けて動き出すなかで、禁止に親和的（verbotsfreundlich）とされる§399 Satz2の準則がますます孤立化していることに対する危機感はドイツ国内でも高まっている。アイデンミュラーは、利益状況を比較した上で、情報格差と特約の対外効を認めた場合の経済的効率性の観点から分析を加え、近時の国際ルールにドイツ国内法を適合させる方向の議論を展開している。

すなわち、費用・便益分析の考え方によると、債務者が原則として譲渡禁止特約を用いている場合において、そのような禁止を放棄したときの限界コストは個別事例においてきわめて高くなってしまう。§404以下の債務者保護規定は限られた保護しか提供しないため、無権限者への弁済リスクは債務者にとって実体法上の不利益をもたらす。また訴訟上の不利益や契約交渉上の地位やその他の経済的利益が重要な役割を果たす。他方で、譲渡禁止特約は債権者の資金調達可能性を狭め、債権者が後に禁止の解除を懇請することは危機状態の初期的兆表となるかもしれない[298]。このよ

---

297) Art.9.3 UN-Konvention「本条は次の債権の譲渡にのみ適用する。(a)物品もしくは金融サービスを除くサービスの供給契約もしくは賃貸借契約、建築契約または不動産の売買契約もしくは賃貸借契約である原因契約から生じる債権、(b)工業その他の知的所有権もしくは財産の情報の売買、賃貸借または使用許諾を目的とする原因契約から生じる債権、(c)クレジットカード取引に基づく支払義務の立替払いによる債権、(d)譲渡人に対して、3以上の当事者が関与するネッティング合意の履行として満期の支払のネット決済（net settlement）に基づいて譲渡人に帰属する債権。」規定の成立経緯については、池田・前掲注14）金法1641号13頁を参照されたい。同条約の最終案の邦語訳として、池田真朗＋北澤安紀国際債権流動化法研究会「UNCITRAL国際債権譲渡条約草案作業部会最終案試訳」法研74巻3号（2001年）232頁が参考になる。

298) Eidenmüller.aaO.(Fn.203), S.466.

うに経済的効率性の観点から、譲渡禁止特約の功罪を検討する必要がある。

その際に、アイデンミュラーは、第1に、債権者（譲渡人）と債務者との間における情報格差として、債権者（譲渡人）の情報不足を指摘する。情報格差の程度は、個別契約による場合と約款による場合とで類型的な差があると考えられる。すなわち後者の場合には、約款使用者と相手方の間に情報格差が構造的に存在しうるため、市場の機能不全が招来される場合がある。約款使用者の相手方は、約款の「クオリティ」に依拠して、契約締結に際しての判断を行っているわけではないので、約款使用者には「高いクオリテイ」の約款を提示するインセンティブが働かない。約款条項を洗練させることにコストを費やしても、価格的にはあまりペイしないからである。したがって、約款コントロールを厳しくすべきというための一般的な理由付けとしては説得力があるとしても、個別事例においてこの論拠はあまり説得力をもちえない。なぜなら、特約は債権者にとって重大な効果をもたらすものであり、債権は法的取引の場から放逐され、その経済的価値の大部分を失ってしまうことになるからである。そうだとすると、債権者が契約締結を決断するに当たり約款における譲渡禁止特約を顧慮しなかったとは考えにくい。すなわち債権者―債務者間の情報格差はここでは考慮要因としてはそれほどウエイトを占めない。

また禁止特約に基づく権利主張は、債務者の市場支配力の行使に他ならず、債務者の経済的な地位の強さゆえに譲渡禁止特約の非効率性を推論する学説もあるが[299]、この推論は誤っているとする。なぜなら、いくら大きな市場支配力と交渉力をもつ債務者といえども、契約から最大限の利益を引き出すことにつき正当な利益をもっている。仮に特約が債権者に及ぼす不利益が債務者に与える利益よりも大きければ、債権者は債務者に対して禁止解除を求める対価として、自己の不利益を限度額とする金員の支払を申し出て、債務者は合理的にみてこの要求に応じるのが通常であろう。こうしたことが行われないとすれば、それは債務者により計算された利益

---

299) Berger, aaO. (Fn.36), S.232, Hadding/van Look, aaO. (Fn.47), S.11.

のほうが、債権者の不利益よりも大きいからである。たしかに契約交渉というものは、より優れた妥結可能性があるにもかかわらず、とりわけ交渉費用の高さゆえに挫折することはある。そうであるからといって、譲渡禁止特約をめぐる交渉についてはその障害が大きすぎて、譲渡禁止特約が一般的に非効率的なものだと結論することはできないのである。

　次に情報格差は譲渡人と譲受人の間でも問題となる。譲受人が個別事例において、禁止特約に関する情報を得ることができないか、許容される範囲の出費で得られない場合、譲受人は、合理的に考えて、平均的な特約の普及を前提に行動せざるを得ない。そうすると譲渡人は、いずれにしても、当該債権が譲渡禁止から自由であることから生じる利益を丸ごと引き出すことはできない。既発生債権の個別譲渡の場合は債務者および譲渡人への問い合わせによって情報格差を是正することは可能だが、近時問題化している将来債権の包括的譲渡やサイレントになされる債権譲渡においては、こうした問い合わせがどこまで有効に機能するか疑問である[300]。したがって、債権譲渡登記制度が存在しない現状にあっては、後者のケースにおける情報格差の問題はなお深刻だといえる。

　なお非金銭債権に関しては、上述のような譲渡人と譲受人の間の情報格差に照準を当てた批判はあてはまらない。これらはあらかじめ包括的に譲渡されることも、一括してサイレントに譲渡されることも通常はない。特定の債権を取得できるかどうかという債権の帰属面にのみ譲受人は関心をもっており、譲渡人が債務者に対して特約違反について責任を負うかどうか、はどうでもよいことなのである。

　以上の批判を行った上で、アイデンミュラーは次のような立法論的提案を行う。第1に、債権的な効力をもつ譲渡禁止の効力はそのまま承認されるべきである[301]。その理由は、先に見たとおり、債権者（譲渡人）と譲受人の間では、情報格差は有意性を持たず、債権譲渡の当事者間においてはその効力を認めても差し支えないからである。

　　300) Eidenmüller, aaO. (Fn. 203), S. 469.
　　301) Eidenmüller, aaO. (Fn. 203), S. 470.

第2に、対外効を持つ特約に関しては、§399 Satz2 の廃止ないしは制限的解釈が必要である。ここで、まず国際ルールの一部に採用されているように、第三者の認識可能性を基準として、すなわち善意（無重過失）の譲受人との関係で特約の効力を否定する方法が考えられる。これは一見すると、個別事例において存在しうる譲受人の情報不足から生じる不都合を回避する正しい帰結を導くように思われる。しかし、こういう枠組みを採用するとしても、§405 とは異なり、譲受人側からも債務者側でもどの程度のことをすれば過失なしとされるのかについての基準が具体化されていない。そこで仮に債務者に照会する義務を譲受人に課すとすれば、譲渡禁止特約が存在するときには実際上ほとんど常に善意（無過失）ということはありえない。他方、そのような義務を課さないとすれば、債務者は譲受人の善意（無過失）を覆滅する機会を失う。
　むしろ譲受人の認識とは無関係な（客観的な）基準にしたがって譲渡禁止特約の効果に修正を加えるほうがよい。具体的には、金銭債権に関しては一律に特約の対外効を否定し、かつ現行の特別な債務者保護システムも放棄すべきである[302]、というものである。金銭債権の場合、特定の債権者に対してだけ給付したいという債務者の利益は類型的に小さいのに対して、債権が流動性をもつことに対する債権者の利益は類型的に大きいといえ、このような場合に「対外効をもつ」譲渡禁止は類型的に非効率的と評しうるからである。そしてこの理は金銭債権の当事者の属性（商人や公的主体であるかどうか）にかかわらず妥当するのであって、§354 aHGB のような形で要件を限定するのは適切でなかった[303]。
　ところで特約違反の譲渡の効果に関する相対無効説も一応検討の余地はある。とりわけ譲渡人に対する強制執行あるいは譲渡人破産の場合を視野に入れるときには、譲渡人および譲受人の譲渡に対する利益が尊重される。しかし譲受人は債務者に直接履行請求できず、また債務者が譲渡人に有効に弁済することを阻止できない以上、これではやはり債権の流通可能性が

---

　　302) Eidenmüller, aaO. (Fn. 203), S. 465.
　　303) Wagner, aaO. (Fn. 14), S. 92, Eidenmüller, aaO. (Fn. 203), S. 471.

著しく制限されることに変わりはない。このことは「対外効をもつ」譲渡禁止特約の非効率性ゆえに金銭債権の場合は正当化されえない。したがって相対無効説は金銭債権には妥当せず、特約はもっぱら債権的効力しかもたないと考えるべきである[304]。

　非金銭債権に関しては、金銭債権の譲渡で問題視された情報格差の問題はない。したがって譲渡人と譲受人および第三者との間では相対的に有効であり、よって債務者に対してのみ相対的に無効と扱うべきである。§354a Satz2 HGB を模範とした特別の債務者保護制度はなくてもよい。債権譲渡登記制度が存在しないことを前提に考えた場合には以上のような提案が推奨される[305]。

　以上のように、アイデンミュラーの見解は、①§354a HGB のルールをすべての金銭債権に拡大すると同時に、同条が与える特別の債務者保護を廃止すべきこと、②非金銭債権については相対無効構成が有用であること、③そして債権的効果のみを志向する特約は原則としてそのまま効力を承認してよい、という提言としてまとめられる[306]。このような主張を支える問題意識は、債権市場が譲渡人と譲受人の間にみられる情報格差によって阻害されていることにどう対処すべきかと、特約の対外効を承認することが効率性の観点からどのように評価されるべきか、という点に帰着する。そして結論的には、ユニドロワ国際商事原則の内容に沿う方向でドイツの債権譲渡法を適合させようとするものだと見られる。

(2) ドイツ法の国際ルール（DCFR）へのインパクト
　　　——§354a HGB の一般法化？

　ヨーロッパにおける法の国際的調和を目指したプロジェクトの1つとして、共通参照枠草案（Draft Common Frame of Reference（DCFR））が作成

---

304) Eidenmüller, aaO. (Fn. 203), S. 472, Alexander Bruns, Die Dogmatik rechtsgeschäftlicher Abtretungsverbote im Lichte der §354a HGB und der UNIDROIT Factoring Konvention, WM2000, 505, 513.
305) Eidenmüller, aaO. (Fn. 203), S. 500.
306) Eidenmüller, aaO. (Fn. 203), S. 473.

されたことは周知の事実である（以下、同草案をDCFRと略称する）。同草案における譲渡禁止特約の取り扱いをドイツ法の対応（§354a HGB）と対比すると、そこには大変興味深い類似性が看取される。

　DCFRにおいて、譲渡禁止特約に関する規律には、債権譲渡（当事者の変更）を扱う章の中で、「債務者保護」規定という位置付けが与えられている。すなわちⅢ.5:108 契約による（譲渡）禁止の効果という表題の下で、次のような規定が設けられている。

> (1)　権利の譲渡を禁止し、または制限する契約上の定めは、その権利の譲渡性に影響を及ぼさない。
> (2)　それにも関わらず、上記の禁止または制限に違反して権利が譲渡された場合
> 　(a)　債務者は譲渡人に対して履行をし、それにより免責を受けることができ、かつ
> 　(b)　債務者は、あたかも権利が譲渡されなかったかのように、譲渡人に対してすべての相殺権を保持する。
> (3)　第2項は以下の場合には適用しない。
> 　(a)　債務者が譲渡に同意した場合
> 　(b)　そのような禁止または制限が存在しないものと合理的な根拠に基づき譲受人が信じるようにさせた場合
> 　(c)　譲渡された権利が物品または役務に対する支払に向けられた権利である場合
> (4)　契約による（譲渡）禁止または制限にも関わらず権利が譲渡可能であるという事実は、譲渡人が禁止または制限に違反したことに基づき債務者に対して負うべき責任に影響を及ぼさない。

　このようにDCFRは、ドイツ商法の特則の考え方を一般化した内容を原則に据えたうえで、一定の債権につき適用除外ルールを定める（3項(c)）スタイルを採用している。つまり譲渡禁止特約は債権の譲渡性を奪うものではなく、たとえ特約違反の譲渡がされても、債務者は譲渡人に有効に弁済し、また譲渡人に対して取得した反対債権を自働債権とする相殺を主張することもできる。もっとも特約の効力自体が無効とされるわけではなく、

譲渡人—債務者間の債権的効果は認められ、特約違反に対する責任追及は可能であるとされている[307]。

　特約違反の譲渡も有効であるとした上で、譲渡人に対して債務者が弁済することができ、かつ相殺の利益をも保障する内容のルールを一般法する形で、ヨーロッパ共通法を形成しようという案が作成されたことは我が国における立法論的検討を進める上で、留意されてよい。債務者の選択権の例外は、DCFRにおいては、商品およびサービスの供給に関する契約に基づく金銭債権に限定されている。したがって、使用を委譲する契約またはライセンス契約などの場合債務者は譲渡禁止に依拠して引き続き譲渡人に履行することができる[308]。適用除外され債権の種類を(c)のような形で限定することの当否はなお問題となりうるが、債権の種類に応じた類型化の手法を取り入れている点も参考に値する。

　さらにDCFRは譲受人の譲渡人に対する不当利得返還請求権について、競合する譲渡人の他の債権者との関係で優先権を付与している。このルールも、§47Satz.2 InsOの定める倒産した譲渡人に第三債務者が支払った場合、譲受人に代償的取戻権（Ersatzaussonderungsrecht）に依拠したものである。ドイツ法では代償的取戻権は、支払が倒産手続開始後になされた場合にのみ生じる。一般債権としての不当利得返還請求権にとどめず、他の一般債権者に対する優先効の付与という点も相対的効力案を検討する際に選択肢の1つとして考慮に値するであろう。

---

　307) DCFR ARTIII-5:108 (2)(a)および(b)。
　308) Kieninger, aaO. (Fn.15), S.734.

第7章
考察

第1節　ドイツにおける法発展の総括

1　物権・債権峻別体系と債権譲渡禁止特約に関するルールの生成

　これまでにみてきた、債権譲渡禁止特約をめぐるドイツ法の発展過程は次のようにまとめられる。ローマ法においてはそもそも債権譲渡が認められておらず、債権者が誰であるかということは債権の内容から切り離せないものと観念されていた。そこでは更改ないしは訴訟代理さらには準訴権といった法技術が債権譲渡に代替する機能を果たしていた。ローマ法を継受した普通法の解釈もこうした出発点を共有していた。ところが時代が下るにつれて、債権譲渡に対する要請が高まり、後期普通法の時代にはドイツでも債権譲渡が正面から認められるようになった。資本主義社会においては、債権者─債務者間の人的な法律関係という債権の主観的側面よりも、債権が持つ財産的価値としての客観的側面が前面に出され、債務者の消極的私的自治はその限りで制限を余儀なくされることになった。こうして譲渡人と譲受人との合意のみによる債権譲渡が容認されるのに伴い、債務者は自己の利益を譲渡禁止特約という法形象を通じて守るようになったのである。
　ところで資本主義社会が芽生える以前の ALR においては、BGB のような物権・債権峻別論は存在せず、債権譲渡は債権の「所有権」を移転する有因行為として捉えられ、かつ物権変動と共通の枠組みの中で処理されていた。すなわち特約による債権の譲渡禁止も、意思表示による権利の処分制限として、有体物の譲渡制限と同様に、第三者による特約の認識を要件

として対外効が認められていた。普通法では、物の所有権に関して行われる譲渡しない旨の約束（pactum de non alienando）と同様に、債権の譲渡を禁止する特約にも債権的効力しか認めない見解が初期においては強く、ザクセン民法典やバイエルン民法草案の立場も細部における違いを度外視すれば、基本的には普通法の立場により近いものであった。ところが19世紀末葉にはジンテニスおよびヴィントシャイトの影響（権利内容説）を受けて、やがて対外効を承認する判決例も出現するようになった。pactum de non cedendo が pactum de non alienando から独立して発展する可能性を獲得したのである。このようにBGB成立前夜のドイツにおいて、譲渡禁止特約に関する法の統一はとれていなかった。こうした対立はBGBの立法過程にもそのまま持ち越された。第一草案が普通法理論の強い影響の下で、特約の対外効を否定する立場であったのに対して、第二草案の段階では逆に、契約自由の観点から特約の対外的効力が承認されるに至った。それと同時に、特約により移転可能でないとされた権利でも、取立てのための差押えを容認する旨を民事訴訟法上に明示することで（§851 Abs.2ZPO）、強制執行の妨害を意図して締結された特約から債権者の利益を守るための手当てがなされたのである。

2 §137 Saz1 と §399 Satz2 の関係と特約違反の譲渡の効力

　第3章で紹介したとおり、BGBには権利の処分制限に関する一般規定として§137が存在し、債権の処分禁止特約に対外効を認める§399 Satz2との関係が問題になる。§137 Satz1は、元来は、物権に関して当事者が権利の処分権能を任意に禁止・制限できないようにすることを目的としており、物権法定主義と密接な関連を有する規定であったが、その趣旨を譲渡可能な権利全般に拡大し、総則編に配置換えされたものである。すなわち権利の帰属先と処分権能の乖離をなるべく避けようとする「法的方向付け機能」を担うこと、同時に、強制執行の機能性確保、不融通物が任意に作出されることを防止すること、ならびに人格の自由を保護すること、に本条の趣旨があると現在では理解されている。　これに対して、§399

Satz2 は、§398 により原則として譲渡性が承認されている債権に関して、当事者の意思によってその譲渡性を奪うものと理解されうるため、両者の整合性が問われることになる。
　§137 Satz1 と §399 Satz2 との関係については、大別して、禁止説・権利内容説・共働説という３つの見解が主張されてきた。禁止説は、後者を前者の例外規定とみなし、§135 を適用（または類推適用）して特約違反の譲渡の効果を相対無効と構成する。これに対して権利内容説は、両条文は適用対象を異にしており、原則─例外の関係にはないと理解している。すなわち債権にあっては、物権法定主義に服する物権とは異なり、当事者が自由に契約内容を決定でき、その一場面として譲渡性という権利の本質的部分を奪うことまで当事者の自由に委ねてよいという、物権・債権峻別論がこの説の根底にある。19 世紀後期における契約自由の原則ならびに意思自治への傾倒が権利内容説のテーゼにおいて、ある意味最高潮に達したといえよう。
　しかし権利内容説の論拠は、第３章で検討したとおり、論点先取であって、説得力に乏しいと批判されていた。§137 Satz1 の立法趣旨の柱である法的取引の方向付けという機能は、物権のみならず、§398 により原則として譲渡可能な債権にも妥当すると考えられるので[309]、両者の原則─例外関係を安易に否定できるのか、疑問が残る。権利の帰属先と処分権能の所在が乖離することを妨げようとする立法趣旨に適合的な解釈がここでも要請される[310]。原則として譲渡性がある権利の潜在的取得者は、その譲渡可能性が法律行為によって排除または制限されないことに対する信頼を保護されてしかるべきなのである。
　共働説は、§137 Satz1・§398・§399 Abs.2 の関係をめぐる従来の対立、すなわち禁止説と権利内容説の対立を止揚し、特約の対外効を承認しつつも、特約違反の譲渡を債務者が事後承諾し、遡及的に有効化する可能性（追完可能性）を正当化しうる理論枠組みとして重要な役割を果たした。す

---

[309] Wagner, aaO. (Fn.115), S.478.
[310] Wagner, aaO. (Fn.115), S.476.

なわちティーレ、デルナー、ベルガーによれば、§399 Satz2 は、債務者が帰属変動過程に関与できるタイプの債権を当事者の意思に基づいて設定することを法律が承認したものであり、債務者の消極的私的自治の観点からは、むしろ正常な状態への回帰であると捉えるわけである。この考え方によると、§399 Satz2 は §398 と併存する独立別個の規律と評価され、§399 Satz2 は、近代法が採用した債権譲渡の規律において蚊帳の外に置かれた債務者の私的自治を部分的に復権する規定として位置付けられる。当事者の意思に基づく法鎖的な債権関係を可能にするものとして、特約に積極的な意義を認める見解といえる。

③ 効力制限の諸方法——立法的解決・目的論的縮減・良俗違反・約款規制・相対無効説

ところが特約の対外効の承認は、債権の流動化促進に対する取引界における需要の高まりとともに、むしろ足かせと感じられる場面が増えてきた。70年代には、§399 Satz.2 廃止論、あるいは債権譲渡担保に関して同条の適用を目的論的に縮減する提案なども出されたものの、これらのアイディアは、債務者が対外効を伴う譲渡禁止特約を結ぶことに対して正当な利益を有している場合もあることを否定できないことを理由として、結局日の目をみなかった。したがって、判例・通説によれば、不合理な特約条項は、良俗違反（§138）あるいは約款規制ルール（§307）にしたがって個別的に効力を否定されるべきことになる。もっとも、判例・通説は概して、ここでも特約の効力否定に消極的であるが、約款規制においては、ヴォルフ、フォン・ヴェストファーレン、ハッデイング／ファン・ルークをはじめとして、もっと積極的に効力を制限すべきだという議論も強くなっている。そして、こうした効力制限論の1つのあり方として、かつて特約の法的性質に関する禁止説が主張していた相対無効説が再び脚光を浴びるに至ったのである。

カナーリスが正当にも指摘するとおり、§399 Satz2 が債務者保護規定の1つである以上、債務者保護に必要な範囲内で効果を与えれば十分であ

るとすれば、債務者との関係でのみ譲渡の効果を否定する構成は、きわめて明解である。債権の物化現象をも考慮に入れると、相対無効説の主張する方向性はなお検討されるべき価値をもっているように思われる。まず、第5章第6節で検討したように、§851 Abs.2 ZPO および§13 KO の存在は相対無効説にとって克服不能な障害とはいえない。§137 Satz1 との関係も特に問題にならないし[311]、§398 の原則的な自由譲渡性ならびに優先性原理との抵触が避けられるという点では、むしろ相対無効の方が体系的に整合する。権利の相対的帰属は法律関係を不必要に複雑にするという批判もここではただちにはあてはまらない。なぜなら譲渡された債権の財産的価値は債務者を除くすべての人との関係で譲受人に帰属するのであり、帰属関係決定に対する法仲間への予測可能性はむしろ確保されているとさえいえるからである。

　もっとも債権譲渡が、債権がその同一性を変えることなくその帰属主体を変更する制度として構築されており、かつ債権の本体的効力を履行請求権に見出すBGBの出発点からすれば、相対無効という法律構成は債権の実質を変容させる一面があることを否定できない。譲受人の取得する債権は、請求力を欠き、せいぜい給付保持力のみを保有する自然債務に近いものに転化することになるからである。相対無効説によって譲受人の地位が強化されるといっても、破産の際における優先権、第三者の差押えに対する第三者異議訴訟の提起可能性、優先順位の面で劣後する譲受人に債務者が弁済した場合の不当利得返還請求権を肯定する余地が生じるなど、いずれも消極的なものにとどまる。それで本当に債権取引の流動性を高めることになるのか、債権の財産権としての価値を有益に利用することができるのか、ベルガーやアイデンミュラーが批判するとおり、たしかに疑わしい。またこうした理論的問題のみならず、実務上も譲受人の一般債権者が特約付債権に強制執行しようとする場合に、第5章第6節②で見たような「二重の差押え」という迂遠な構成を必要とする弱点もある。

---

[311] しかしそうすると§399 Satz2 は確認的な意味を持つに過ぎない規定ということになる。

このように、ドイツ法における特約の効力制限へのアプローチとして、①§398と§399 Satz2との関係については、§398の原則性を肯定して、§399 Satz2をもっぱら債務者保護のための例外規定と捉えつつ、債権の自由流通性を促進するという目的論的見地より、一律に特約の効力を債務者保護に必要な相対無効に縮減する考え方（相対無効説）と、②判例・通説のように権利内容テーゼにもとづく絶対無効説を維持しつつ、約款規制・良俗違反などの一般条項を通じて柔軟に個別的に効力を制限してゆく方向があり、後者が優位を保ちつつも議論が継続しているという状況にあった。

④ 特約解釈の精緻化と当事者の追求する具体的利益に応じた区別論

　一口に債権といってもその種類は実に多様であり、§399 Satz2は、債権総則編の規定として、金銭債権のみならず、およそあらゆる種類の債権を対象としている。また特約の効力がよく議論される金銭債権の中でも、交互計算取引と類似した利益状況が認められる場合のように、その債権の密接な関連性ゆえに特殊な考慮を要するものも存在し、第2章第2節で見たとおり、特約によって追求されている利益の中身は一概には捉えられない。そうすると、§399 Satz2に対して、絶対無効であれ、相対無効であれ、一律に効果を規定するのは、当事者意思の平準化という観点からは、いずれも問題があるとも言えそうである。債務者は、誰にも譲渡してほしくない場合もあれば、相手によっては構わない場合もある。あるいは単に債務者対抗要件制度の欠如を補充する趣旨で債務者への通知に譲渡の効力を係らしめたいだけの場合もあろう。ここでは個別の特約条項ごとに当事者がいかなる利益を追求し、どのような趣旨で特約を締結しているのか、具体的な特約内容の解釈こそが重要性をもつことが確認されるべきである。

　最近の動向としては、契約自由の原則を再評価し、§399 Satz2を任意規定と見た上で、特約において当事者がどのような具体的利益を追求しているかを明らかにし、多くの場合において債権的な効果のみを持つ条項と

して解釈するという効力制限方法も提案されている（ヴィロヴァイト）。これは日本法において債権的効果説や米倉説が与えたインパクトを想起させるものである（「契約解釈による効力制限」）。契約条項の解釈レベルで466条2項を機械的に適用した場合の不都合な結果を避けるうえで有益な視点といえる。同条は債務法上の効果しかない譲渡制限特約の締結を排除しようとするものではなく、当事者意思の解釈の次元における判断を精緻化することで特約の効力を債権的なものに縮減することは可能であり、日本法の解釈においても十分に参考に値する。

　こうした流れを受けて、ヴァグナーによる、特約が追求する利益の多様性に配慮した類型論が登場した。すなわち、債務者が特約によって追求している利益に応じて、つまり、(1)給付の相手方を実質的に選択したい場合、(2)単純に債権者を間違いなく確定したいだけの場合、(3)ともかく譲渡を全般的に禁じたい場合、ごとに異なった解決を導くこともありうる。

　しかしベルガーが正当にも批判するとおり、§399 Satz2 は債権の帰属関係に関するルールでもあり、債権者—債務者間の個別的な利益衡量だけに終始していればすむわけではない。債権譲渡という帰属秩序に関わる基本ルールとして、取引安全の保護、帰属関係の画一的決定という要請をも担っている。さらに BGB においては、§137 Satz1 が法的方向付け機能を担っており、§399 Satz2 の法律効果を考察する上でも、なるべく §137 Satz1 の機能を後退させない形での解釈が望ましい、とすれば、特約違反の譲渡の効果は、客観的で予測可能性の高い規準にしたがって、デフォルトルールとしては相対無効か絶対無効かいずれかに一義的に決まっているべきであろう。そうすると、ヴァグナーのように、必ずしも外部からは一義的に明らかにならない当事者意思に基づく類型化を §399 Satz2 の解釈にそのまま直接持ち込むことは適策とはいえまい。当事者が追求する利益の不当な平準化が問題であれば、§138 および §307 といった一般条項による個別の効力制限で対応すればよい、ともいえるのである。

5 国際的調和と商法への特別ルールの導入

　以上のような多岐にわたる議論にも関わらず、判例・通説の絶対無効説は確固とした法理となっている。しかしグローバルスタンダードへの迅速な対応が要請される契約法の一分野として、ドイツ債権譲渡法は国際的調和という現代的な要請にいつまでも目を閉ざしているわけにはゆかない。そこで、基本ルールとしての§399 Abs.2 は維持しつつ、債権の流動性強化が差し迫って求められる領域、すなわち商法の分野に特別規定を設けるという妥協的解決が 1994 年に実現した。すなわち債務者が公法人または公法上の特別財産であるか、あるいは双方的商行為に基づく金銭債権の譲渡事例に限定して、特約の対外効を否定する§354a HGB が導入されたのである。こうしたルールの導入が、同条が適用されない特約一般に対する約款規制等の判断においても影響を及ぼすと見るべきだというバウケルマンの評価が示された。また金銭債権に関しては、特約の当事者の属性とは無関係に、やはり債権の自由流通性を承認することに対する譲渡人の利益が、譲渡を嫌う債務者の利益よりも、類型的に保護の必要性が高いという点で変わりはなく、ヴァグナー、アイデンミュラーらは、商法領域に限定した手直しだけではなお金銭債権の流動化という観点からは不十分であると、批判する。

　さらにアイデンミュラーは、予測可能性の高い規準による譲渡禁止特約の規律の必要性と取引の効率性を高めるという視点をからめて、債権の種類に着眼した規準の定立、すなわち金銭債権か非金銭債権かによって異なる解釈をとる方向性を示唆する。金銭債権について特約違反の譲渡があった場合に相対無効説によって達成される効果は効率性の観点からみてそれほど大きいものではない。予測可能性という観点からは、金銭債権と非金銭債権の区別が事態適合的であると同時に、実務上も有用で取引関与者の予測可能性をも確保できる解決を導くことができるのではないか。すなわち金銭債権では債権的効力説が、それ以外の債権では相対無効説が妥当であるというのである。このように債権の種類に応じて類型的に特約の対外

効を規律するアプローチは、債権の帰属確定において一般的に要請される画一性を保ちつつ、効果を当事者の追求する利益に見合ったものに留めようとする試みとして参考に値する[312]。

---

312) この提案に賛成するものとして、Armgardt, aaO. (Fn. 207), S. 314, 334.

第2節　比較法的検討

1　対抗要件主義の存否と譲渡禁止特約の機能

　さて、以上やや詳しくみてきたドイツ法における債権譲渡禁止特約の生成・発展の経緯はわが国における特約の効力論にいかなる示唆を与えるものであろうか。

　ドイツの債権譲渡法では、もっぱら債務者保護規定と「疑わしきは債務者の利益に」という解釈準則によって、債権の自由流通性のために犠牲にされた債務者の消極的私的自治の埋め合わせを行っている。日本法においても、債権の準占有者に対する弁済（478条）や、抗弁の対抗（468条2項）などの債務者保護規定は設けられているが、対抗要件によって債務者に譲渡の事実を認識させることが制度的に保障されている点がドイツ法と大きく異なる。「疑わしきは債務者の利益に」という解釈準則も日本では正面から語られることはない。このような差ゆえに、ドイツ法においては、債務者への通知・承諾に譲渡の効力を係らしめる譲渡制限条項が対抗要件制度の欠如をカバーする機能を果たしている。また絶対無効説が抱える優先性原理との抵触という問題は、日本法では対抗要件主義との抵触というかたちをとる。対抗要件制度の性質上、467条1項を援用するかどうかは債務者の自由であるため、優先性原理との正面衝突は生じないが、帰属確定秩序が債務者のそのときどきの決断に左右されるという根本的な問題性は日本においても同じように存在する[313]。

---

313) かねてから指摘されているとおりである。角・前掲注5) 119頁、池田（清）・前掲注18) 15頁。

2 第三者の認識可能性を基準にした特約の効力制限論と物権・債権峻別論

　わが国の債権的効力説に比肩されるのは、ちょうど初期普通法を支配していた判例・通説の考え方であろう。466条2項が債務者に悪意の抗弁権を与えたものであるという理解はまさしく普通法の議論とも軌を一にしている。これに対してALRでは、第三者（譲受人）の認識可能性に従って特約の対外効を決定するという枠組みが妥当していた。現行日本民法の466条2項に少なくとも規定の体裁上もっとも近いのはこのALRのモデルである。

　ところがドイツでは、ALRからBGBへと移行してゆく過程で、債権証書を提示して譲渡がされた特殊な場合を除いて（§405）、このような第三者の主観的態様による区別が一応廃止され、原則として特約は対抗できるものとされた。法史的見地から留意すべきは、§399 Satz2が、資本主義経済が勃興しつつあり、無因論の成立とほぼ時期を同じくして、19世紀末葉のドイツにおいて生まれたことである。ここで物権・債権峻別論と契約自由の原則の尊重が高まりを見せるとともに、所有権をはじめとする物権に関する譲渡制限と債権に関する譲渡制限に関する分岐が生じた。物権には§137 Satz1の「原則」がそのまま妥当し、例外的に債権の領域では、§399 Satz2の特別ルールに従う、という図式が出来上がったのである。その区別を支えるのは、物権法定主義と債務法における契約自由の原則に他ならない。

　わが民法典には処分制限に関する一般規定がないが、物権法定主義との関係で、所有権などの物権の処分を禁止する特約は特に法律が認めない限り（272条ただし書）当事者間でしか効力をもたないと説くのが一般的である。また債権法においては広く契約自由が承認されているという認識においてもドイツ法と共通するものがある。

　他方で、わが国では、債権に関して、たとえば当事者間の合意にすぎない相殺予約につき、公示手段を欠くにもかかわらず、その「公知性」にか

んがみ、認識可能性に基づく対外効を承認する議論が現在も支配的である[314]。譲渡禁止特約も債権の内容に関わる処分行為にあたるといえるかどうか、ドイツでも議論があるところだが、債権の帰属変動に関して、認識可能性をよりどころに合意の対外効を認める点において、466条2項には相殺予約の対外効と同じ構造を持つ問題が伏在していることに留意すべきである。譲渡禁止特約の対抗不能という切り口は、466条2項を、より一般性をもった法理の帰結として位置づける可能性を示唆している[315]。新たに設けられた債権譲渡登記制度において禁止特約を公示することもできるようにすれば、登記による対抗可能性の付与という方法によって、取引の安全との調整を明確な形で図ってゆくことも考えられる。債権譲渡登記制度のより一層の改善と精緻化が進められるべきである。ALRという古文書の世界にとどまらず、国際ルールの構築の局面においても、ユニドロワ国際商事契約原則やヨーロッパ契約法原則のルールの中にも特約に対する第三者の認識可能性を機軸としたルールが取り入れられており、実際に運用されているのも注目される。かたやドイツ法における§399 Satz2の解釈が物権・債権峻別論へのこだわりのために、硬直化していることが再認識されるところである。

③ 未確定的絶対無効の基礎付け──処分授権説（共働説）と特約の効力制限論

わが国における判例・通説が116条ただし書の法意に依拠して債務者の事後承諾による譲渡の追完を基礎付けている点は、ドイツにおける判例通説というよりはむしろ共働説の主張と相通ずるものがある。遡及効を基礎付けるには、譲渡行為の当初から債務者が債権譲渡過程に参与する権能を留保していたと説明すべきことになるからである。たしかに、債務者の消

---

314) もっとも、周知性のみならず、相殺の利益に対する合理的期待を要件とするべきだという（そこでは債権の密接関連性などの要件が必要になるなど）、批判はある。最大判昭45・6・24民集24巻6号527頁における大隅裁判官の補足意見も参照のこと。
315) 池田・前掲書注12) 339頁、北居功「譲渡禁止特約付き債権の譲渡と差押えとの対抗関係」tâotonnement2号（1998年）48頁。

極的私的自治という観点からは、債権譲渡過程への債務者の関与可能性を回復するという意味において、譲渡禁止特約は「正常な状態」への回帰という一面を持つといえなくはない。しかし、そもそも債務法の領域で契約自由が説かれるのは、契約当事者の内部関係にとどまる限りは法律関係をどのように形成してもよいからであって、それ自体では特約の第三者効を基礎付けることはできず、特約の絶対効はローマ法にまでさかのぼる債権譲渡の沿革にも配慮した特別規定の法定効果といわねばならない[316]。相手方選択の自由はもともと契約締結の局面を規律するルールであり、一旦有効に成立した債権の帰属変動過程に関与しうるかどうかという問題を考える際に引き合いに出すべきではない。ここで問われているのは、処分過程への債務者の参与を認めるべきかという根本的な決断なのである。しかし共働説をとると、他面において§138や§307を通じた特約の効力制限を積極的に展開しにくいという問題が生ずる。なぜなら、このアプローチによると、譲渡禁止特約が結ばれる場合、債務者は利害関係人として本来あるべき権限（同意権）を留保する意思を表明しただけであり、何ら債権者の譲渡権限を積極的に制限していないことになるからである。よって特段の事情がない限り特約は有効と評価されるはずであり、特約の効力制限論との関係ではむしろ足かせになる、というベルガーの指摘は重要である。

④ 履行請求権としての債権観——相対無効説の可能性

　ドイツ法は、物権と債権を峻別し、債権の本体的効力を履行請求権に見出してきた。講学上も債権の本質は、物権との対比において債務者に対する特定の行為を請求する権利であると従来から説かれている。その限りでは、ドイツ法における絶対無効説の論者が批判するように、債権の相対的帰属を承認する構成はそもそも体系になじまないと門前払いの形で議論が終わってしまいかねない。しかしながら、物権・債権法を通じて権利変動過程の画一的規律を堅持するドイツ法とは異なり、債権譲渡法の枠組みに

---

316) Raible, aaO. (Fn.115), S.45, Blaum, aaO. (Fn.47), S.45ff, 49ff.

おいても、日本法はフランス法的な対抗要件主義を取り入れた結果、債権の相対的帰属を正面から認めている。たとえ債権譲渡契約が結ばれたとしても、債務者への通知・債務者による承諾がなされるまでは、譲受人は第三者への効力主張はもちろん債務者に履行請求すらできないのである。それでも譲渡と同時に観念的には譲受人に債権が帰属し、しかも多重に譲渡された場合には債権は暫定的にではあれ何重にも帰属すると考えられている。そうだとすれば、相対無効という法律構成に対する体系的観点からの違和感はドイツ法よりは少ないはずである。ここでの無効が債務者保護規定の1つから導かれる法定効果であるとすれば、債務者保護に必要な範囲に縮減する相対無効説の主張は日本法においても十分検討の余地がある。のみならず、相対無効説の根底にあるより深い問題提起、すなわちドイツ特有の物権・債権峻別論および履行請求権としての債権という枠組みを絶対視することへの警鐘を看過すべきでない。たしかに譲受人の得る債権はあたかも自然債務にも比肩されるべき脆弱なものかもしれない。しかしそのような債権を取得しても無意味だとまではいえないであろう。相対無効説の議論は債権とは何かを考える上でも格好の議論の素材を提供するものであり、その早急な解釈論的な導入には慎重であるべきにせよ、示唆するところは大きい。

　相対無効をめぐる一連の議論を経て、妥協策として商法に導入された§354a HGB は、結局相対無効構成を採用せずに、譲渡を絶対的に有効とする一方で、債務者保護の特別規定を設けるという方法を選択した。こうした規律のあり方については既述のとおり批判もあるが、少なくとも金銭債権に限れば、立法論として考えられる有力な選択肢の1つであるといえよう。§354a HGB の規律方法を金銭債権に一般化することよりも、上記の相対的無効構成が優れているといえるためには、相対的無効構成に対して提起されている批判、すなわち立法の趣旨からしても中途半端な結果しか達成できず、効率性の観点から、譲受人に履行請求権がないという決定的弱点を相対的無効構成は克服できていないという批判にどう答えることができるかに係っているように思われる。立法論を展開する際には、この

点の検討を深めることが必要となるであろう。

　さしあたり債権の種類に応じた規律をベースに、さらに特約で追求されている利益を契約の趣旨に照らして明らかにし、個別的に一般条項を通じてコントロールしてゆく方策が民法の一般ルールのあり方としては穏当かもしれない。いずれにせよ、466条2項を単純に削除するという解決はある種の金銭債権にのみ目を奪われた議論であり、長い目で見た場合には妥当ではない。

　沿革および立法史の検討が示すとおり、特約の効力に関して歴史的解釈から素直に導かれるのは絶対無効説であるが、目的論的解釈は相対無効説へと傾斜する。国際的動向を意識するとき、相対無効説の考え方は法統一に向けての1つのありうる妥協的立場として以前から議論されてきた[317]。ところがわが国では、特約の効力をめぐる議論は、米倉の効力制限論を唯一の例外として、債権的効力説と物権的効力説という古典的な議論の枠組みを出ることなく、債務者との関係においてのみ効力が否定されるという意味での無効（相対無効）という視角から検討されることすらなかった[318]。本稿は譲渡禁止特約の効力論に関するそうした基礎的研究の穴を埋めるべく、ドイツ法の議論から日本法への手がかりを求めたものである。

5　金銭債権の特性

　先に述べたとおり、米倉の効力制限論は、ドイツにおけるヴィロヴァイトの主張のように、解釈によってなるべく当事者が追求している限りの効力のみを条項に認めてゆこうとする立場に比肩しうる[319]。さらにヴァグナーのように当事者が追求する利益を細かく検討し、そうした利益を類型化することで、類型論を用いて効力を制限しようという試みとも親近性を持っている。いずれにせよ、譲渡禁止特約付債権を十把一絡げにして、演

---

317) Ute Georgen, Das Pactum de non cedendo, 1998, 228.
318) 相対無効の可能性を探る文献は、管見の及ぶ限り、栗田隆「債務者には主張し得ないが第三者には主張することができる債権譲渡」関法54巻2号（2004年）1頁のみである（結論的には否定）。
319) 米倉・前掲注2) 62頁。

繹的にその効力を債権的か物権的かで捉えることが不当であることは明らかであり、具体的な特約条項ごとに当事者が追求している利益を検討し、対外効を付与すべきか否かを判断してゆくべきだという基本方針は支持されるべきものと考える。特約の絶対効という法理を生み出し、いまなおこの法理を堅持する数少ない国の1つであるドイツにおいてすら、これまで見てきたような特約の効力制限に向けられた、きわめて多様な立法論と解釈論が積み重ねられて、今日に至っている。これらの様々な工夫や立法的手当ては日本法の解釈論および立法論にとって参考になる点が多い。ドイツ法の検討の結果、国際ルールへの適合という要請の中で抽出された1つの共通理解として注目されるのは、金銭債権の特性に着眼した類型論であろう。すなわち金銭債権と非金銭債権とで区別した規律の導入可能性は検討されてよいだろう。

　まず金銭債権に関しては、既発生債権の個別譲渡に対する限りは、確かに466条2項のルールは合理性があるようにも思われる。しかし特に、将来発生する債権をも含めて大量の債権を一括に譲渡するという局面において、債権譲受時における特約の存在に対する譲受人の認識可能性を基準とする466条2項の古めかしい枠組みだけではおよそ適合的とはいえないだろう。加えて、金銭債権に関しては特定の者に対してのみ給付したいという債務者の利益は類型的に小さく、譲渡人ならびに譲受人の債権流動化に対する利益の前に、後退を余儀なくされてもやむをえないという判断にも十分に合理的理由があると考えられる。特約違反の譲渡に伴って生ずる債務者の不利益が譲渡人に対する債務不履行責任追及＝損害賠償請求権で填補しきれない危険が高いならばともかく（かつての危機的状況でなされる抜け駆け的債権回収としての債権譲渡の事例のように）、全うな資金調達方法としての債権譲渡が前面化する場面では、そうした心配もそれほど大きくない。これらの場合に債務者は債権者を確定することによる過誤弁済の防止という利益を追求しているのであり、特約に付与される効果も弱いものでよいであろう。そうだからこそ、ドイツにおいては立法措置が講じられ、妥協的に§354a HGBにより一定の金銭債権に関しては、§399の取引阻

害的なルールに修正が加えられたのである。さらに学説においては、このような商法領域への限定は根拠がなく、§354a HGB の趣旨を金銭債権全般に拡大すべきだという議論がなお有力に主張されており、ある程度の説得力をもっている。

　他方、非金銭債権に関して、わが国では譲渡禁止特約の効力をめぐる法的紛争はほとんど表面化していない。一律に466条2項を廃止するのではなく、非金銭債権に関して相対無効説の考え方を取り入れることも、もっと検討されてよいだろう。もっともこの点は今後の課題である。

　冒頭に述べたように、第2部は日本法に関する解釈論・立法論を積極的に展開することを直接の目的とするものではない。比較法的・法史的にみてわが国の解釈論および立法論に向けて有用な視角を得るための基礎作業に限定している。したがって日本法の解釈論・立法論は、両者の体系的相違にも十分配慮しつつ、第1部における判例分析の結果をも併せて考慮したうえで、第3部で展開することにしたい。

[補論]

　第2部の元になったオリジナル論文に対しては、占部洋之教授による的確かつ鋭い書評がある[320]。丹念なご検討と有益なご教示に対して心より御礼申し上げるとともに、この場を借りて、以下の2点のみ、ご批判に対して補足的なコメントを付させていただく。
　第1に、「相対的無効」論の背景には、特約の絶対効を前提として、特約の効力を譲受人の悪意・善意と無関係に主張できるとするドイツ法固有の規範の存在があり、こうした前提を異にする（悪意重過失の譲受人には特約の効力を主張できる、という重大な制限が既に判例準則上認められている）日本法において「相対的無効」論を解釈論的に導入する素地があるといえるか、という批判に関してである。確かに法制度設計のあり方として、特約の絶対効を貫徹するドイツ法を一方の極とし、他方で特約の対外的効力を認めない、あるいは特約を禁止する（債権法上の効力すら否定する）法制度を他方の極としたとき、譲受人の認識または認識可能性を分水嶺として特約の対抗可否を分ける日本法、イタリア法、ポルトガル法のような立法主義は中間的な位置を占めており、日本法とドイツ法を同列に並べてよいか、慎重な考慮を要することは確かである。また現行法においては譲受人の「悪意重過失」要件が特約の効力主張の可否を分けており、特に規範的要件である「重過失」判断を総合的に行うことで適切な事案処理を柔軟に行うことが可能であり、わざわざ法律関係を複雑にしてまで、相対的無効論を導入する必要があるのか、という指摘は傾聴に値する。本文でも述べたとおり、早急な解釈論的導入に慎重であるべきだという点においては筆者も全く同感である。

320）占部洋之「書評」法時79巻8号（2007年）156頁。倉重八千代「ドイツ法における債権譲渡禁止特約規定についての一考察（3・完）——ドイツ民法BGB第399条の制定からドイツ商法HGB第354a条の新設までを中心に」明学86号（2009年）189頁も占部書評と「相対無効説」に対してほぼ同様の評価を下している。

しかし、筆者は、中間的な立法主義でありながらも、何が原則で何が例外か、という原則論の据え方を見る限り、日本法はドイツ法と親近性があり、立法論的な可能性としては、悪意重過失の譲受人にのみ特約を対抗できるとする現行法の準則を残しながら、相対的無効論の導入を検討することは、論理的に可能であるのみならず、前向きに検討するに値する方策であると考えている。
　そもそも466条2項を、特約の対外効を認めるドイツ法系の立法主義よりも、特約の対外効を制限する立法主義として分類するのは、同条を債権的効果説の発想から眺めたものであり、少なくともこれまでの判例法の立場を前提に考えるときには、疑問の余地がある。既に述べたとおり、§405において、譲渡禁止特約の絶対効は善意譲受人の信頼を保護するために制約されているから、ドイツ法といえども特約の効力について（要件の設定が日本法とは異なるにしても）制限がある点では、日本法と同じである。466条2項は、少なくとも法文の書きぶりからは、本書第1部において縷々述べたとおり、特約違反の譲渡がされた場合、債権譲渡は原則として有効であるが、債務者に悪意の抗弁権を認めて、譲受人からの履行請求を拒否するのに必要な限りで譲渡の効力を否定できることを定めたものとみるよりは、原則として譲渡は無効であるが、例外的に譲受人の信頼保護のために善意（無重過失）の譲受人に主張することができない、という構造をなす規範として理解するのが素直である（この点、債務者が譲受人の悪意を主張立証したときにだけ特約の効力を否定できる（まさに債務者に悪意の抗弁権を付与するもの）という体裁の法文を採用する立法例（例えばイタリア法）と必ずしも同列に論じられない）。確かに証明責任ルールに関して、債権的効果説に親和的ともみられる準則が早くから判例法上確立されており、この点を重視すれば、債権的効果説の見方に従って同条を読むべきであるという立場はありうるし、現にこうした立場は古くから主張されている。しかし第1部第2章で詳しく紹介した下級審裁判例は概ね、債権的効果説ではなく、伝統的な物権的効果説の理解に即した規範の運用をしており、最高裁判例も、特約違反の譲渡を債務者が事後承諾した場合に遡及的有効にな

るという処理をしている。その根底にあるのは物権的効果説の論理である。債権的効果説の枠組みが判例法理の基礎に据えられているとまではいえない。したがって、現在における判例法の到達点を考慮してもなお、日本の現行法はドイツ法の発想と根本の部分において親近性があるのであり、そこで相対的無効論の可能性を探ることは何ら背理ではない。現実に今進行している債権法改正作業においてまさしく「相対的効力案」の是非が真剣に検討されているのは、このような筆者の理解が正当であることを実証するものといわなければならない。

　第2に、同書評は相対的無効論がもたらす法律関係の複雑さを指摘すると同時に、こうした構成がもたらす債権流動化の促進への実効性にも疑義を呈している。特に、力関係において弱い立場にある債権者が特約に違反して譲渡を敢行することは考えにくく、特約付債権を利用した資金調達を阻害する要因を取り除くという点では、相対的効力案は中途半端な効果しかもたらさないのではないか、という指摘は重く受け止めなければならない。いずれも現に法制審議会で同様の意見が縷々示されているとおり、今後学界全体で更に検討を深める必要がある重要な問題である。ただ、第3部において詳しく述べるとおり、債務者に対して当面の間履行請求できない権利を譲り受けることに果たしてメリットがあるのか、という評価に対しては、取引社会が相対無効という法観念になじめば、特に担保目的での集合債権譲渡事例では、いざとなれば換価可能な財産でありさえすれば譲受人にとって譲渡禁止特約債権も十分魅力的な財貨となりうることを特に強調しておきたい。前者の指摘については、法律関係の複雑さを回避する妙案がないか、法制審議会でも新たな提案が出され、打開策が模索されている。この点は第3部において、筆者の展望を示すことにしたい。

第3部
譲渡禁止特約をめぐる諸問題の立法論的検討

第1部および第2部で行った検討を踏まえ、以下において、わが国の債権譲渡法が直面する立法課題を鳥瞰し、今後どのような方向で検討を進めるべきかを考察する。

　第1章では、法制審議会における検討に先立ち、有志の研究者グループにより編まれた民法（債権法）改正検討委員会編「債権法改正の基本方針」[1]（以下「基本方針」と略する）を取り上げる。そこでは、譲渡禁止特約に留まらず、債権譲渡法全般について改正提案がなされているが、本稿の問題関心に即して、譲渡禁止特約と密接に関連するテーマとして、将来債権譲渡および債権譲渡の対抗要件制度に関する改正提案に対象を限定して論評する。

　第2章では、法制審議会の中間的論点整理に対するパブリックコメント等の反応を踏まえて更に具体化された部会資料37「論点の検討(9)」を検討の素材として、債権譲渡禁止特約の改正提案のうち、その骨格部分というべき、特約の対外的効力の認否、対外的効力を認める場合の効力（相対的効力か絶対的効力か）の問題を論じる[2]。

　第3章では、各論的論点の1つである将来債権の包括的譲渡後に譲渡禁止特約が締結された場合における特約の効力の問題について、ドイツ法との比較法研究を補充しながら、将来債権譲渡の法律関係を分析し、立法提言へとつなげることにしたい。

---

 1) 第1章の検討対象は、民法（債権法）改正検討委員会編『別冊NBL126号債権法改正の基本方針』（商事法務、2009年）220～240頁の内容をベースとしつつ、適宜2008年7月21日の第6回全体会議の議事録（http://www.shojihomu.or.jp/saikenhou/）や2009年4月29日に早稲田大学で開催されたシンポジウムの内容（児島幸良「シンポジウムレポート『債権法改正の基本方針』（上）（下）」NBL905頁28頁、906号29頁（2009年）も参考にした。
 2) 第2章の検討に関して、本書の校正時に法制審議会民法（債権関係）部会資料55「民法（債権関係）の改正に関する中間試案のたたき台(3)（概要付き）」（以下、「中間試案のたたき台(3)」と略称する）に接したが、叙述に組みこむことができなかった。中間試案に対する論評は改めて別稿を予定している。

第1章
債権譲渡法の立法課題
——債権法改正検討委員会案の検討

第1節　はじめに

　「基本方針」においては、債権譲渡法全般にわたって大胆かつ抜本的な改正提案がなされている。一言でいえば、日本の遠い将来を見据え、長い寿命を保ちうる民事基本ルールの再構築を企図した意欲的なものと評することができる。そのため、実務界・学界いずれにおいても、反発や戸惑いの声が予想される部分もないわけではなく、また提案に即した改正が現実に可能なのか、見通しが立ちにくい点も見られる。とはいえ、本提案によって、正面から議論する必要のある課題が整理された形で提示され、有益な議論の場が設定されたことは疑いない。まずは、債権法改正検討委員会で立案に携わられた方々の多大な尽力とその成果に敬意を表したい。本章では、「基本方針」の意義と理論上の問題点について、(a)将来の収益力の担保化・債権流動化とそれを支える債権観念、(b)情報革命、(c)法の国際的調和という3つのキーワードを軸として考察を試みる。提案内容は多岐にわたるため、その骨格ともいうべき、①将来債権の譲渡、②債権譲渡禁止特約の効力、③金銭債権譲渡の第三者対抗要件の3点のみを取り上げる。

第2節　将来債権の譲渡

1　将来債権一般に関して

【3.1.4.01】は債権の譲渡性を容認する466条1項を維持し、かつてのローマ法に見られた法鎖としての債権観を採らない趣旨を明らかにしている。続く【3.1.4.02】は、将来債権も譲渡することができ、かつ対抗要件を備えれば、その時点から譲渡を第三者および債務者に対抗できることを定めている。これらはいずれも、現行法において、法文上明記された内容、あるいは判例の準則[3]を明文化したものである。今や債権は、特定人に対する行為請求権という側面よりも、端的にその財産的価値の側面に重心が移動しており、その傾向は強まる一方である。かつては将来債権の譲渡に関して、債権の発生可能性や期間制限の必要性など、何らかの基準で有効性を限定的に判断しようという議論も存在した。しかし、将来債権の担保化（特に流動資産一体型担保融資＝ABL）に対する実務上の要請に沿い、現時点ではいかなる制限をも設けない方向で日本および国際社会の舵が切られている。これは、先に述べた、(a)将来の収益力に期待した担保把握の一例であり、(c)法の国際的調和の観点からも歓迎される内容といえよう。もっとも、このように財産の集合体を一括担保化する傾向が行き過ぎると、設定者はあたかも現代版「債務奴隷」のような状況に追い込まれかねない[4]。そこで譲渡人の営業活動・取引活動の自由に対する不当な制限となる場合や、一般債権者の利益を不当に害して特定の債権者が過剰な優先的回収可能性を獲得する場合には、公序良俗（90条）違反として効力を否定すればよいと考えられている。本提案は以上のような考え方を踏襲している。

しかしながら提案は、上記の問題性に対処するために、将来債権譲渡に

---

3) 最判平成11・1・29民集53巻1号151頁。
4) 天野佳洋＝堂園昇平＝三上徹＝片岡義広＝中原利明「創刊700号記念座談会・民法（債権法）改正への未来を見据えて（上）」銀法700号（2009年）12頁。

特化した効力制限の規定を置いていない。結局は公序良俗という一般条項の下で、諸事情の総合考量をふまえて柔軟に判断する他なく、使い勝手のよい具体的な要件を立てることが困難であったからである[5]。この点、不動産や動産等の物を対象とする過剰担保規制においては、現存する有体物についてのみ処分行為を観念できるという意味で、処分行為の効力が及ぶ範囲について、おのずと物権法固有の縛りがある。ところが将来発生する債権にそのような縛りはない。債務者に対する履行請求権が未だ顕在化しない法的地位を、その時点において無限定に第三者に有効に処分できてしまうのである。このように物と債権との間には看過できない違いがあり、将来債権の包括的譲渡に特有の定型的な危険が見いだされる以上は、この領域に特化した規制法理が必要であるようにも思われる。法規範が持つ行為規範としての機能に鑑みると、紛争や被害が顕在化してから、裁判所が事後的に対処するという姿勢ではたして十分であろうか。将来の収益を見込んだ、いわば前のめりの融資姿勢が確かに現在の潮流として存在するとはいえ、それは文字通り潮流であり、一過的な要請に過ぎないかもしれない。遠い将来を見据えた息の長い立法を目指すという基本方針に照らせば、本提案のように、すべてを公序良俗違反の事後的解釈に委ねて、特別の規制の必要性を明示しない点には、若干の危惧を覚えないではない[6]。

2　将来の賃料債権譲渡の効力

　上述のような債権の特質から、次に、他人に帰属する債権でも、将来取得することを見越して、あらかじめ譲渡して、第三者対抗要件を備えれば、有効に債権を処分できるのか、という疑問が生じうる。提案【3.1.4.02】1項のみでは、そのような場合も含めて、文字通り無限定に処分行為が有効であるかのような印象を与えかねない。

---

5) 沖野眞巳＝小粥太郎＝道垣内弘人（聞き手）片岡義広＝吉元利行「『債権法改正の基本方針』のポイント——企業法務における関心事を中心に③民法（債権法）改正検討委員会・第3準備会　債権者代位権、詐害行為取消権、多数当事者の債権および債務の関係、債権譲渡（下）」NBL909号（2009年）52頁、前掲注4)「座談会」13頁［片岡義広］。
6) 沖野ほか・前掲注5)「『債権法改正の基本方針』のポイント」50頁［吉元利行］。

そこで提案【3.1.4.02】2項は、将来債権が譲渡された場合、その後、当該将来債権を生じさせる譲渡人の契約上の地位を承継した者に対しても、その譲渡の効力を対抗することができるとしている。様々な場面を把握しうる抽象度の高い文言が使われているが、提案の趣旨は、他人の債権を処分することは許されないという不文の基本原理を明確化する一方で、将来の賃料債権が譲渡された後に、賃貸不動産が譲渡された場合や将来債権譲渡の譲渡人が倒産した場合に、賃貸不動産の譲受人の下で新たに締結された賃貸借契約から発生する賃料債権や管財人の下で新たに締結された取引から発生する債権などについて、譲渡人の下で行われた将来債権譲渡の効力が及ぶかという問題を、賃貸不動産の譲受人や管財人が第三者に当たるか、という形で議論できるようにすることにある[7]。

　賃料債権は不動産を元物とする法定果実である。たとえば建築予定はあるものの、現時点では不存在の建物につき、元物がないのに将来発生する果実たる賃料債権を処分することは物権法上の制約に係る可能性がある。現存する有体物に対してしか処分行為を観念できず、元物が存在しない以上、その果実も処分できないと考えるのが論理的だからである。実際このような将来発生する賃料債権の譲渡は実務で行われているという話をあまり聞かない。他方既に存在する不動産につき将来発生する賃料債権を包括的に譲渡することに上記の障害はない。しかし長期間にわたって収益権能を欠き、負担のみを負う所有権という存在を当事者間の一片の合意で認めることには、物権法定主義との関連で問題がありうる。そのような処分行為の効力を無制限に認めてよいのか[8]、ひいては、元物から将来発生する果実を分離して譲渡すること自体を規制する必要はないのか、という問題にも連なってゆく。

　将来の賃料債権の譲渡と抵当権に基づく物上代位が衝突する場合のように、抵当権者は自己の抵当権設定登記と、賃料債権譲渡の登記、賃借権の対抗要件具備との先後関係に重大な利害関係を持っている。そのため本提

　7）前掲注1）『債権法改正の基本方針』220頁。
　8）前掲注4）「座談会」12頁［堂薗昇平］。

案【3.1.4.04】を前提にすると、第三者対抗要件は債権譲渡登記に一元化され、不動産に抵当権の設定を受けるに際して、賃料に関して債権譲渡登記の有無のチェックが不可欠となることへの懸念も表明されている[9]。不動産の担保価値把握は賃料債権の譲渡をも視野に収めてはじめて可能だからである。その意味で不動産担保と債権担保の交錯現象が生じている。また譲渡人が破産した場合に将来賃料債権譲渡の効力を認めない、という点については、当事者の個性ではなく、物件の収益性に着目して合理的な範囲で将来の賃料債権を譲渡したのに、譲渡人の倒産という事実だけで、それが覆されるのは妥当ではないという批判もある[10]。

---

9) 前掲注1)「シンポジウムレポート」NBL906号29頁［池辺吉博］。
10) 前掲注4)「座談会」13頁［片岡義広］。

第3節　債権譲渡禁止特約の効力

［1］　現行法規定と判例法

　466条2項ただし書によると、債権譲渡禁止特約を善意の第三者に対抗することはできない。その規範構造は、特約は「物権的効力」を有し、特約違反の譲渡は絶対的に無効であるのを原則とする、ただし一種の信頼保護法理によって、譲受人が善意（無重過失）の場合は例外的に債権を承継取得できる、というものである。債務者は債権者との間で不作為義務を負うにとどまり、特約違反の譲渡も有効である、とする債権的効果説も相当有力であるが、判例は採用していない。そして特約は差押禁止財産を当事者が任意に創出することを許すものではなく、譲渡禁止特約付債権の差押え・転付による法定移転は、466条2項ただし書と無関係に、常に有効である[11]。

　ところが債務者が特約違反の譲渡を事後承諾すると、譲渡は遡及的に有効となる[12]。その根拠は、116条の法意に求められる[13]。このように譲渡禁止特約は、債権の譲渡性を剥奪するというよりは、466条1項が想定する通常の債権とは別個に、債務者が債権者と合意することで、債権譲渡過程に自ら意思的に参与する権能を留保した債権を創造することにあるものと理解される[14]。その根底には、特約がもっぱら債務者の利益保護のための法的手段であり、特約に違反した譲渡の効力は、債務者の利益保護に必要な範囲で否定すればよいという発想が既にうかがえる。

　特約によって誰のいかなる利益が追求されているのかについては、詳細な先行研究がある[15]。それによると、特約は大多数の場合、債務者の利益

---

11)　最判昭和45・4・10民集24巻4号240頁。
12)　最判昭和52・3・17民集31巻2号308頁。
13)　最判平成9・6・5民集51巻5号2053頁。
14)　本書第2部第4章第2節。
15)　米倉明『債権譲渡──禁止特約の第三者効』（学陽書房、1976年）88頁。

保護目的で用いられるが、債権者・債務者の双方の利益を追求していると見られる場合もありうる。たとえば、①債権者と債務者が特殊な人間関係の維持を目的として譲渡禁止特約を付す場合や、②資金を保存する目的で、銀行の定期預金に1億円を預けた者が、自ら費消し、あるいは他人に安い値で処分しないための歯止めとして特約を結ぶ場合、等が挙げられている。いずれにせよ、一旦特約に違反して譲渡人が債権を譲渡してしまえば、そこで譲渡人は特約の利益を放棄したものと評価することができる[16]。それゆえ、仮に特約が債務者の利益と共に債権者の利益を保護していた場合でも、債権者が特約違反の譲渡を実行した以上、譲渡の効力を論じるに際して、債権者（譲渡人）がどのような利益を当初追求していたのかを考慮する必要はない。

この理は、比較的最近に判例に受け入れられた。すなわち最高裁は、特約に反して債権を譲渡した債権者は、譲渡の無効を主張する独自の利益を有しておらず、債務者に無効主張の意思があることが明らかであるなどの特段の事情がある場合を除き、譲渡人からの無効主張は認められないと判断した[17]。無効の主張権者を限定するものであり、ある種の相対無効的処理に親和的な立場と見ることができる。債務者保護に必要な範囲に特約の効力を限定する発想は、実務にも相当浸透しているように思われる。

②　債務者による特約の対抗（相対無効）構成

本提案【3.1.4.03】は、特約違反の譲渡が有効であることを前提に、債務者は特約を譲受人に対抗できるとした。すなわち譲受人は債務者との関係においてのみ特約の効力を対抗される。換言すれば、譲渡は債務者以外のすべての第三者との関係では有効であるが、債務者との関係では相対的に無効と評価されうることになる。また2項では、特約を差押債権者に対抗できないという、判例法の準則が明文化されている。

本提案は、譲渡禁止特約が債務者保護のためにあるという制度理解を直

16）米倉・前掲15）90頁。
17）本書第1部第3章。

截に特約の効力制限論に反映させるものである。債権の流通性に対する譲受人の利益と特定の債権者に対してのみ債務を負担したいと考える債務者の利益との調整方法として、バランスが取れたものといえる[18]。譲渡禁止特約の効力に関する国際的ルールと比較すると、ヨーロッパ契約法原則の考え方にかなり近い内容となっている[19]。この点でも、(c)法の国際的調和への配慮を見てとれる。提案における特約の効力制限は、従来の物権的効力vs債権的効力の対立軸を超えた新たな視点からアプローチしたものである。債権的効力説は特約違反の譲渡は一応（債務者も含めて）万人との関係で有効であることを前提とする。かたや物権的効果説は万人との関係で譲渡が無効であることを原則とする。相対無効（対抗不能）構成はこれらのいずれとも異なる。相対無効説の是非については、ドイツ法で詳しく議論されてきた。そこでは、相対無効説は、絶対無効説に比べて、譲受人の法的地位を次の3点において実質的に強化するものであることが指摘されている[20]。第1に、特約付債権が担保目的で譲渡された後、譲渡人が破産した場合に、譲受人は単なる一般債権者に留まらない担保権者としての地位を保持できる。第2に、債権譲渡後に出現した譲渡人の差押債権者による強制執行に対して、譲受人は第三者異議訴訟（§771 ZPO）を提起して自己の利益を主張することができる。第3には、二重譲渡ケースにおいて、債務者が第三者対抗要件の先後関係から劣後する地位にある第二譲受人に弁済した場合に、第一譲受人が第二譲受人に対して不当利得返還請求権を行使することができる余地がある。

　ところが相対無効説は、ドイツにおいていまだ通説的地位を獲得するに至っていない。第1に、財貨の相対的帰属という法観念がドイツ法に縁遠いこと、第2に、債権を特定人に対する行為請求権として観念し、履行請求権を骨格とみる伝統的債権観がなお根強いこと等が挙げられる。債権譲渡とは、債権の同一性を維持したまま、その帰属を変更する行為である。

18) 前掲注1) 第6回全体会議速記録［加藤雅信］。
19) 本書第1部序章。
20) 本書第2部第5章第6節。

そして債権譲渡によって移転すべき財貨の本体は履行請求権に他ならない。ところが特約違反の譲渡によって譲受人は確かに債権を有効に取得するが、譲渡の効力を債務者に対して主張できない。このような履行請求できない債権を取得するというに等しい法律関係は理論上容認しがたいものとして映るようである。この点、日本では財貨の帰属関係を当事者間と対第三者との関係に分けて処理することに対する抵抗はあまりなく、履行請求権を中核とする債権観念への思い入れもドイツほどには強くないように思われる。給付を契約利益の観点から履行請求権に限定されない、ふくらみのある概念として捉え、譲渡禁止・制限等の諸制約をも含めた法的地位の移転のように捉えれば、債務者から譲渡禁止・制限の特約を対抗される債権を譲り受けたという事態は何ら不合理なものではないとも考えられる。

③ 債務者が特約を対抗できない場合

上述の原則に対して、特約により保護された債務者の利益が失われる場合には、債務者による特約の効力主張を認める必要はない。そこで提案は、例外的に、㋐債務者が譲渡を承諾した場合、㋑譲受人が善意で無重過失の場合、㋒第三者対抗要件が備えられており、譲渡人について倒産手続の開始決定があった場合に、特約の主張を認めないことにした。ヨーロッパ契約法原則では、㋒の準則が設けられておらず、㋑における保護要件が善意無重過失ではなく、善意無過失（知ることができたかどうか）とされている点が、本提案と異なる。

(1) 譲渡人倒産の場合

㋒の準則に関しては、預金債権における銀行の利益保護の点で問題があるという意見がある[21]。本提案を前提とすると、銀行実務としては、拙速を厭わず、預金債権の譲受人とのトラブルを避けるために直ちに相殺をすべき方針を採らざるをえないというのである[22]。本来この特則は、特約付

---

21) 前掲注4)「座談会」10頁［中原利明］。
22) 前掲注1)「シンポジウムレポート」NBL906号31頁［中原利明］。

債権を担保目的で譲り受けた債権者の不利益において、譲渡人の一般債権者が棚ぼた的利益を得るのは不当である、という利益考量に基づく。債務者であると共に、周知性と合理性を備えた譲渡禁止特約と相殺予約により、預金債権に対する一種の約定担保的な優先権を公認されている債権者としての地位をも併有する銀行は、譲渡人の一般債権者よりも優先的に扱われてもよい。その意味で、(ウ)のルールが、本来の趣旨を越えて、特約の効力を過度に限定しないための工夫が必要かもしれない。もちろん相殺の担保的機能に関する従来の議論を抜本的に見直すことも考えられるが、現行判例法の妥当性を肯定する限り、この特則にはなお詰めるべき点が残されているように思われる。

(2) 譲受人の善意無重過失

(イ)は第三者の保護要件を善意無重過失としている。これは第三者に調査義務を課す解釈にも連なりうるので、その当否は問題となりうる[23]。既に述べたとおり、466条2項ただし書は善意とのみ規定しているが、判例法上、無重過失が必要と解されている。判例法が、善意無重過失を要件とするのは、特約の「物権的効力」を前提として、第三者が信頼保護により特約の対抗を免れることから、無過失の要否が問題となりうるところ、債権の自由譲渡性を重視する政策的判断によって、無重過失まで緩めてよい、と説明されるのが通常である。現行法が確定日付ある証書による通知承諾を通じて、債務者を公示機関とする制度設計に立っているため、債権に関する公示機関である債務者に積極的な情報提供の役割も暗に期待されていたことが、第三者に特約の存否を積極に調査確認する一般的な義務を負わせることなく、重過失の有無のみを問題とする枠組みの背後にあるとも考えられる[24]。

本提案は、絶対無効から相対無効（対抗不能）へと特約の効力制限に関する枠組みを転換しようとするものである。そうである以上、無重過失要

---

23) 前掲注1) 第6回全体会議議事録［池田真朗］。
24) 本書第1部第1章。

件を踏襲する論理的必然性はなく、端的に悪意者のみを排除してもよいようにも思われる。しかしこの点に関しては、判例が重過失要件をどのように運用しているのかを検証し、現在の実務との連続性にも配慮する必要がある。本書では、466条2項ただし書の重過失とは、単に悪意と同視できる場合のみを指すのではなく、金融の専門家が負うべき調査確認義務の著しい懈怠の有無を問題にし、かつ特約の目的や合理性、債権譲渡取引に至った経緯等の諸事情も総合考慮したうえで、特約の効力主張の可否を判断する一般条項的な役割を果たしていることを明らかにした（本書第1部第2章）。

したがって、個別事例の特性に応じた柔軟な対応を可能にするという意味で、悪意かどうかの一点の基準で切り分ける枠組みよりも、判例法上準則として確立している重過失を明文化することが望ましいと考える。

第4節　金銭債権譲渡の第三者対抗要件

1　第三者対抗要件の登記一元化

　467条の対抗要件は、債務者に対する対抗要件（1項＝「債務者対抗要件」）と債務者以外の第三者に対する対抗要件（2項＝「第三者対抗要件」）を一応分けているが、債務者への通知・債務者による承諾を基軸として、債務者に公示機関としての機能を担わせている。しかし債務者は第三者からの照会に回答する法的義務を負うわけではなく、債務者が真実の情報を提供する保証もない。また確定日付ある証書が債務者に到達した時間の先後で優劣が決せられるとしても、到達時を公証する仕組みがないことから、証書に確定日付を要求した実質的意味がほとんどなくなっている。このように不完全かつ不安定な公示制度であるうえ、法人による債権譲渡に限定して導入された特例法による登記制度との併存により、公示制度が二元化しているため、債権に関する情報の確認に多大な手間を要するという問題も生じている。そもそも確定日付のある証書による第三者対抗要件は、内容証明郵便を念頭に置くもので、19世紀における通信手段の花形であった郵便制度をベースに構築されたものであった（電話は19世紀末にようやく発明された）。ところが20世紀末葉から、(b)情報革命が世界を席捲し、通信・伝達手段に画期的な変革がもたらされた。コンピューターネットワークの飛躍的発達は、社会の様々な場面でペーパーレス化・同時双方向化・多方向化をもたらした。いまや自宅に居ながら何時でも瞬時に世界の情報と繋がることが可能である。

　そこで提案【3.1.4.04】は、対第三者対抗要件を、金銭債権と非金銭債権に区分して規律し、1項で、前者に関しては、法人による譲渡のみならず個人間の譲渡も含めて、一般的に債権譲渡登記とし、後者に関しては、2項で、確定日付のある譲渡契約書とした。これにより第三者対抗要件制度の二元性が整理され、コスト・手間の削減効果が期待されている[25]。グ

ローバル化した現代社会における、(c)法の国際的調和の動きにも先駆的に対応しようとする姿勢が見てとれる。

本提案にいう債権譲渡登記制度は、もちろん不動産登記簿のような権利帳簿ではなく、現行の特例法登記の延長線上で、自然人を譲渡人とする金銭債権譲渡の登記をも可能とする制度を構想することになる。そうした登記制度を構築することは、そもそも可能か、仮に技術的には可能だとしても、設置運営の cost-benefit においてバランスのよい仕組みを作ることができるのか、不安の声も表明されている。債権譲渡登記制度でどのような情報をどこまで公示すべきか、その内容に関しては、債務者の個人情報保護の観点からの検討も必要である[26]。企業法務関係者からは、第三債務者の承諾を取り付けても対抗要件とならず、登記が必要というのは疑問であるという意見も寄せられている[27]。しかしネット社会が一層進展し、オンライン申請が一般化すれば、個人間の債権譲渡でも、内容証明郵便より債権譲渡登記の方が安価で便利という時代が来る可能性はある[28]。この点については、企業法務関係者の間でも、見解が分かれているようである[29]。

2 対抗要件の登記一元化と個人間の少額債権譲渡

個人間の債権譲渡とりわけ親族間の債権を親族間で譲渡する場合に、第三者対抗要件として債権譲渡登記を求めることが現実的かという指摘が、検討委員会内部でもなされてきたようである[30]。この点に関しては、そもそも個人間の譲渡がどのような場面でどういう要請で行われるのかを詰めることが先決問題であろう。たとえば相続に伴い債権の帰属変動が生じる

---

25) 石田剛「<民法学のあゆみ>池田真朗『債権譲渡法理の展開』」法時74巻4号（2002年）92頁。
26) 前掲注1）NBL909号58頁［吉元利行］、中田裕康「債権譲渡と個人情報」潮見佳男・山本敬三・森田宏樹『特別法と民法法理』（2006年、有斐閣）1頁。
27) 前掲注1）「シンポジウムレポート」NBL906号29頁［池辺吉博］。
28) 石田・前掲注25) 92頁。
29) 前掲注4）「座談会」15頁、肯定的に捉える意見と［中原利明・片岡義広］通知承諾になお意義を見出す見解と［堂園昇平］に分かれる。
30) 前掲注1）第6回全体会議議事録［池田真朗］。

場合を考えてみよう。相続により金銭債権は当然に分割債権となると解されている[31]。そこで共同相続人間で話し合って、相続分の譲渡や遺産分割により、被相続人の特定の債権が分散しないように、特定の相続人に帰属させることにした場合、この譲渡または遺産分割による移転は債権譲渡登記制度を必要とするか。こうした場合にまで第三者対抗要件を問題とすることの適否が問題とされている[32]。

委員会提案は当初、特に個人間で少額の債権が譲渡される場合を想定して、譲渡契約書に確定日付を付すことで簡易な第三者対抗要件とする案を付していた[33]。ところが、こうした簡易な対抗要件制度の構想に対しては、債権を分割した脱法行為が予想され、うまく制度設計ができるのか、という立法技術上の疑問が提起され[34]、最終的には本提案においては姿を消した。結局本提案では、登記一元化の立場が貫徹されている。債権譲渡を債務者に主張するだけであれば、譲渡人から債務者に対する無方式の通知のみで、登記なしに譲渡を完結させることができ（【3.1.4.05】2項）、簡易な債権譲渡という要請には応えることができる、というのが主な理由とされる[35]。

簡易な対抗要件制度を設けなくても、別の形で問題に対処することは可能であろう。検討委員会内部においても、問題とされている親族間の譲渡は三者間契約で譲渡されることが多く、特に登記制度導入に伴う不都合は生じないし[36]、さらに第三者による差押えが介在する場合は、たとえ個人間の譲渡といえども（遺産分割による移転といえども）ビジネスライクに登記を求めてよいとも考えられる[37]との反論がされている。

不動産物権変動に関しても、相続による物権変動に関しては、遺産分割が終了する前の段階では、相続分につき登記具備と無関係に対外的主張を

31) 最判昭和29・4・8民集8巻819頁、相続財産たる賃貸不動産の賃料債権につき、最判平成17・9・8民集59巻7号1931頁。
32) 前掲注1) 第6回全体会議議事録［中田裕康］。
33) 前掲注1) 第6回全体会議第3準備会報告資料（Ⅲ-5-4）。
34) 前掲注1) 第6回全体会議議事録［森田宏樹］。
35) 沖野ほか・前掲注5)「『債権法改正の基本方針』のポイント」57頁［小粥太郎］。
36) 前掲注1) 第6回全体会議議事録［内田貴］。
37) 前掲注1) 第6回全体会議議事録［道垣内弘人］。

認める一方、遺産分割によって相続による権利承継が確定した段階以降は、登記具備をめぐる競争関係にさらしてよい、というのが現在の判例法である。ここで遺産分割による債権の帰属変動に登記を要求するという解釈は、不動産物権変動法において形成されている判例準則のスタンスとも一応整合するのであり、場合によっては、譲渡登記によって解決されるべき対抗問題の適用領域を、解釈論を通じて限定することも最後の手段として残されているだろう。

第5節　小括

　以上、非常に雑駁ではあるが、将来の収益力の担保把握・債権流動化・情報革命をキーワードとして、提案内容の意義と問題点を考察してきた。世界経済のグローバル化は法の国際的調和をより一層求める方向に作用する可能性がある。将来債権譲渡および譲渡禁止特約の効力制限に関する立法提案は、世界規模で求められる時代の要請への対処という意味合いが強いように思われる。情報通信手段のラディカルな変化は、債権譲渡の公示制度の在り方をも抜本的に変貌させる可能性を秘めている。第三者対抗要件制度の登記一元化ないし原則化は長期的な見通しとしては、正しい方向性を示すものだと考える。もっとも対抗要件制度の一元化は理想論としてはともかく、果たして実現可能なものか。公示制度の一元化がいかに困難であるかは、登記による公示の理想が様々な場面で浸食を受けている不動産物権変動、178条を原則としつつ、各種登録制度および特例法登記により修正を受けている動産物権変動における公示の現状を見れば明らかである。高度に複雑化した社会において財貨の公示制度は多元化を免れないようにも思われる。一元化の理想をどこまで現実の社会で実行できるか、その詰めの作業に直面するとき、少なくとも書斎で抽象論のみを説く学者の理想論はあまりにも無力である。法曹関係者・実務関係者をはじめとして、より一層幅広い関係各位からの意見聴取とそれらの声を反映した提案へと練り上げられることを期待したい。

第2章
譲渡禁止特約の効力規制の将来像
——債権者利益と担保法制の観点から

第1節 はじめに

　次に、本章では、法制審議会の民法（債権関係）部会において進められている債権法改正に向けた検討作業の内容をまとめた部会資料37「民法（債権関係）の改正に関する論点の検討(9)」[38]から、譲渡禁止特約に関する立法提案「第1債権譲渡　1(1)譲渡禁止特約の第三者への対抗の可否、(2)譲渡禁止特約の第三者への対抗を認める場合の具体的な制度設計の在り方、(3)譲渡禁止特約の第三者への対抗を認める場合の譲渡禁止特約の効力」を取り上げ、なかでも特に重要と考えられるいくつかの論点に対象を絞って、若干のコメントを加える。

　見通しを良くするために、提案に対する筆者の見解の骨子を予め示しておく。譲渡禁止特約の効力規制については、(1)【丙案】、(2)ア【甲案】、(2)イ、(2)ウ【甲案】、(2)エ【甲案】、(2)オ【丁案】、(3)ア【甲案】、(3)イ、を適切であると考えている。つまり特約の対外的効力を（対象を金銭債権の場合に限定するとしても）否定する一般ルールを設けるのではなく、対外的効力を債務者の利益保護に必要な限度に抑制する「相対的効力案」の可能性を追求する方向で、より一層の検討が進められることを希望する。それ以外の点に関しては（(2)アイエの提案）、できるだけ現行ルールとの連続性を尊重しながら、法の欠缺というべき問題（(2)オ）については、いまだ実務界・学界において議論が尽くされているとはいえないことから、早急な

---

[38] 資料は、http://www.moj.go.jp/shingi1/shingi049000129.html より入手した。以下引用に際しては、単に「部会資料」と略称する。同資料に基づく審議は、2012年4月17日に開催された法制審議会民法（債権関係）部会第45回で行われた。

立法化を避け、解釈論・立法論の両面からより一層緻密な検討を重ねるべきだと考える。

第2節　債権譲渡取引の飛躍的発展と債権譲渡基本ルールの見直しの必要性

[1] 伝統的債権観と債権譲渡の基本ルール

　債権とは、一般に特定人である債務者に対する行為請求権として理解されている。債権の実質的価値は、債務の履行主体が誰か、債務者の資力がどの程度あるか、に左右される。特に金銭債権の実質的価値は、額面だけからは判断することができず、債務者の資力・信用力が全てといってよい。
　また契約債権に関しては、契約自由の原則に支えられ、当事者が合意により、その都度多彩な内容の債権を自由に創成できる柔軟性にその特色があると考えられる。たとえば債務者が、誰に対して債務を履行すべきか、債権者が誰であるべきかに強い利害関心を有し、債権者を固定しておきたい場合がある。そのような債務者の利益保護を目的として、債権譲渡を禁止ないし制限する特約が結ばれると、当該債権の創設者である債権者および債務者の意思により、当該債権の属性が決定されると見ることが可能になる。すなわち論理的には、同じく金銭債権であっても、債権者―債務者間の特約の有無および内容次第で、たとえば、原則形態としての、①完全に自由譲渡可能な債権の他に、②債務者の承諾を条件として譲渡（処分）可能な債権、③そもそも譲渡不能な債権など、様々な内容を持つ金銭債権を合意により生成させることができるものと考えられる。
　このような（契約）債権観を基礎として債権譲渡の基本ルールを設計する場合、債権の発生→履行→移転→消滅の各過程において、当該債権に対する債務者の意思決定や関与に相応の重みが置かれるべきことになる。譲渡禁止特約の効力は債権者と債務者との間の債権的効力にとどまらず、対外的にも一定の効力を有すると捉える見方は自然に導かれるところである。また債権を譲り受けようとする第三者が、目的債権の財産としての実質的価値や債権の帰属状態を確認するために債務者との接触を試み、第三者

(潜在的譲受人)が債務者から債権の現状や特約の存否等について情報の提供を受けることを想定した対抗要件制度(債務者を介して第三者に債権譲渡の事実を公示する仕組み)が設計されることにも合理性があるといえよう。現行規定の466条および467条は、右に述べた伝統的な債権観と比較的よく整合したルールであると評価することができる。

2 集合(将来)債権譲渡・債権譲渡担保取引の発展がもたらした課題

ところが、現代社会における債権譲渡取引の実態は、民法典の起草者らの想定から著しく乖離した発展段階に到達しており、まさしく隔世の感がある[39]。現存する個別債権の単発譲渡よりは、むしろ多数の債権群を一括譲渡する取引が重要な位置を占めている。しかも将来債権譲渡の有効性が一般的に広く承認されるようになってからは[40]、譲渡目的債権である集合債権中に将来債権が含まれていることは当たり前のことになっている。加えて担保目的での集合債権譲渡が隆盛を極めていることも、債権譲渡関係の規律問題を複雑なものにしている。

そして目的債権が将来債権である場合でも、債権譲渡担保の効力は、原則として譲渡契約締結と同時に発生し、第三者対抗要件の具備により確定的に譲渡の効果が対外的にも生じるものと解されている[41]。このとき譲受人が債権を取得するとはいえ、将来債権については、債務者が確定していないことも多く、たとえ確定していても、当然に債務者に直ちに履行請求できる権利としては未だ存在していない。かつ担保目的での債権譲渡という側面からみても、真正譲渡の場合と異なり、譲受人は譲受債権を直ちに債務者に対して行使し、自ら債権を回収することを通常予定していない。むしろ担保権実行の必要が生じるまでは、従来どおり、譲渡人が債務者か

---

[39] 池田真朗「債権譲渡法の新たな展開」内田貴=大村敦志編『民法の争点』(有斐閣、2007年) 211頁、北居功「民法(債権法)改正議論から民法を理解する2 債権譲渡」法セミ681号 (2012年) 62頁。
[40] 前掲注3) 最判平成11・1・29。
[41] 最判平成19・2・15民集61巻1号243頁。

ら債権を取り立て、その金員で譲受人に対する債務の弁済に充てることになるだろう。そうすると譲渡目的債権について第三者に対する優先的地位をとりあえず確保するため、債務者への通知または債務者の承諾なしに、譲渡当事者間で簡易に具備することができる第三者対抗要件が制度として存在すれば非常に便利であるし、またそれで目的達成には十分だということになる。また譲受人にとって、自身が直ちに債務者に対して譲渡目的債権の履行を請求できるかどうかはさほど重要ではなく、担保権実行時に換価可能な財貨であるとさえ評価することができれば、財産的価値のある権利として譲り受ける価値が十分にあると考えられることになる。

　このように従来の債権観では捉えることの難しい法的地位が、それでも「債権」として、しかも自由に処分可能な財貨として当然のように取引対象とされる現状をふまえると、債権譲渡の第三者対抗要件制度の在り方として債務者にどこまで関与させるべきかという問題について、また譲渡禁止特約の付された債権をめぐる法律関係に対する債務者の決定権能をどの程度の範囲で認めるべきなのか、という問題についても、これまで自明とされてきた点を再考する必要が生じてくる。平成10年には、債務者対抗要件から分離された第三者対抗要件制度として債権譲渡登記制度が導入された。今回の改正案では、さらに債権譲渡登記への優先効の付与および登記制度の適用範囲拡大の是非に関する提案[42]と共に、譲渡禁止特約の効力規制に関しても、債権の内容形成において債務者の意思決定が影響する範囲を従来の判例・学説は過大に捉えてきたのではないか、という問題提起がされるに至っている。

---

42) 本提案の25頁「2 対抗要件制度(1)第三者対抗要件ア対抗要件制度の基本的な在り方。イ登記優先ルールを採用する場合における登記制度の在り方」。なお「中間試案のたたき台(3)」19頁においては、2(1)【甲案】として、金銭債権譲渡について第三者対抗要件を登記に一元化する案が復活している。

第 3 節　譲渡禁止特約の第三者への対抗力の認否

1　対外的効力の否定？

　譲渡禁止特約は、譲渡に伴う事務の煩雑化の回避、過誤払の危険の回避および相殺の期待の確保[43]など合理的要請に基づくと考えられる場合がある一方、他方で、強い立場の債務者が合理的な必要性もないのに特約を付している場合があるとか、資金調達目的で行われる債権譲渡取引の障害となりうる点が問題視されている[44]。そこで今回の提案では、弁済の相手方を固定するという債務者の利益に配慮する一方で、資金調達の可能性を阻害しないために、「譲渡禁止特約を第三者に対抗することができる」[45]という考え方自体を見直す可能性も示唆されている。すなわち(1)【甲案】は、特約の対外効を一律に、(1)【乙案】は金銭債権に限定して否定することを提案している。しかしいずれも慎重に検討する必要があるだろう。そもそも現行法からの乖離が著しく、取引上の混乱を招きかねない上、第 2 節で述べた当事者の意思が対外的効力に反映されうるという債権関係の多様で柔軟な性質を失わせ、債権関係を必要以上に平準化する結果をもたらすことが懸念されるからである。仮に立法の主な目的が「資金調達目的で行われる債権譲渡取引の障害」の除去にあるのだとすれば、その目的達成に必要な最小限の範囲で、たとえば事業者による金銭債権譲渡という取引類型を区切って、その領域のみに妥当する特則を設けることが穏当であるようにも思われる。また優位な力関係にある債務者が約款により合理的必要性に乏しい特約を弱小債権者に強いていることが問題だとすれば、それは約款の効力規制ないしは約款解釈によって、個別的に特約条項の効力を否定

---

[43]　米倉・前掲注 15) 64 頁。
[44]　前掲注 38) 部会資料 1 頁。
[45]　前掲注 38) 部会資料 1 頁、売掛債権を資金調達の際に自由に利用したいという中小企業側のニーズがあるとされる。

するという対処でもよさそうである。

　確かに(1)【乙案】のように、債権譲渡行為の類型によってではなく、譲渡目的債権の属性や種類に応じた線引きも考えられなくはない。金銭債権と非金銭債権とを分けるアイディアについては、筆者自身も、ドイツ法の比較法的検討をふまえて、譲渡禁止特約の効力規制に関する立法論の可能性として、相対的効力案と並ぶ選択肢の1つとして提示した[46]。たとえばユニドロワ国際商事契約原則9.1.9条はこのような方法を採用している。しかし同原則はあくまでも事業者間取引を念頭においた準則であり、民事一般ルールのモデルとして適当といえるか、金銭債権を一律に扱うことが果たしてよいのか、という問題がある。預金債権を想起するだけでも[47]、例外ルールをどの範囲で認め、どのような形でそれらを規定化するのか、という難しい課題が残る。以上の点を考慮すると[48]、現時点で特約の対外的効力を否定する、という一歩を踏み出すことには躊躇を覚える。

　改正による影響を最小限の範囲にとどめるには、たとえば§354aHGBのように、民法の一般ルールとしては特約の対外的効力を承認しつつ（§399Satz2）、債権発生原因たる法律行為が双方当事者にとって商行為である場合、あるいは債務者が公法人か公法上の特別財産である場合に、特約違反の譲渡を有効とする特則を置く方法も考えられなくはない。もっとも、このように商法に特則を設けるだけでは不十分であるという批判はドイツにおいても強い[49]。しかし、(1)【甲案】【乙案】にまで進む前段階に行うべき考察として、民法の基本ルールは維持しながら、緊急に対応が必要な事業者間取引にのみ適用される特則を設ける可能性につき、法制審議

---

[46] 本書第7章第4節。
[47] 「売掛債権を流動化する場面と預金債権が譲渡される場面とでは、同じ債権譲渡でも考えている要素が違っており、しかも預金債権というものがかなり大きな束として存在するから、この問題を複雑にしている」（商事法務編『民法（債権関係）部会資料集第1集〈第2巻〉』（商事法務、2011年）第7回議事録［三上委員発言］10頁）。
[48] ほかにヨーロッパ契約法原則11：301(c)は、将来発生する金銭債権の譲渡について特別のルールを明文化する方法をとっている。
[49] Peter Baukelmann, Der Ausschluß der Abtretbarkeit von Geldforderungen in AGB, FS für Hans Erich Brandner, 1996, S. 789.

会の立案・審議においてどこまでの検討がなされたのであろうか[50]。その過程を提案資料や議事速記録から読み取ることはできなかった。

2 譲渡禁止特約の第三者への対抗を認める場合の具体的な制度設計の在り方

次に、特約の対外的効力を一応容認するとした場合に、その効力を具体的にどのような形で規制するのが望ましいか、を考察する。この点に関する(2)ア【甲案】は、悪意・重過失の第三者に特約の対抗を認める現在の判例法[51]を実質的に維持するものである。【乙案】は譲受人に特約の有無に関する調査義務を課す解釈[52]がなされることへの懸念から、重過失を文言に盛り込むべきでないとする。しかし【甲案】には重過失という規範的要件を通じて柔軟な事案処理を可能にするというメリットがあり、これまで同様に譲受人の悪意の証明責任を債務者に課すのであれば[53]、悪意と同視される重過失の場合も含んだ文言にしておくほうがよい。もっとも、この点について従来の考え方を改めて、債務者が特約の存在につき、譲受人が善意につき証明責任を負うものとするのであれば、重過失をあえて加える必要はないかもしれない。さしあたり現行法との連続性を切断する積極的理由が見受けられないので、現状維持に賛成しておく。

466条は、1項において、債権の自由譲渡性の原則を宣言する一方で、2項において、当事者が反対の意思表示をしたときは、1項を「適用しない。」と定めている。2項を素直に見れば、1項が適用される債権の他に、(少なくとも債権者1人の意思決定だけでは)自由に譲渡できない債権を創成することを認める規定として読むことができる。金銭債権にも、譲渡性に関し

---

50)「中間試案のたたき台(3)」14頁では、金銭債権に限定することなく、また譲渡行為の類型化という手法も用いることなく、一般ルールとして特約の効力が制限されている。
51) 最判昭和48・7・19民集27巻7号823頁。
52) 部会資料7頁。具体的には、本書第1部第2章第3節においても検討した最決平成16・6・24金法1723号41頁、大阪高判平成16・2・6金法1711号35頁が念頭に置かれている。
53) 大判明治38・2・28民録11輯278頁。

て異なるタイプの債権が取引社会において併存しうるものとみるわけである。この場合、2項ただし書は、特約が絶対効を持つことを前提に、悪意の譲受人は本来であれば債権を取得できないところ、例外的に特約の存在を知らないときに、目的債権の譲渡性が制限されていないという信頼を保護され、債権を取得できる場合があることを定めた規定として位置づけられる（物権的効果説）[54]。

　もっとも、466条については別の読み方もできる。1項の原則は、2項で規律される債権（譲渡禁止特約付債権）にも妥当する。したがって特約違反の譲渡も有効であるが、債務者は悪意の譲受人に対する抗弁権を2項により付与されており、譲渡の効果を否定して、履行を拒絶することができるとみる見解である（債権的効果説）[55]。債権的効果説は、法律上または性質上の譲渡制限に服しない債権は、およそ権利の属性としては完全な自由譲渡性を備えているのであり、特約がある場合、債務者が特約の効力を悪意の譲受人に対して主張することができるにすぎない。すなわち債権が財産権として有する譲渡性それ自体は特約により何ら制約されていない、という債権観に依拠するものである。

　物権的効果説は、特約違反の譲渡の効果は無効であることを出発点とするから、原則として誰でも無効（特約の効果）を主張することができるという理解に親和する。他方、債権的効果説は、債務者の抗弁は、まさしく特約の効力主張の問題である以上、その主張権者は債務者自身に限られる、という理解を前提とする。従来から存在するこれら2つの見解の対立が、(3)に見る特約の効力の主張権者の議論に連なってゆく[56]。

---

54) かつての伝統的通説が信頼保護法理の観点から善意無過失を要求している（我妻栄『新訂債権総論』（岩波書店、1964年）524頁）はこのような趣旨に基づくものと考えられる。近時では、近江幸治『民法講義Ⅳ債権総論』（成文堂、2007年）240頁が無過失要求説に立つ。
55) 前田達明『口述債権総論〔第3版〕』（成文堂、1992年）400頁。
56) このような証明責任の分配は、物権的効果説の立場からでも正当化可能であることにつき、本書第1部第1章を参照。

3　特約の効力の主張権者

(2)イエ【甲案】はいずれも、これまで異論がほとんど出されていない判例法を明文化したものである。問題になるのは、むしろ(2)ウの特約の効力主張権者であろう。判例は従来から物権的効果説に立つものと説明されてきた[57]。ただ、現在の判例は、債務者の事後承諾により譲渡が遡及的に有効になるとしながらも[58]、特約に違反して行われた譲渡の無効を譲渡人が主張することを否定している[59]。こうした状況において、判例がなお物権的効果説に立つものと説明することができるのか、そもそも物権的効果説の意味自体が不明確ではないか、という見方も強くなっており、強すぎる特約の効力を弱めるために、また特約の効力に関する不透明な状況を打開するためにも、譲渡禁止特約の効力について立法的な措置が望まれる、という改正理由が部会資料において述べられている[60]。

特約の効力が強すぎるのではないかという評価についてはさておき、特約の効力について現行法の内容が不透明であるという現状認識に関しては、疑問の余地がある。まず判例法それ自体の立場は明確であるように思われる。確かに物権的効果の意味を特約違反の譲渡契約が無効であるという意味で捉えることも考えられる[61]。特約が譲渡不可能な債権を生み出すのだとすれば、そのような権利を譲渡する契約自体が無効であるという構成も成り立つであろう。この考え方によると、特約の存在につき悪意・重過失の譲受人は完全な無権利者と位置づけられ、譲受人からの転得者はたとえ自分自身が善意無重過失であっても、権利を承継取得する余地はないことになる[62]。

---

57) 前掲注38) 部会資料15頁。
58) 最判昭和52・3・17民集31巻2号308頁。
59) 最判平成21・3・27民集63巻3号449頁。
60) 前掲注38) 部会資料15頁。
61) 前掲注38) 部会資料19頁、前掲注47) 民法（債権関係）部会第7回会議議事録14頁〔潮見佳男発言〕。
62) 潮見佳男『プラクティス民法〔第4版〕』（信山社、2012年）480頁。

しかし判例は、特約付債権の転得者が善意無重過失であれば、466条2項ただし書の適用を認めているうえ[63]、上に述べたとおり、悪意の譲受人への譲渡でも債務者が事後承諾すれば遡及的に有効となると解している。特約違反の譲渡によって処分行為の効力が直ちには生じない、すなわち効果不帰属の意味において、譲渡の効果が生じないことが物権的効果として説明されてきたのである。さらに判例は、特約付債権が悪意の譲受人に譲渡された後、譲渡人の一般債権者により同債権が差し押えられ、その後に債務者が譲渡を承諾した場合、譲受人が差押債権者に優先できないという結論を116条ただし書の法意によって正当化する[64]。以上を踏まえると、特約付債権とは、処分に債務者の承諾を要する債権（あたかも処分権能の一部が債務者に分属するかのような債権）であると判例法においては考えられていることになる。これは物権的効果説の論理と十分に整合するものといえる。
　ところで最判平成9年は、差押債権者が特約違反の譲渡の無効を主張できることを当然の前提としている。これに対して前記最判平成21年は、特約の目的が債務者の利益保護にあると述べたうえで、譲渡人およびその特別清算人による無効主張を「無効を主張する独自の利益を欠く」という理由で排斥した。同じ結論は相対的無効という観念を認める以上、物権的効果説からも充分説明可能である。特約が処分行為の効力に影響するかという問題と、処分行為の効果に影響すると考えたうえで、無効の主張権者の範囲をどう考えるかという問題は、論理的には別の問題であり、譲渡人による無効主張を禁じたこと自体が、物権的効果説からは説明困難になるとまではいえない。つまり最判平成21年によって、最判平成9年が当然に実質的に変更されたとまで評価することはできず、事案類型の違いにより、両者は両立可能な判断として位置付けることができる。両判決の射程を謙抑的に見る限り、最高裁の判決が、差押債権者や破産管財人による無効主張をも封じる趣旨を明らかにしたとはいえず[65]、物権的効果説の枠組

63) 大判昭和13・5・14民集17巻932頁。
64) 最判平成9・6・5民集51巻5号2053頁。

第3節　譲渡禁止特約の第三者への対抗力の認否　　255

みはぎりぎり維持されていると見ることができるのである。

　なお以上の論評はあくまでも現行法に対する認識についてのものである。立法論として譲渡禁止特約の効力が将来どうあるべきかを考察するにあたっては、最判平成 9 年を維持すべきかどうか、現行法との断絶を恐れずに、再考すべきであると考える。この点については、第 4 節で検討を加える。

---

65) 池田真朗・金法 1873 号（2009 年）14 頁、石田剛『判例セレクト 2009 ［Ⅰ］』法教 353 号別冊付録（2010 年）19 頁、角紀代恵「判批」別冊ジュリ 1398 号（2010 年）94 頁。もしそのような趣旨を含むのだとすれば、無効の主張権者を原則として債務者に限定するという規範を正面から定立したのではないだろうか。

第4節　絶対的効力案と相対的効力案

1　相対的効力案と絶対的効力案

　⑶ア【甲案】は特約の相対的効力を、⑶イ【乙案】は特約の絶対的効力を提案する。絶対的効力案は、特約が債務者の利益に加えて、第三者の利益を保護するためにも機能すべきであるという理解に立つ。これに対して相対的効力案は特約をもっぱら債務者の利益保護のためのものと理解し、債務者以外の「第三者の利益保護は、詐害行為取消権や否認権などの他の制度によって図られるべきである」と考える[66]。最判平成9年は差押債権者（一般債権者）の利益保護のために悪意の（譲渡人に対する債権の代物弁済として特約付債権を譲り受けた）譲受人を劣後させており、【乙案】の考え方と親和する。他方で最判平成21年は特別清算手続が開始した譲渡人の特別清算人による無効主張を封じることで、悪意の譲渡担保権者を勝たせており、どちらかといえば【甲案】と親和する。部会資料においては、【甲案】と【乙案】とで結論に差が出る場合として、同一債権の二重譲渡、債権譲渡と差押えの競合、譲渡人破産の事例が挙げられている[67]。【甲案】によれば、悪意の譲受人でも第三者対抗要件具備さえ先に具備すれば、事後承諾を受けた第二譲受人・差押債権者・破産債権者いずれに対しても優位を確保できる。他方【乙案】によると、悪意の二重譲受人相互間の優劣は債務者がいずれの譲渡を承諾するかに左右され、また差押債権者や破産債権者の利益がより擁護される結果となる。

　担保法制としての債権譲渡という目でみたときには、【甲案】は【乙案】に比べて、債権譲渡担保権者の地位を一般債権者（差押債権者）や破産債権者に対して優先させるという意味で、担保権者の地位強化を志向するものといえる。それゆえ相対的効力案に対しては、倒産時における流動財産、

---

66)　前掲注38) 部会資料10頁。
67)　前掲注38) 部会資料15頁以下。

売掛金等をほとんど無にするに等しい結果を生む可能性が高いとして、警戒する意見が述べられている[68]。

2 相対的効力案の意義と問題点

　さらに相対的効力案には、資金調達目的での債権譲渡の障害除去という目的との関係でも、中途半端な結果しか達成できないのではないか、という疑問も出されている。すなわち特約の対外的効力を認めるという枠組みを維持する限り、たとえ相対的効力にそれを縮減したとしても、譲渡禁止特約付債権を譲渡する取引が促進される保証はない、というものである[69]。相対的効力とはいえ、債務者との関係で譲渡が無効とされる以上、譲受人は債務者に対して譲り受けた債権を直接請求することができない。そのような権利を果たして譲り受けようと思うだろうか。また、譲渡人（またはその管財人）は、譲渡した債権を回収しても、不当利得返還請求に基づき譲受人に引き渡さなければならない。このような状況では、譲渡人につき倒産手続の開始決定があった場合のみならず、一般的に譲渡人に譲渡された債権を回収するインセンティブが働かない。そうすると、譲渡された債権の回収はいわばデッドロックに乗り上げてしまうことにならないか、という問題提起がなされている[70]。

　しかし上記の批判は必ずしも妥当しないように思われる。まず譲受人からの請求に対して債務者が任意に支払った場合は、譲受人は受けた給付を保持することができる。譲渡人より譲受人の方が債務者との交渉力においてより強い場合、譲受人はより容易に債務者の承諾を取り付けることができる場合も考えられよう。また譲渡が担保目的で行われる場合、担保権者（譲受人）は直ちに目的債権を取り立てることはなく、譲渡人（設定者）が

---

68) 特に労働債権の履行確保は重要な問題であるといえよう。前掲注39) 第7回会議議事録7頁［新谷委員発言］。
69) 前掲注47) 第7回会議議事録17頁［岡委員発言］。
70) 前掲注47) 第7回会議議事録25頁［中井委員発言］、赫高規「債権譲渡禁止特約と債権法改正」NBL987号（2012年）16頁、更にこの指摘は、民法（債権法）改正検討委員会編『詳解債権法改正の基本方針III』（商事法務、2009年）286頁まで遡る。

債務不履行に陥るまでは、取立権能を譲渡人に付与して、引き続き債権回収に当たらせるほうが便利であり、またそれが通常形態ともいえる。債務者に対して直ちに履行請求できない債権を譲り受けることにも譲受人にとっては十分意味がある。

　また論者のいうデッドロック状態が生じるという指摘に関しては、将来債権譲渡の譲渡人は、譲受人に対してどのような義務を負うのかという観点からなお検討すべき点がなお残っている。個別の既発生債権の単発的譲渡の場合、債権譲渡の譲渡人は譲渡につき確定日付ある証書で通知をして第三者対抗要件を具備すれば、譲渡人としての義務の履行を全て完了している。ところが将来債権譲渡の場合は、譲渡人は対抗要件の具備以外に譲受人に対して何らかの義務を負担し続けていると考えるべき場合があろう。特に担保目的での譲渡では、契約の趣旨から、（代理人として）譲渡人は譲渡契約後も原則として取立義務を負担すると解すべきことにならないだろうか[71]。そうするとデッドロック状態は杞憂ということにもなりそうである。デッドロック状態を想定したうえで、この問題にどう対処すべきかという点にかかわる提案も示されており[72]、併せて検討の必要があるが、紙幅の制約上、本稿では割愛せざるをえない。またイ②③においては、譲渡禁止特約付債権が差し押さえられた場合に、債務者は特約を対抗できないとする判例法理[73]を踏まえて、包括的執行と位置付けられる破産手続開始決定等の場面でも、債務者が譲渡禁止特約を対抗できなくなるとするという提案もなされているところ[74]、個別執行としての差押事例と包括執行としての性格を有する破産手続開始事例とをパラレルに考えてよいとするのが一般的であるが、そうした観点からの検討も必要であろう。

71) 前掲注38) 部会資料24頁。
72) イは、相対的効力案を採用する場合の問題点（デッドロック問題）に対処するため、①譲受人が譲渡禁止特約の存在について悪意（または重過失）であっても、譲渡人（または譲受人）が、債務者に対して譲渡人への履行を催告したにもかかわらず、相当期間内に債務者が履行しないとき（ただし、債務不履行による責任を負わない時を除く）には、債務者は譲受人に譲渡禁止特約を対抗することができないもの、としている。
73) 前掲注11) 最判昭和45・4・10。
74) 前掲注38) 部会資料22頁。

第5節　展望

　債権譲渡法の改正に関しても、多様な債権関係の形成を過度に制約しないという配慮が重要であると考える。債権流動化の要請や債権の財貨としての側面を注視するあまり、債務者の利益や債務者の債権関係形成への債務者の関与可能性を軽視しすぎることにならないよう、注意する必要があろう。多様性の維持という観点からは、譲渡禁止特約の効力規制に限らず、事業者間取引をモデルとした枠組みを一般化することに伴う問題点についても常に意識しておかなければならない。

　また担保法制としての債権譲渡という側面からは、債権譲渡担保権者と一般債権者・倒産債権者との優劣決定の問題が、債務者の意思決定に左右されうることをどう評価するか、という点が重要である。特約に債務者の利益保護のみならず、一般債権者や破産債権者の利益保護の機能を担わせてきた従来の法を見直し、合意により担保権の設定を受けた者は、第三者対抗要件具備の先後で画一的に優劣が定められるべきであり、かつ一般債権者に対する優先的地位を与えられるべきである、とする担保法の論理が、絶対的効力案から相対的効力案へのシフトを下支えしているように思われる。

　特約の対外的効力を認めたうえで、その効力を相対的なものに留める相対的効力案は、特約を債務者の利益保護手段に純化するもので、理論的にクリアーな構成であることは確かである。しかし上記のとおり、この構成は、債権者利益の実現、担保権者の担保的利益をバックアップする内容であることから、一般債権者の利益保護が詐害行為取消権や否認権等の手段により十分に保障されているかどうかの検討を怠ってはならない。

[補論]

　法制審議会の議論において、譲渡禁止特約の効力に関する補足資料として、相対的効力案の発想をベースとして、さらに従前の案［A案］をモディファイした提案［B案］が示された[75]。この点の提案内容について簡単に検討を加えておくことにしたい。審議にあたって、問題点として意識されているのは、①悪意の譲受人に特約違反の譲渡がなされた場合に、債務者は譲渡人に弁済することができるか、②債務者に対して債権の履行請求をなしうるのは誰か、の2点であり[76]、この点を踏まえた代替案をたたき台として、平成24年4月24日に開催された民法（債権関係）法制審議会第3分科会第3回会議で非常に込み入った検討がなされた[77]。なお、これは部会において絶対的効力案を検討の外におき、相対的効力案の中のバリエーションに選択肢を絞る趣旨ではないことが繰り返し確認されている[78]。

(1) 設例1
　AがC（譲渡禁止特約について悪意）に対して甲債権を譲渡し、Cが第三者対抗要件を具備した後、AがD（譲渡禁止特約の存在について善意無過失）に対して甲債権を譲渡し、Dが第三者対抗要件を具備した場合
　［A案］
　　①　BはAに対して弁済することができない。
　　②　BはCに対して、譲渡を承諾した上で、弁済することができる。

---

75) 民法（債権関係）部会分科会資料2「譲渡禁止特約の効力に関する補足資料」（http://www.moj.go.jp/content/000097879.pdf）。高山崇彦＝辻岡将基「債権譲渡禁止特約」金法1960号（2012年）44頁は、「今後は当該提案［B案-筆者注］に関する検討が論議の中心になっていくものと思われる。」との見通しを述べており、実際に「中間試案のたたき台(3)」14頁では、B案が正案として採用されている。
76) 法制審議会民法（債権関係）部会第3分科会第3回会議議事録（http://www.moj.go.jp/content/000101175.pdf）42頁［松尾関係官の趣旨説明］。
77) 法制審議会民法（債権関係）部会第3分科会第3回会議議事録（http://www.moj.go.jp/content/000101175.pdf）。
78) 前掲注77) 法制審議会民法（債権関係）部会第3分科会第3回会議議事録44頁［松尾関係官発言］、45頁［深山幹事発言］。

③ BはDに対して弁済することができる。
④ AはBに対して請求することができない（DがBに対して請求することができる。）。

［B案］
① BはAに対して弁済することができる。
② BはCに対して、譲渡を承諾した上で、弁済することができる。
③ BはDに対して弁済することができない。
④ AはBに対して請求することができない

(2) **設例2**

AがC（譲渡禁止特約の存在について悪意）に対して甲債権を譲渡し、Cが第三者対抗要件を具備した後、AがD（譲渡禁止特約の存在について悪意）に対して甲債権を譲渡し、Dが第三者対抗要件を具備した場合

［A案］
① BはAに対して弁済することができる。
② BはCに対して、譲渡を承諾した上で、弁済することができる。
③ BはDに対して、譲渡を承諾した上で、弁済することができる。
④ AはBに対して請求することができる。

［B案］
① BはAに対して弁済することができる。
② BはCに対して、譲渡を承諾した上で、弁済することができる。
③ BはDに対して弁済することができない。
④ AはBに対して請求することができない。

(3) **設例3**

AがC（譲渡禁止特約の存在について悪意）に対して甲債権を譲渡し、Cが第三者対抗要件を具備した後、Aの一般債権者であるDが甲債権を差し押えた場合

［A案］
① BはAに対して弁済することができない。
② BはCに対して、譲渡を承諾した上で、弁済することができる。
③ BはDに対して弁済することができる。
④ AはBに対して請求することができない（DがBに対して請求することができる）。

［B案］
　　①　BはAに対して弁済することができる。
　　②　BはCに対して、譲渡を承諾した上で、弁済することができる。
　　③　BはDに対して弁済することができない。
　　④　AはBに対して請求することができない。

　［A案］は法制審議会の当初の議論において絶対的効力案の対案として示された原案と同じ内容のものである。しかし「相対的効力」の中身が十分に詰められておらず、その意義が多義的であることから、［B案］のような相対的効力の捉え方が、主として大阪弁護士会を中心とする有志メンバーから示された。［B案］の要諦は、譲渡禁止特約をもっぱら債務者の弁済の相手方を固定することのみを意図するものに純化して捉えるところにある。
　［A案］と［B案］との違いを、設例1に即して詳しく説明すると次のとおりである。
　［A案］によると、善意無過失の譲受人Dが第三者対抗要件を具備することで、確定的に債権がAからDに移転しており、Aに債権はもはや帰属していない。Dに債権が有効に移転した以上、Aに債権が帰属していることを前提とした行動をBが取ることはできない。それゆえ譲渡人Aは債務者Bに請求できないし、逆にBがAに弁済することもできない。しかしB（債務者）は債権譲渡を承諾してC（悪意譲受人）に弁済する自由はある。　これに対して［B案］では、たとえCが悪意でもAからCへの第三者対抗要件具備により、債権は確定的にAからCに移転している。したがって、Aは同じ債権をDに二重に譲渡する権限を有しておらず、たとえDが善意無過失であったとしても、DがBとの関係においても債権を取得する余地はない。もっともBは特約の効力を主張して、Cへの譲渡を否定し、譲渡人Aに弁済することはできる。
　［A案］は民法（債権法）改正検討委員会編の検討委員会試案の考え方をベースにしたものである[79]。譲渡当事者と債務者との関係では、第一譲渡は存在しないものと扱われ、債権は第二譲渡により善意譲受人に帰属して

---

　79) 民法（債権法）改正検討委員会編・前掲注70）280頁以下。

いるという理解に立脚している。だからこそBはAに弁済することができず、Dに弁済しなければならない。ただし弁済を受けたDはCからの不当利得返還請求を受ける。このような迂路をたどる処理が果たして必要かという問題意識から提案されたのが［B案］である。［B案］がいう相対的効力案が、悪意の譲受人との関係でも特約違反の譲渡は有効であることを前提として、債務者保護の見地から債務者が悪意の譲受人に対しては履行拒絶ができるに過ぎないという立場であるならば、設例1は要するに譲渡禁止特約が存在しない債権の二重譲渡事例と同じように考えて、悪意の譲受人Cが第三者対抗要件を具備した時点で当該債権の究極的な帰属主体として決まる。したがって、後続のDがたとえ善意無重過失とはいえ、債務者BがDに弁済しなければならない、あるいはDがBに請求できるという法律関係（Dは弁済を受けても結局Cからの不当利得返還請求に服する）を認める意味がないのではないか、という疑問に端を発するものと説明されている[80]。

　［B案］は、第一譲受人Cに劣後し、特約につき何ら固有の利益を有しない善意無過失の譲受人Dや（設例3のように）差押債権者の出現により、債務者Bが、当該出現前までは可能であった譲渡人Cへの弁済やAに対して生じた反対債権との相殺を否定される実質的理由は存在しないとし、この場合も、Bは特約の効力を主張せずにCに弁済してもよいし、特約の効力を主張してAに弁済することができるべきだという[81]。第三者対抗要件の具備によって、債務者との関係も含めて、第三者相互間の優劣が画一的に決まるとする点は、債権譲渡における帰属関係確定についての予測可能性を高めるメリットがあり、ある意味において債務者保護に必要な効力のみを付与する発想をより徹底したものと評価することもできる。

　上記のような［A案］［B案］の背景にある対立軸から設例(2)に目を転じると、［A案］では、特約を結んだ当事者間では譲渡の無効を主張できるから、債務者Bは譲渡人Aに弁済することができるし、譲渡人Aも債

80）前掲注77）第3分科会第3回会議議事録46頁［中井委員発言］。
81）赫・前掲注70）14頁。

務者Bに請求することができる。また債務者BはCDどちらへの譲渡を承諾して弁済するか任意に決めることができ、ここでは第三者対抗要件の具備が第三者相互間の優劣関係を決定するという機能が失われている。この点、［B案］において、債務者Bはいずれの譲渡を承諾するかの判断を通じて、CD間の優劣関係を任意に決めることができず、第三者対抗要件において優先するCへの譲渡を承諾するか、承諾しないなら譲渡人Aに弁済しなければならないと考えられている。しかしA案によっても、Bとの関係においてCD間の優劣関係が第三者対抗要件の具備と異なる基準で決まるだけであり、不当利得返還請求権の行使によって、CD間での調整は第二段階で図られるために、それはそれでよいとする決断もありうるところである。

　設例(3)は、同様の問題を差押債権者との関係であてはめたものであり、重ねて説明することを省略する。

　さて、［A案］［B案］いずれを妥当と考えるかは、第1に、債権譲渡禁止特約の目的をどう理解するか、つまり特約によって保護される債務者の利益を「弁済の相手方を当初の債権者に固定しておきたい」という利益のみに限定して理解してよいか、それとも債権の譲渡性を一律に奪うつもりはないが、誰が新たな債権者になるかは債務者にとって重大な関心事であることから、債権譲渡の効果を誰との関係で発生させるかに関する債務者の選択利益にも配慮するか、の態度決定に左右される。本書の立場は、第1部・第2部で見てきたとおり、債権譲渡禁止特約が生成した歴史的経緯に照らし、譲渡禁止特約の目的は多様でありえ、単に譲渡性を奪うこと、債権者を固定したいということに留まるものではなく、債権譲渡の過程に協働（参与）するための保護手段として用いられていることを無視すべきではない、というものであった。実務で用いられている譲渡禁止特約の例としては、「債務者の書面による承諾がない限りは債権を譲渡質入してはならない。」という内容のものが多いようである。こうした条項を単に「弁済の相手方を固定する」特約と意思解釈することは無理があるのではなかろうか。また民事一般ルールとして譲渡禁止特約の効力を対内的にも否定するところまで行き着くのだとすれば、実務

に与える影響が大き過ぎるであろう。こう考えると、［A案］と比べて［B案］が優れていると即断してよいか、疑問の余地がある[82]。特約によって保護されるべき債務者の利益の内実に関してより一層立ち入った検討が必要である。

　第2に、本問題は、特約の相対的効力を、債権譲渡の効力を債務者との関係と第三者との関係で明確に分離して規律するという発想をベースにした（対抗要件制度の分離とパラレルに位置付けられる）ものと考えるか[83]、それとも債務者が特約によって守られるべき利益を上記の「債権者を現在の譲渡人に固定する」利益に限定した上で、その利益保護に必要な最小限の効力にとどめると同時に、債権の帰属関係を債務者との関係と第三者との関係で分けないという発想（対抗要件制度を採用していないドイツ法における§354aHGBの制度設計に近づく）をベースにするか[84]、という態度決定にもかかわっている[85]。この点につき、筆者は、日本法においては、債権譲渡の効力を対債務者関係と対第三者関係とで分ける発想がもともと十分に根付いており、今回新たに提案された相対的効力の理念と適合的であるのは、どちらからといえば［A案］ではないかと考えている[86]。［B案］はむしろ特約の対外的効力を否定する考え方（債権の効果説）に帰着している（ドイツ法が商法で採用した規律方法に類似する）ように思われる。その意味でも［B案］の［A案］に対する優位性をただちに承認することに躊躇を覚える。

---

82) 松本分科会長は議論の結果を「アの論点についてはD案［B案の誤記か。──著者注］が比較的支持が多かった。しかし、B案のAがBに対して請求できないという点については、若干、別の考え方もあった。そして、その上でイについては、①については必要だ、③については必要がない、②については若干意見が分かれたけれども、必要だという説のほうが比較的少なかった……それからなお書きの部分については是非付けてくれという意見が、一、二、あった……」とまとめている（前掲注77）第3分科会第3回議事録64頁）。
83) 前掲注77）第3分科会第3回議事録53頁［沖野委員発言］、54頁［鎌田委員発言］。
84) 前掲注77）第3分科会第3回議事録52頁［内田委員発言］、55頁［道垣内委員・山野目幹事発言］同58頁で沖野幹事もB案支持の方向性を示唆する。
85) 山野目幹事の「A案とB案のどちらが相対的効力案というものの理念に適合的であるか」という指摘（前掲注77）第3分科会第3回議事論45頁）が重要であると考える。
86) 前掲注77）第3分科会第3回議事録47頁、50頁［高須幹事発言］。

第3章
将来債権の包括的譲渡後に締結された譲渡禁止特約の効力

第1節　問題提起

　466条2項は、譲渡禁止特約に関して、第三者（譲受人）が譲渡の目的債権につき法律上の利害関係を持つに至った時点（譲受行為の時点）において、特約の存在を認識していたかどうかによって、特約の第三者対抗力を区別している。すなわち特約の存在を知らずに債権を譲り受けた者に不測の不利益を与えない限りにおいて、例外的に特約の対抗力が制限される仕組みになっている。逆にいえば、規定ぶりから、同条は、特約が原則として第三者効を有することを出発点とするものと見ることができる。

　そもそも同条が念頭においているのは、既発生の譲渡禁止特約付債権が譲渡される場合であり、債務者が不特定の将来債権をも含む多数の債権群を一括譲渡する取引（包括的債権譲渡）は現行民法典の起草者の想定を超えていた。そのため、将来債権の譲渡契約締結後に、譲渡人と債務者との契約に基づき具体的に発生した目的債権に譲渡禁止特約が付された場合、目的債権の譲受人は事後に結ばれた譲渡禁止特約によって目的債権を取得することができなくなるのか、という問題に関して、現行法は明確な規律を欠いているといわざるをえない。

　ところで、ABL[87]が日本においても普及し始め、今や担保目的や資金調達目的で行われる集合債権譲渡取引が実務上きわめて重要な位置を占めている。それとともに、将来債権譲渡の阻害要因となりかねない譲渡禁止特約の効力をどう規制すべきか、特に事後的に譲受人を害する意図をもって締結される譲渡禁止特約にどう対処すべきか、という立法課題が浮上している[88]。

本稿では、法制審議会で現在審議中の諸提案[89]を手掛かりとしながら、そこで提案された選択肢にとらわれることなく、右の課題についての解釈論および立法論としてあるべき方向性を提言することにしたい。その際、現行日本民法典を相対化するため、比較法としてドイツ法の議論を参照する。ドイツ法を参照する理由は以下の点にある。第1に、ドイツ法では将来債権譲渡の有効性が非常に早くから認められ、本問題についても一定程度議論の蓄積がある。第2に、譲渡禁止特約の物権的効果（絶対的効力）を原則として承認する点において、466条2項の判例・通説と共通の基盤を有すると共に、債権流動化の要請に応えるために特約の効力を制限する立法措置を商法分野で迅速に行っている。これらのことから、ドイツ法との比較を通じて、国際的潮流をもふまえた現実に即した立法論を展開するうえで、有益な示唆を得ることが期待できる[90]。

---

[87] ここでいう、ABL（Asset-Based Lending）とは、債務者企業が、仕入れた原材料や在庫商品などの動産を販売して売掛金に換え、これを振替先の預金口座から回収し、これを原資として再度仕入れを行うという事業サイクル、すなわち「原材料・在庫商品（在庫動産）→売掛金債権（将来債権）→預金（回収金）」という債務者の事業用流動資産の循環構造に着目して、これを担保として捉えた流動資産担保融資を指すものとする（中島弘雅「ABL担保取引と倒産処理の交錯——ABLの定着と発展のために」金法1927号（2011年）71頁、粟田口太郎「ABL実務の近時の動向と担保設定時・担保実行時における諸問題」債管126号（2009年）123頁、能見善久「ABLと担保」金融法務研究会報告書(18)『動産・債権譲渡担保融資に関する諸課題の検討』（2010年）2頁）など。

[88] たとえば、中村廉平「ABL法制の検討課題に関する中間的な論点整理」金法1927号（2011年）103頁の注(22)は、融資実行後の不正行為として譲渡禁止特約が用いられることへの危惧を指摘する。

[89] 前掲注38) 部会資料を検討のベースにしている。なお2012年4月17日に開催された第45回会議の議事録（以下、「第45回議事録」と略称する）はhttp://www.moj.go.jp/content/000100149.htmlにおいて公表されている。

第2節　日本法における議論状況

1　将来債権の譲渡

　将来発生する債権をそれが実際に発生する以前に譲渡する契約は、債務者の経済的自由を不当に拘束し、あるいは他の債権者の利益を不当に害するため公序良俗違反に該当すると判断されない限り、有効である[91]。また担保目的で集合債権を一括譲渡する場合、譲受人は、被担保債権の弁済を滞りなく受けている限り、直ちに譲受債権を債務者に対して自ら行使（請求）する必要がないため、債務者に確定日付ある証書により譲渡の事実を通知する際、債務不履行が生じる（担保権を実行する）までは、取立および給付受領の権限を譲渡人に留保し、債務者に従来どおり譲渡人に弁済をするよう指示する文言を含む方法が用いられることがある。このように弁済受領の相手方を当面変更しない旨の留保付の債権譲渡通知も債権譲渡の対抗要件として有効であるとされている[92]。加えて法人が譲渡人である譲渡に関しては債務者対抗要件と分離して債権譲渡登記によって第三者対抗要件のみを具備することも可能となり、債務者が不特定の将来債権を一括譲渡する場合の実務的ニーズに応える制度が着実に整備されつつある[93]。

　さらに集合債権譲渡担保の事例に関して、将来債権譲渡は契約締結と同

---

[90] イタリア民法 1260 条 2 項、ギリシヤ民法 466 条 2 項、ポルトガル民法 577 条 2 項が日本法により近く（Christian von Bar, Eric Clive, Principles, Definitions and Model Rules of European Private Law Draft Common Frame of Reference(DCFR) Full Editoin III.-5:108 Notes1. (pp.1036) 特に債権譲渡法全般につき独伊法を比較するものとして、Laura Battafarano, Allgemeine und spezielle Regelung der Forderungabtretung im deutschen und italienischen Recht, 2011, がある）、比較法の対象としてきわめて興味深いが、著者の能力・文献収集上の制約もあり、本稿では割愛した。これらの諸国の民法へのドイツ民法の解釈の影響は大きく、大本の議論を直接参照することはいずれにせよ有益であろう。

[91] 前掲注3）最判平成 11・1・29。以下の叙述において、たとえばAがBとの間でBがCに対して将来取得する債権 a を担保目的で譲り受ける場合につき、Aを譲受人、Bを譲渡人、Cを債務者と呼称することにする。

[92] 最判平成 13・11・22 民集 55 巻 6 号 1056 頁。

時に確定的に効力を生じ、第三者対抗要件具備（債務者への確定日付ある証書による通知）をもって、その効力を第三者に対抗することができるとして、譲渡担保権を国税債権に基づく差押えに優先させる判断が下されるに至った[94]。事案は、特定の取引先1社との継続的取引契約に基づき、現在有しおよび将来取得する商品売掛代金債権および商品販売受託手数料債権が一括譲渡され、確定日付ある証書によって債務者に譲渡担保の設定が通知されていたというもので、その争点は、譲渡された将来債権が、国税徴収法24条8項（旧6項）が定める「国税の法定納期限等以前に譲渡担保財産となっている」といえるかという解釈問題であった。

最高裁は、債権譲渡の効果は債権発生時まで生じないから、譲り受けた将来債権は法定納期限以前に譲渡担保財産になっていないとした原審の判断[95]を覆した。この結論は学界・実務界から概ね好意的に評価されている[96]。従前から将来債権譲渡における債権移転時期の問題に関しては、契約時説と債権発生時説との対立があった[97]。このような背景を踏まえて登場した最判平成19・2・15に対しては、債権の移転時期を譲渡契約締結時と捉える可能性を開いたものであるとの評価も存在するが[98]、より一般的なのは、債権の移転時期や権利取得メカニズムについての明確な態度決定を控えたとみる評価である[99]。つまり目的債権が現に発生したときは何ら

---

93) 今回の債権法改正作業では、当初（中間的な論点整理の段階では）債務者対抗要件と第三者対抗要件の分離を前提に第三者対抗要件を登記に一元化する方向性が示されたが（中間的な論点整理第13、2(1)総論及び第三者対抗要件の見直し［A案］）、部会資料においては、登記一元化から登記への優先効付与にまで後退した前掲注38）（「部会資料」2 対抗要件制度(1)ア【甲案】を参照）。

94) 前掲注41）最判平成19・2・15。

95) これを支持するのは、井上繁規・金法1765号（2006年）38頁。傍論であるが、大判昭和9・12・28大審院民事判例集13巻2261頁。

96) 紙幅の都合上逐一列挙しないが、NBL854号（2007年）10頁以下に判旨に賛同する寸評が多数掲載されている。

97) 最判平成19・2・15が出される前の学説の対立状況については、奥国範・金法1791号（2007年）71頁。

98) 池田真朗・金法1736号（2005年）8頁、潮見・前掲注62）465頁も、債権の移転時期を契約締結時と明言する。

99) 増田稔『最高裁判所判例解説民事篇平成19年度』135頁。

の行為を要することなく当然にその権利を取得しうる地位が譲受人に帰属していることを対外的に主張できる状態にあることを確認したにとどまると考えられる。この点、契約時説を代表する見解は、債権の発生前には請求可能性を備えた債権は存しないが、譲渡の客体として、処分権限のみを備えた将来債権を法的に観念することは可能であるとする[100]。この見解はおそらく次のような発想に依拠するものと考えられる。すなわち処分権限は権利（財産権）に本来的に内在する権能であり、財産権の一種である債権もその例外ではない。その権利の本体的部分（処分権限）を、権利の客体が現実に発生する前の段階であっても、合意により譲受人に有効に移転することができる。物権法と異なり、客体が現存しない限り、処分行為を観念できないという制約は債権法に当然には存在しない。また債権の譲渡性（処分可能性）は466条1項が明確に宣言しているところであり、すべからく債権は、法律上あるいは性質上譲渡不能な一部のものを除いて、その権利の性質として譲渡性・処分可能性を有する。譲渡不能な債権や、債権譲渡に債務者の同意を必要とするタイプの債権、つまり自由に処分することのできない債権を当事者の合意によって任意に創設することはできない、という理解である。

　今回の譲渡禁止特約の効力をめぐる改正に際して、譲渡不能な債権を合意により作り出すことはできず、譲渡禁止特約を特約に基づく履行拒絶の抗弁権を債務者に与えたもの（債務者保護手段）とみる提案がなされているが[101]、右の有力説の発想はこの提案と根底において相通ずるものがある。仮にこのような前提に従って本問題を考えてゆくときに、前掲最判平成19・2・15との関係をどう整序すればよいかという点を詰めておく必要がある。

---

100) 森田宏樹「事業の収益性に着目した資金調達モデルと動産・債権譲渡公示制度」金融法研究21号（2005年）88頁、池田真朗『債権譲渡の発展と特例法』（弘文堂、2010年）193頁。
101) 前掲注38) 部会資料13頁（第1債権譲渡1譲渡禁止特約(3)ア【甲案】）。

2 譲渡禁止特約

このように債権と処分権限との関係を考察する際に、避けて通れないのが、譲渡禁止特約の効力の問題である。1で述べたとおり、既に法人による金銭債権譲渡の場合、債権譲渡登記ファイルへの登記により、第三者対抗要件を債務者対抗要件から分離した形で先行して具備することができる。債務者に対して履行請求することができない地位にとどまる「債権」であっても、実質的な財産的価値を有することに変りなく、第三者対抗要件を具備することによって、競合債権者等に対してそのような財貨を獲得したことを主張することができるのである。もちろん債務者に権利行使するためには債務者対抗要件を具備しなければならない。ここで債権という権利の本体部分として観念されているのは、債務者に対する請求権の側面ではなく、むしろその財貨（価値）の側面である。このような価値支配権としての債権という発想を突き進めてゆくと、譲渡禁止特約の効力についても、従来の考え方とは異なる視角から捉えることが可能になる。

周知のとおり、譲渡禁止特約については、債権的効果説と物権的効果説が対立していた[102]。1でみた債権の譲渡性を重視し、特約違反の譲渡も有効であるという考え方は債権的効果説と呼ばれ、これまでも有力に主張されてきた。これに対して判例・伝統的通説は物権的効果説の理解を前提として、116条ただし書の法意に依拠して、特約違反の譲渡を債務者が追認することによって、第三者の権利を害しない限りで追認の遡及効を認めている[103]。また無効の主張権者についても、特約が債務者の利益保護を目的とすることから、特段の事情がない限り、譲渡人およびその特別清算人による主張を認めないとする判断が比較的最近に示された[104]。これらの流れを受けて、債権的効果説に近い発想に依拠して、特約の効力を債務者保護に必要最小限の範囲に縮減して捉える相対的効力案が債権法改正作

---

102) 議論状況については、高橋譲「判解」曹時64巻7号（2012年）253頁。
103) 前掲注12) 最判昭和52・3・17、前掲注13) 最判平成9・6・5。
104) 前掲注59) 最判平成21・3・27。

業において急速に浮上してきたのである[105]。

　仮に伝統的通説と同様に、譲渡禁止特約が譲渡不能な債権を成立させると考え、特約に絶対効を認めるのであれば、将来債権譲渡後に、発生した債権につき債務者と譲渡人との間で譲渡禁止特約が結ばれた場合、譲受人は常に債権を取得できないことになりそうである。ところが、特約の対外効を一応容認しつつも、債務者保護に必要な範囲に縮減するならば、譲渡行為は債務者以外のすべての者との関係では有効とされる[106]。このとき悪意・重過失の譲受人であっても、債権を取得しており、債務者が譲渡人に弁済して免責を得た場合、譲受人は譲渡人に対して不当利得返還請求権を行使することができる。このように特約の効力を譲受人との関係で承認することにより、譲受人が受ける不利益の度合いは、譲渡禁止特約の効力に関する基本ルールとして相対的効力案と絶対的効力案のいずれが採用されるかによって、変わってくる点に留意しなければならない。

③　将来債権の譲渡後に付された譲渡禁止特約の対抗の可否

　さて、民法（債権関係）部会資料は、冒頭に提起した問題への対処法として、以下の4つの選択肢を提案している[107]。

　【甲案】は、将来債権の譲渡後に締結した譲渡禁止特約の効力を債務者は譲受人に対抗できないとする。

　【乙案】は、譲渡される債権の性質や、それを発生させる契約の性質に照らし、譲渡禁止特約が付されることが取引慣行上一般的である場合には、譲受人は悪意（または重過失）とみなされる旨の規定を設けるとする。

　【丙案】は、債務者の利益保護を重視し、たとえ将来債権の譲渡に時間的に遅れたとしても、債務者は特約を常に譲受人に対抗することができるとする。

---

105) 前掲注38) 部会資料13頁（第1. 債権譲渡1譲渡禁止特約(3)ア【甲案】）。
106) 筆者は前述のとおり（本章第2節）、相対的効力案の可能性を追求する方向で検討を進めるべきだと考えている。
107) 前掲注38) 部会資料11頁（第1. 債権譲渡1譲渡禁止特約(2)オ「将来債権の譲渡後に付された譲渡禁止特約の対抗の可否」。

【丁案】は、規定を設けず、今後の解釈に委ねるべきだとする。

【甲案】は、最判平成19・2・15との整合性や将来債権譲渡における取引安全の保護を根拠として挙げる[108]。この考え方に対しては、譲渡禁止特約によって保護されるべき債務者の正当な利益も一切保護されなくなってしまうという結果の実質的妥当性の問題が指摘されている[109]。

将来債権の譲受人の予測可能性を損なわない範囲で、譲受人と債務者との間の利益調整を図ろうとするのが【乙案】である。【乙案】は、特約に周知性があれば、対抗力を認めても譲受人の利益は害されないという発想に立つものといえよう。その妥当性の検証にあたっては、466条2項ただし書において重過失の譲受人が権利取得を否定されるのはなぜか、「重過失」の認定判断と特約の周知性との関係について、慎重に考察しなければならない[110]。

【丙案】は、確かに特約が譲渡不可能な債権を成立させるという伝統的な理解から導かれやすい考え方である。そもそも規定を新設しなくても、本問のように債権譲渡後に特約が締結される場面では、466条2項ただし書の「善意の第三者」を観念する余地がないという理由で、現行法の解釈として【丙案】と同じ結論を導くことができるとも解されている[111]。しかし今般の改正作業は、既に述べたとおり、特約の効力を制限する方向で推移しており、議論の前提が変わる可能性がある。また【丙案】に対して

---

108) 比較法的には、PECL11:301(C)に類似のルールがある。「契約によって譲渡を禁じられている債権の譲渡は債務者に対しては無効である。ただし、(c)金銭の支払を目的とする将来の債権の譲渡に関する1つの契約に基づいていた場合はこの限りでない。」とする。もっとも(c)の趣旨説明としては、商取引上の需要への対応という点が指摘され、事業者法の論理がそのまま民事一般法の基本原則として妥当すべきかという点で慎重な考慮を要する（池田真朗「民法（債権法）改正と債権流動化――譲渡禁止特約と将来債権譲渡に関する法制審議会部会「検討事項」の分析を基礎に」『資産流動化に関する調査研究報告書（6号）』（リース事業協会、2010年）7頁）。なおDCFR Ⅲ 5:108はこれに相当する規律は存在しない。

109) 前掲注38) 部会資料13頁、東京弁護士会『「民法（債権関係）の改正に関する中間的な論点整理」に対する意見書』（信山社、2011年）281頁。

110) この問題については本書第1部第2章の考察を参照。

111) 植垣勝裕＝小川秀樹編著『一問一答動産・債権譲渡特例法〔3訂版増補〕』（商事法務、2010年）53頁、部会資料13頁。

は、最判平成 19・2・15 の整合性が問題となる。つまり債権譲渡の効果が譲渡契約時点で確定的に生じていることの含意として、将来発生する債権の処分権限が譲渡人から譲受人に確定的に移転したことが内包されているのだと仮定すると、処分権限を喪失した譲渡人と債務者との合意によって、既に譲渡したはずの債権の譲渡性を事後的に失わせることなどできないのではないか、と思われるからである。さらに将来債権譲渡後に付された譲渡禁止特約の効力を常に対抗できるとすると、譲受人に不測の損害をもたらし、将来債権譲渡による資金調達の安定性を損なう、という批判がされている[112]。

【甲案】および【丙案】は、いずれも一方当事者（甲案は将来債権の譲受人、丙案は債務者）の利益保護に傾斜しており、【乙案】はその中間を狙う折衷的な案であるといえる。法制審議会の議論においては、【甲案】を積極的に支持する意見はなく、【丙案】を支持する者が比較的多いようである[113]。他に【丁案】【乙案】を支持するものも見られ、議論が収斂しているとはいえない。弁護士会においては、特段の規定を置かなくても、特約について善意無重過失の譲受人を保護する従来の枠組みを適用し、譲渡当時を基準に譲受人の主観に応じて判断することによって、事案に応じた譲受人の適切な保護を図りうるため、規定新設の必要なしとする見方が有力のようである[114]。

このように決定打を欠く状態で、いずれの案の方向性が妥当であるかを判断するためには、①将来債権の譲渡契約と対抗要件具備によって譲受人がどのような法的地位を取得しているのか、②譲渡禁止特約の効力をどのように捉えるべきか、③債権譲渡に関する対抗要件制度の存否およびその在り方が本問題にどのように影響するか、等の複眼的な視角から検討する必要がある。以下、ドイツ法の議論を参考にしながら、①～③の諸点を検討する。

112) 前掲注 38) 部会資料 13 頁。
113) 第 45 回議事録 13 頁（佐成委員）および 15 頁（三上委員、道垣内幹事、深山幹事の意見）を参照。
114) 東京弁護士会・前掲注 109) 282 頁、大阪弁護士会編『民法（債権法）改正の論点と実務＜上＞』（商事法務、2011 年）380 頁。

第3節　ドイツ法

1　将来債権の譲渡[115]

(1)　将来債権譲渡の有効性と効力発生時期

　ドイツ法において、将来債権譲渡の有効性は早い時期から承認されている[116]。将来債権譲渡の典型例としては、第1に、いわゆる延長された所有権留保事例が挙げられる。延長された所有権留保（verlängerter Eigentumsvorbehalt）とは、所有権留保特約付で商品を購入した買主が売主から、その商品の転売権限を与えられる一方、商品の売却により失われた担保物の代償として、売主に転売により買主が自己の顧客に対して取得する債権を予め譲渡しておく取引を指していう。第2に、金融機関等から融資を受ける際に担保目的で行われる包括的債権譲渡（Globalzession）の事例である。包括的債権譲渡とは、債権担保の目的で債務者がその営業から生ずべき一定範囲の債権（現在有する債権のほか将来取得するべき債権をも含む）をあらかじめ金融機関（銀行等）に譲渡する取引をいう。こちらの取引形態は日本でもよく用いられている。第3に、人的会社または有限会社の会社員の利益配当請求権あるいは分割請求権の譲渡事例でも問題になっている[117]。本稿では、譲渡禁止特約との関係が問題とされている第1、第2の事案類型にスポットを当て、第3の事案類型は検討対象から除外する。

---

115)　ドイツ法の債権譲渡法制に関しては、古屋壮一『ドイツ債権譲渡制度の研究』（嵯峨野書院、2007年）11頁、将来債権の譲渡に関しては、藤井徳展「将来債権の包括的譲渡の有効性(1)（2・完）」民商127巻1号22頁、127巻2号36頁（2002年）がある。
116)　Urt.v.29.9.1903, RGZ55, 334, Andreas von Tuhr, Der Allgemeine Teil des Deutschen Bürgerlichen Rechts, Bd.I, 1957, S.187, Enneccerus-Lehmann, Recht der Schuldverhältnisse, Schuldrecht, fünfzehnte Bearbeitung, 1958, §78 III 3.S.312.
117)　Hennrichs Joachim, Kollisionsprobleme bei der (Voraus-)abtretung zukünftiger Forderungen, JZ1993, 225, Wolfgang Marotzke, Zwangsvollstreckung in Gesellschaftsanteile nach Abspaltung der Vermögensansprüche, ZIP1988, 1509.

将来債権を譲渡する契約は有効であるものの、処分行為の効果は債権発生と共に生じ、それ以前に譲渡の効果が発生することはない[118]。この点において日本法とは異なっている。将来債権の譲渡が有効であることの制定法上の根拠としては、通常§185Abs.2が援用される[119]。同条は、本来は、無権利者が処分行為を行った場合、処分の目的物の権利を取得することにより追完が生じることを定めたもので、処分の対象（客体）が処分行為時に現存する場合を念頭においているものである。将来債権のように、現存しない債権の処分を規律するものではない[120]。もっとも、法律行為による取引を簡易化するために、処分行為を可能な限り追完可能なものとして扱うという考え方が同条の基礎にあるものと理解されており、追完法理は条文の文言を超えて一般化される傾向にあった[121]。将来債権の譲渡においても、処分の客体をなす権利の存在は、その権利が処分者の財産権に属することと同様に、追完可能な要件と解され、他人の権利の処分行為がその権利の取得によって追完されるように、将来債権の処分も債権発生により追完される、とみるのが一般的である[122]。追完に遡及効は認められない。

　したがって将来債権の譲渡人が倒産した場合、倒産手続開始前に将来債権を譲り受けても、倒産手続開始後に発生した債権については、破産債権者との関係で譲渡の効果が生じず、譲受人は譲り受けた債権につき別除権を行使することができない[123]。

118) Urt.v.1.10.1907, RGZ67, 166, 167, Urt.v.16.4.1920, RGZ98, 318, 320, Enneccerus-Lehmann, aaO.(Fn.116)§78 Ⅲ 3, S.312.
119) Urt.v.11.10.1935, RGZ149, 22.
120) StaudingKomm/Karl-Heinz Gursky, §185 7a) Rdnr.71.
121) Hans Egert, Die Rechtsbedingung im System des bürgerlichen Rechts, 1974, S.60 §185 は、①無権利者が客体に関して行った処分は、それが権利者の同意（Einwilligung）を得てなされた場合は有効である。②処分は、権利者がそれを追認し、処分者が権利を取得し、または権利者から相続し、かつ遺産債務につき無限責任を負う場合には有効である。後二者の場合において、その客体につき複数の相容れない処分がなされたとき、時間的に先行する処分のみが有効である。
122) Gerhard Lempenau, Direkterwerb oder Durchgangserwerb bei Übertragung künftiger Rechte, 1968, S.39.

なお実際に発生した債権が譲受人に帰属するメカニズムについては、いわゆる経由取得説と直接取得説の対立がある。処分行為の効果は債権が——譲渡人のもとで——発生した瞬間に生じ、それによって効力を生じた債権譲渡に基づき直ちに譲渡人から譲受人に移転する、と説明するのが経由取得説である[124]。しかしこのような構成は迂遠であり、また実際の感覚に即していないと批判されている[125]。これに対して、債権が発生すると、それは譲渡人に一度も帰属することなく、譲受人が直接に目的債権を取得すると考えるのが直接取得説である[126]。判例は、解決を迫られる法律紛争を処理するにあたり、直接取得説か経由取得説のいずれかの態度決定を留保したままでも、当該問題を処理することができる場合には、このような理論的問題に対して態度表明をしていない。これに対して、学説はなお対立しているが、現在の通説は直接取得説であると目されているようである[127]。

(2) 将来債権の二重譲渡

ドイツ法は、日本法のような対抗要件主義を採用していない[128]。無方式の契約により債権は譲渡人から譲受人に移転する。その結果同一の既発生債権を二重に譲渡した場合、第一譲渡契約により処分行為は万人との関係において完結し、第二譲渡は無権利者として処分権限を有しない債権を譲渡したことになる。第二譲受人は権利を取得することができない。つまり既発生債権の譲渡に関しては、優先性原理（Prioritätsprinzip）が妥当している[129]。

判例は、将来債権の譲渡においても、同様に優先性原理が妥当すると解

123) Urt.v.5.1.1995, NJW1955, 544.
124) Egert, aaO. (Fn.121), S.60.
125) Paul Hofmann, Der verängerte Eigentumsvorbehalt als Mittel des Warenlieferanten, 1960, S.148.
126) Lempenau, aaO. (Fn.122), S.63ff.
127) Battafarano, aaO. (Fn.90), S.322.
128) ユニドロワ商事契約原則（9.1.7）も第三債務者への通知なしに譲渡人と譲受人との間の合意のみによる債権譲渡を認める。PECLは債権譲渡の方式自由原則のみを掲げる（Art.11.104）。

している[130]。つまり同一の将来債権が二重に譲渡された場合、先に譲渡を受けた者のみが権利者となり、譲渡人は第二譲渡を行う処分権限をもはや有してない。このような帰結は§185Abs.2.S.2 から導かれる[131]。すなわち同条は客体の処分権限を有しない者による第一譲渡を無条件に時間的に後続の第二譲渡に対して優先させているわけではない。むしろ内容的に両立しえない複数の処分行為がなされ、処分者が「客体を取得した場合」には、第一処分のみを有効とすると定められている。既発生債権の二重譲渡事例では優先性原理より直接第一譲渡の優先が導かれるのに対して、将来債権譲渡の場合は他ならぬ§185Abs.2.S.2（類推適用）の法定効果として、客体の取得を条件として、第一譲渡のみが有効となる。その結果有効となった第一処分に優先性が認められる構造になっている。

　将来債権譲渡と差押えとの競合関係においても、時間的に先行する譲渡が優先し、差押えはできない[132]。譲渡契約の締結と共に譲渡人は譲渡した債権についての処分権限を失っていることになるからである。

　これに対して、将来債権譲渡後、債権発生前に、目的債権を譲渡人が免除し、あるいは債権発生の基礎たる法律関係を廃止し（Aufhebung）、あるいは他者に移転した場合（Übernahme）、先行譲渡は空振りとなると解されている[133]。これらの場合は、債権はおよそ譲渡人のもとで発生していないか、あるいはもはや譲渡人の手中に属しておらず、先行譲渡は対象を欠いたものとなるからである。

　しかし既発生債権の譲渡に関する優先性原理を将来債権譲渡にそのまま適用する判例の立場[134]に対しては、批判も強い。そもそもこの場面に優

129）優先性原理は、「何人も自己が有する以上の権利を他人に移転することができない（Nemo plus iuris trasferre potest, quam ipse habet.）」というローマ法以来の不文の基本原理にその根拠をもつ。
130）Urt.v.30.4.1959, BGHZ30, 149, JZ1959, 600.
131）Andreas von Tuhr, Bd.Ⅱ2, S.392.
132）Urt.v.24.10.1979, WM1980, 661, Urt.v.8.11.1912, JW1913, 132.
133）Urt.v.19.9.1983, BGHZ88, 205, JZ1984, 99 は、有限責任会社の社員の財産分割請求権（Auseinandersetzungsforderung）のあらかじめの譲渡は、財産分割請求権が発生する前に、その社員が自己の持分を第三者に譲渡した場合には、効力を生じないとした。

先性原理を適用するための法律上の根拠を欠いている[135]。すなわち現行法上、客体の処分権能のみを分離して処分することはできないし、許されてもいない。譲渡人は当該客体それ自体を処分することによってのみ処分権能を失う[136]。第一譲渡が行われても、目的債権が発生しない限り、譲渡の効果が発生せず、譲渡人に目的債権の処分権限が残っていると考えられるから、第二譲渡行為が当然に無権限処分となるわけではない。この点において将来債権の譲渡と既発生債権の譲渡との間に大きな違いがあることを看過しているというのである。

そこで将来債権の譲渡の問題を「期待権」の問題として捉え、この批判を回避しようと試みるものがある[137]。この見解は、将来債権の譲受人の権利取得を直接取得とみる立場を前提とする。そのうえで、将来債権の譲渡において処分されているのは、まだ存在しない将来債権ではなく、既に存在する期待権であると考える。債権譲渡により譲受人の元に生じた期待権が債権発生と同時に姿を変える[138]。こう解することによって既発生債権の場合と同様に優先性原理の適用が基礎づけられる、と。

しかし期待権理論に対しては、①この見解を一貫すれば、先行譲渡に後続し、内容的に相容れない処分は、その種類を問わずすべて無効とされなければ一貫しないが、この見解は債権発生の基礎となる法律関係が廃止された場合や譲渡禁止特約が締結された場合に関しては、先行譲渡の優先を認めておらず、一貫性がないと批判されている[139]。また、②期待権という独自のカテゴリーはBGBにとって無縁であり、確かにBGBは様々な場所で権利の保有者でなく、その「期待権者」に一定の保護を与えてはいるものの、それを超えて、事実として将来発生することが期待されている

---

134) Lempenau, aaO. (Fn.122), S.42.
135) Josef Esser, §138 BGB und die Bankpraxis der Globalzession, ZHR135, 325.
136) Ludwig Häsemeyer, Anmerkung zum Urt. vom 20.3.1997 [BGH], ZZP111 (1998), 83, 85, Diederich Eckardt, Vorausverfügung und Sequestration, ZIP1997, 957, 960, Moritz Brinkmann, Kreditsicherheiten an beweglichen Sachen und Forderungen, 2011, 165.
137) Nörr/Scheyhing/Pöggler, Sukzessionen, Handbuch des Schuldrechts Bd.2, 1983, S.140ff [Scheyhing].
138) Hennrichs, aaO. (Fn.117), S.228.

というだけの、つまり単なる「表見上」の「期待権」から明文上の根拠に基づかない法律効果を基礎づけることは許されないとも評されている。

(3) 譲渡禁止特約の効力[140]
　§399は、譲渡による内容の変更を理由とする債権の譲渡禁止と並んで合意による譲渡の禁止についても定めている。譲渡禁止特約の効力については、特約の効力を債務者保護に必要な範囲に縮減し、債務者との関係における相対的無効と解する見解も有力にはなっているものの[141]、判例・通説は特約の絶対的効力を認めており、特約違反の譲渡は効力を生じないとしている[142]。これに対して日本民法のように特約の効力を主張することができる相手方の範囲を悪意（＋重過失）の譲受人に限定する旨の規定はない[143]。特約は譲渡できない債権を成立させるものであり、その譲渡性を回復するには同意が必要である。ただし債務者の同意を条件として譲渡の有効性を認める譲渡制限条項（弱められた譲渡禁止特約）に関しては、債務者の一方的な同意によって譲渡を有効にすることができる[144]。

　債務者保護のための規定として、§407が用意されている。同条によると、債務者が債権譲渡後に従前の債権者に行った給付並びに、債権譲渡後

139) もっとも、これらを処分行為と一括りにすることには反対の立場もある。たとえば、Hadding/van Look, Vertraglicher Abtretungsausschluss Überlegungen de lege lata und de lege ferenda, WM1988 Sonderbeilage Nr.7 S.7 は、「譲渡できない権利」を創設することは、既存の権利の内容変更、権利の移転、負担の賦課、放棄のいずれにも当たらず、譲渡禁止特約を処分行為と見ることはできず、将来債権譲渡の特約に対する優先効を（準）物権行為においてのみ問題となりうる優先性原理によって正当化することはできないとする。
140) ドイツ法の判例・学説の状況の詳細については、本書第2部を参照。
141) Wilhelm Canaris, Die Rechtsfolgen rechtsgeschäftlicher Abtretungsverbote, FS für Serick, 1992, S.9, Matthias Armgardt, Die Wirkung vertraglicher Abtretungsverbote im deutschen und ausländischen Privatrecht, RabelsZ73, 2009, 314.
142) Larenz I§34II1. Fn.19.S581、Münchkomm/Jan Busche, §399 Rdnr.52.
143) ただし債権証書が発行・呈示された上でなされた債権譲渡の場合に限定してではあるが、§405は譲渡性を排除・制限する特約の効力を善意の譲受人に対して主張することはできないとものとし、債権に譲渡性があることに対する譲受人の信頼を保護している。この点に関しては本書第1部第1章第2節[2]参照。
144) Urt.v.12.11.1970, BGHZ55, 34, 37.

に債務者と従前の債権者との間で債権に関して行われたすべての法律行為を自己自身に対して妥当させなければならない。ただし債務者が債権譲渡をその給付または法律行為の実行の際に知っていた場合はこの限りでない。

　以上が民法典の一般ルールである。1994年には、商人間における金銭債権譲渡の場合にみられるような債権流動化の要請を考慮して、譲渡禁止特約の効力（対外的効力）を否定する特則として §354aHGB が設けられた。すなわち債権流動化の要請を考慮して、譲渡禁止特約違反の譲渡を完全に有効とする一方、弁済の相手方を固定したいという債務者の利益にも配慮して、債務者は譲渡の事実について善意悪意を問わず、譲渡人に対して有効に弁済して免責を受けることができるものとした。これにより結果的に、日本法の債権法改正作業における相対的効力案に近い解決が図られていることになる。

　このようにドイツ法は債権の流動化の要請に対して、民法典の一般ルールを改変することなく、特別法により一定類型の債権譲渡に限定して、特約の効力を大幅に縮減したのである。

2　将来債権譲渡後に締結された譲渡禁止特約の効力

(1)　判例

　ドイツ法も日本法も、本問題に対する制定法の規律を欠いている点では同じである[145]。日本ではこうした問題の存在自体があまり意識されてこなかった。他方ドイツでは、延長された所有権留保により将来発生する転売代金債権の譲渡と金融機関への包括的債権譲渡が競合し、あるいは延長された所有権留保の留保買主が倒産した場合に留保売主が買主の顧客に対する転売代金債権にいかなる主張をすることができるかが争われ、当該転売代金債権について譲渡禁止特約が結ばれている場合をめぐって安定した判例法理が形成されている[146]。

---

[145] Hennrichs, aaO. (Fn.117), S.230.
[146] Hennrichs, aaO. (Fn.117), S.225. なお本問の概括的指摘は本書第2部第5章第1節ですでに行った。

判例は、譲渡禁止特約の効力を先行する債権譲渡の譲受人との関係でも貫徹させる。債権は当初から譲渡不能な権利として発生し、それゆえ譲受人に移転することはできない、というのがその理由である。具体的には、所有権留保の買主が、供給された商品を通常の営業の範囲内で転売する権限を売主から与えられ、その転売代金債権を将来債権として売主に譲渡した場合であっても、買主が自己の顧客に対する売買代金債権についてその顧客の同意なしに譲渡することはできないと約定されており、買主の財産に関して破産手続が開始した場合において、売主は譲り受けたと主張する債権につき別除権を主張することはできないが、代償的取戻権（Ersatzaussonderungsrecht）を行使することができるものとした判決がある。以下同判決を詳しく見ることにする。

【1】連邦通常裁判所1958年5月23日判決 BGHZ27,306
　［事案］
　　YはY有限会社Aに建築資材を供給した。YがAとの取引に使用した「供給および支払条件」には、拡張および延長された所有権留保の定めがあった。つまり、Aは、供給された商品またはそれから製造された物をさらに他に譲渡する場合、その譲渡に基づき顧客または第三者に対して取得する債権をすべての付随する権利と共にYに譲渡するものとされていた。AはYから供給された材料で製造した建築資材を建設企業共同体Bに引き渡した。AとBとの間の契約において、供給契約に基づくAの代金債権はBの同意なく第三者に譲渡してはならない旨の定め（「譲渡禁止特約」）があった。BはAに対して建築資材の供給に基づいて1451,80DMの債務を負担していたところ、その後Aの財産につき破産手続が開始した。Yは、AのBに対する債権の譲受人として、別除権を主張したので、Aの破産管財人Xはこれを争った。Bは、自己の負う右の債務額を、XがYの了解を得てC銀行に設置した信託勘定（Anderkonto）に支払った。その口座はXYが共同してのみ利用することができるとされていた。

Xは、C銀行に預託された額の全部につき自己が支払いを受けることについてYの同意を求めた。LGはXの請求を認容したが、OLGは棄却した。Xの上告は棄却された。

［判決理由］

「……AはBとの約定により、供給委託に基づくBに対する債権の譲渡を原則として禁止した。……債権はBの同意がなければ有効に譲渡することはできない。それゆえAがYと所有権留保および転売代金債権譲渡を約定していたかどうかに関わらず、債権は破産手続開始決定の際に、Aに帰属していたことになる。それゆえYは、その債権を譲り受けたと主張して、破産財団からの別除を求めることはできない。

　しかしながら、破産法46条によれば、Aが破産手続開始前にYの同意なしに、つまり無権限で譲渡した場合、客体の所有者Yは、反対給付を求める請求権を、それが未履行である限りにおいて、自己に譲渡するようAに対して求めることができる。この場合、反対給付を求める請求権が譲渡された客体にとって代わる。したがって、紛争の決着は、AがY所有の建築資材をその同意なしに譲渡したかどうか、これにより両当事者の了解のうえ設置された銀行口座へのAの支払いの基礎に置かれる債権が発生しているのかどうかに係っている。供託に関する両当事者間の合意から、Xは、債権がY所有の建築材料につきAが行った無権限処分の対価でない場合のみ、その限りにおいて、支払われた額につき請求することが許されるという結論が導かれる。

　控訴審は、係争債権が、Yが所有権を留保し、Aによる加工後もなお所有権を保持する建築資材の対価であるに過ぎないと認めた。この点を上告理由は争っていない。それゆえ重要なのは、AがYの所有物をその同意を得て譲渡したのかどうか、である。上告理由は、控訴審が、転売への授権が、債権譲渡の合意によって意図されたとおり（債権移転）の効果が発生することを条件としてなされている、と解したことを不当にも非難している。……しかしながら……Aは、自己の顧客に対する債権の譲渡性を制限し、つまり商品供給の受領者の同意に債権譲渡の許容性

を係らしめたがために、本件事例において将来債権譲渡の効力が生じなかった場合であっても、商品の転売につき授権されていたものと本件供給条件を解釈することは、信義誠実の原則に従い許されない。債権譲渡の効果が生じない場合においても、Yが所有する商品を処分する権限がAに与えられていたという条項解釈を控訴審が否定したのは正当である。

結局AはYの商品を、そのために必要な授権を欠いたまま、処分した。それゆえYは破産法46条に従い、破産手続開始時になお未履行の債権につき、代償的取戻を求める請求権を有する。

このように【1】判決は、所有権留保特約付売買の買主が顧客に対して有する転売代金債権につき、譲渡禁止特約付債権が、顧客の同意なしに譲渡されたため、留保売買の売主への転売代金債権譲渡の効果が発生しないという立場を宣言するとともに、商品の転売授権が転売代金債権の譲渡の有効を条件としたものと解釈することにより、買主Aの処分を無権限処分と捉えている。次に見る【2】判決も、延長された所有権留保と金融機関への包括的債権譲渡の競合（二重譲渡）事例において、譲渡禁止特約の効力が問われたものであり、【1】判決と同様に特約の対外的効力を承認した。

【2】連邦通常裁判所1959年6月4日判決 BB1959, 724

［事案］

電気会社Xは電気材料を配管工Aに所有権留保特約付で供給し、商品の転売またはその他の法的根拠に基づきAが取得すべき債権につき予めの譲渡を受けていた。この延長された所有権留保の約定の後、AはBから建設委託を受けた。建設委託契約中には、「§398BGB以下の規定による債権の譲渡は、通常包括的に1つの金融機関に対してなされるときのみ認められる。いずれの場合も、事前に申請の上、当方（注文主）による明示の書面による同意を必要とする。」との約定があった。AはBに対する（報酬）債権をその同意を得て銀行Yに譲渡した。建築にあたって、Aは代金未払いのままXから供給された材料を使用した。Bは

報酬をYに支払った。Xは、Yに対して、Yが取り立てた金銭の一部の支払いを求めて提訴した。第1審・控訴審もXの請求を棄却した。BGHも次のように述べて、Xの請求を棄却した。
［判決理由］
　「BA間で締結された契約により、AのBに対する債権の譲渡は禁止されている。その結果この債権をXに有効に譲渡することはできない。Xが主張する先行譲渡は、それゆえ§399BGBにしたがいBおよびAの債権者に対して無効である。この場合、XがAとの間で、いつAの債権の予めの譲渡がされたかは重要ではない。なぜならこの債権は、AとBでその発生前に交わされた契約（特約）に基づき、既に譲渡不可能な債権としてAに帰属しているからである。したがってこの債権は、たとえ譲渡禁止特約締結の前にXA間で先行譲渡がされたとしても、譲渡の対象に含まれることはない。もっとも、譲渡禁止が、X又はAの他の債権者を不利益に扱うことを意図して約定された場合は事情が異なりうるだろう。しかしXはそのような主張を申し立てていない。したがってXは譲渡禁止の結果としてAの債権を取得したということはできない。」

　以上のように、【2】判決も譲渡禁止特約付債権を譲渡不可能な債権と捉える伝統的な立場に依拠し、特約の効力は先行する債権譲渡の効果発生を阻害する絶対的効力を持つと解している。さらに傍論であるが、譲渡禁止特約が将来債権譲渡の譲受人（留保供給者）または譲渡人の他の債権者に不利益をもたらすことを意図して結ばれた場合は、事情が別であるとする。通謀や害意がなく、債務者が既に譲受人に権利が移転したことを知っていたというだけでは、譲渡禁止特約を結ぶことに対する債務者の利益はなお法的保護に値すると考えられているのである。

(2) 学説
　判例に対する学説の評価は分かれている。判例を支持する見解は、正当

化の根拠として、将来債権の譲受人は、目的債権がそもそも発生しないリスクや予定より少額でしか発生しないリスクを甘受すべきであるのと同様に、譲渡人が譲渡後債権発生までの間に譲渡性を排除する特約を結ぶリスクをも甘受すべきである、という[147]。将来債権の譲渡人は、譲渡契約に基づき当然に目的債権を発生させる義務を負うわけではなく、また債務者と共に具体的にどのような内容の債権を形成するか（譲渡禁止特約付き債権を成立させること）についても自由であると考えられるからである。

これに対して判例に批判的な見解は次のように述べる。将来債権の譲渡とは、請求権としての債権が具体化しない段階における「債権」の譲渡であり、不確実な法的地位の処分権限を譲渡人から譲受人へ移転するものとみることができる。ドイツ法においては、対抗要件制度が存在しておらず、債権譲渡を目的とする契約締結をもって処分行為は第三者との関係においても完結する。債権譲渡契約締結により、債権の処分権限を失った譲渡人は、その後に債務者との合意によって、既に譲渡した債権の処分権限を制約することはできないはずである。譲渡禁止特約とは、伝統的通説の考え方を前提とすれば、譲渡不可能な権利を生成させる合意であり、債権者の処分権限を消滅させる意味をもつ。そうだとすれば、債権譲渡と譲渡禁止特約という2つの処分行為相互の優先関係は、時間的な先後により決せられ（優先性原理）、譲受人のみが適法な債権の保持者となる。譲渡の事実を知らない債務者は保護される必要があるが、それは§407の規律によって手当されている、というものである[148]。

しかし、そもそも譲渡禁止特約の法的性質につき譲渡不能な債権を成立させるという伝統的理解自体が絶対的なものではなく、先に述べたように、譲渡禁止特約は権利内容の変更ないし処分行為と見ることはできず、債務者保護のための相対的効力しかないとする理解も有力である。債権が本来

---

147) Nörr/Scheyhing/Pöggler, aaO. (Fn.137), 3III5b, MünchKomm/Günter Roth, §399 Rdnr.32.
148) Rolf Serick, Eigentumsvorbehalt und Sicherungsübertragung, BandIV, 1976, §51III, 2, S.507ff.

的に相対的性質をもつ権利であることおよび債務者の利益保護も顧慮されなければならない。将来債権譲渡により譲渡人は譲受人に対してのみ処分権能を失ったにすぎず、それ以上に先行譲渡によって、債務者が譲渡禁止を特約することにより自己の利益を守る可能性まで失われるとみるのは適当ではない。本問において問題になっているのは、善意者保護ではなく、どのような内容の権利を形成するか、具体的には譲渡不可能な債権を形成するかどうか、を契約当事者が自由に決定することができる、という意味における形成自由の保障であるから[149]、善意の債務者を§407の規律により保護すれば十分であるともいえない。

第2に、判例の結論を支持しつつも、右第1の批判的見解が既発生債権に妥当する優先性原理を将来債権譲渡にそのまま転用することを問題視し、別の論理に従って、将来債権譲渡の優先を導くものもある。論者はその根拠を§161Abs.1の類推適用に求める。同条は、「停止条件を付してある客体を処分した者が、条件の成否が未定の間に、その客体について行った後続の処分は、条件が成就した場合、条件に係る効果を滅失させ、又は侵害する限りにおいて無効である。条件の成否が未定の間に強制執行又は仮差押えの方法により、又は破産管財人によりなされた処分もまた同じ。」と定める。停止条件付処分を行った者が、条件成就までに、同一の客体につき、先行する処分行為と相容れない後続の処分行為を行う場合がある。このとき処分者は、条件の成否未定の間はなお処分の客体に付き権利を有するから、第二処分が無権利者による処分として当然に無効ということにはならない。そこで同条は、処分者による後続処分によって先行して権利を条件付きで取得した者の法的地位を挫折させることがないよう、条件付処分に対する物的な予備効（Vorwirkung）を基礎付けたのが§161Abs.1である。そして同条は、処分権者の処分権能を制限したものではなく、絶対的な処分禁止を定めたものと理解されている[150]。直接の規律対象は、

---

149) Christian Berger, Rechtsgeschäftliche Verfügungsbeschränkungen, 1998, S.258, Ebehard Wagner, Vertragliche Abtretungsverbote im System zivilrechtlicher Verfügungshindernisse, 1994, 157．

たとえば所有権留保特約付売買のように、当事者の意思に基づき条件が付された取引行為である。

将来債権譲渡の場合は、このような意味での条件ではなく[151]、譲渡行為は完結しているが、目的債権の発生が不確定な将来の事実に係らしめられており、いわゆる法定条件が問題となっており、条件とは異なる[152]。とはいえ法律行為が構成要件充足の点では完結しており、その効力発生のみが停止されていて（効力発生が将来の不確実な事象の発生に係らしめられている）、そのような浮動的な状態にある第一処分と内容的に両立しない後続処分とが競合する関係が生じている、という本質的な点において共通する[153]。したがって、同条は法定条件にも類推適用が可能だというわけである。この考え方を前提とすると、同一の将来債権の二重譲渡や譲渡後に目的債権が差し押さえられた場合、第二譲渡も差押えも「条件の成就」すなわち譲渡人の元における債権の発生という「法定条件の成就」を妨げるものではない。よって、§161Abs.1類推適用により、先行譲渡の効果を否定する第二譲渡や差押えは、債権発生により条件が成就することにより、無効とされる。

他方、債権の免除や将来債権を発生させる法律関係の廃止（解消）や引受等の場合は事情が異なる。これらは「条件成就」を妨げ、債権は譲渡人の元で発生しない。法定条件が成就しないから、§161Abs.1類推適用によっても、これらの処分行為は無効にならない。その結果、将来債権譲渡後になされた、免除・廃止・引受の効力が貫徹され、譲受人は目的債権を取得することができない[154]。

150) StaudingKomm/Reinhard Bork, Neubearbeitung 2010, §161I1 Rn.1.
151) それゆえ法定条件に§161 Abs.1の適用の余地はないとする見解として、Serick, aaO. (Fn.148), §47V14b, S.337, StaudingKomm/Reinhard Bork, Vorbem. zu §158 ff, Rdnr.24.
152) 既存の債権の条件付譲渡と将来債権の譲渡は別ものであり、前者において譲受人は（物権的）期待権を有するのに対して、後者においては、未だ発生していない債権の譲渡つまりは条件付権利の移転が問題となっている。
153) Hennrichs, aaO. (Fn.117), S.229, Egert, aaO. (Fn.35), 229.
154) Walther Hadding, Verfügungen über Mitgliedschaftsrechte, FS für Ernst Steindorf, 1990, S.42.

ここでの検討対象である譲渡禁止特約の締結についてみれば、特約それ自体は将来債権が譲渡人の元で発生するという法定条件の成就を妨げるものではない。したがって、債権が発生すると、§161Abs.1類推適用により、将来債権の内容変更にあたり、内容的に両立しえない後続処分として無効と評価され、将来債権譲渡の効果が貫徹される。結局のところ、将来債権について二重譲渡事例や譲渡と差押えの競合事例と同じ扱いになる、というわけである。

　最後に折衷的な見解として、将来債権の譲受人は、その譲渡がなければ譲渡人の下で発生したであろう内容の債権を取得するという考え方も提唱されている[155]。譲受人の元において譲渡不可能な債権として発生し、あたかも譲受人自身が債務者と譲渡禁止特約を締結したかのような結果を承認しようとするものである。その背景には、法秩序は私人が行った行為について可能な限り私法上の法的効力を挫折させないよう、関与者が追求する目的を保障すべきであるという基本姿勢が見いだされる[156]。

---

155) von Tuhr, Allg Teil I S, 221m II 1, S.392, Nörr/Scheyhing/Pöggeler, aaO. (Fn.51), S.119.
156) Battafarano, aaO. (Fn.90), S.178.

第4節　検討

① ドイツ法と日本法の共通点と相違点

(1) 共通点

　第2節、第3節でみたように、ドイツ法と日本法との間には、将来債権の譲渡および譲渡禁止特約の効力に関して、次のような共通点が見いだされる。

　第1に、公序良俗（90条）または良俗（§138）に違反しない限り、債務者が不特定の将来債権をも含めて、将来債権譲渡を目的とする契約の有効性を広く認めていることである。

　第2に、譲渡禁止特約に関して、民法典の基本原則は特約に物権的効力（絶対的効力）を容認する一方、近時の債権流動化という国際的潮流の中で、特約の効力を制限する方向で立法論的措置を既に講じ、あるいはこれから講じようとしている点においても共通している。ドイツ法では、譲渡禁止特約を権利内容の形成・変更にかかる処分行為と捉える見方と、本来は譲渡可能な債権に処分禁止という相対的な効力を認める債務者保護手段とする見方がある。日本法においては、従来は特約の対外効を肯定するか否定するか（物権的効果か債権的効果か）を議論するに留まっていたが、今回の改正提案においては、①特約の対外的効力を容認するかどうか、②仮に特約の対外効を容認するとして、絶対的効力か相対的効力のいずれが適切か、二段階の議論がされており、ドイツ法とパラレルな議論状況が熟成しつつある。

　最後に本章のテーマ自体、BGBの立法者も日本民法典の立法者も想定していなかった新しい問題であって、立法または判例法による欠缺補充を必要とするという点である。もっとも、ドイツ法は延長された所有権留保という形で、売買代金債権を担保する目的で、留保買主が転売により取得する債権につきあらかじめ譲渡を受けるという場面において、留保買主と

第三債務者との間で締結された譲渡禁止特約の効力につき安定した法準則を確立してきたのに対して、日本では延長された所有権留保という形態の担保方法はなじみが薄く[157]、理論的にも実務上も問題にされてこなかった。しかし今や日本法でもABLの普及と共に、特に包括的債権譲渡担保と譲渡禁止特約の競合問題はドイツ法と同様に問題になりうる[158]。

(2) 相違点

　ドイツと日本の将来債権譲渡に関する法の相違点として、第一に指摘すべきは、将来債権譲渡契約に基づき、発生した債権が譲受人に帰属するメカニズムの理解の相違である。日本の判例法は契約時に譲渡の効果が発生すると言い切っており、さらに進めて有力説は処分権が確定的に譲受人に移転するものと理解する。判例もこの考え方を積極的に否定しているわけではない。他方ドイツ法では、譲渡行為が行為として完結していても、債権が発生するまで譲渡の効果は生じない。将来債権譲渡は債権の発生を法定条件とする処分行為として理解されている。

　この相違点は次のように評価することもできよう。すなわち日本法では、履行請求権が顕在化しない段階で処分権限のみを先行して移転するという考え方に対する抵抗が比較的少ないのに対して、ドイツ法では、債権取得のメカニズムにつき直接取得・経由取得いずれの構成に依拠するにせよ、債権が発生し、履行請求可能な状況が到来しない限りは、処分行為の効果はおよそ生じえない、つまり処分権限のみが権利本体から分離して移転するという事態は容認されていない。だからこそ将来債権譲渡の有効性を基

---

157) （合意に基づくものではないが）機能的には物上代位法理が日本法では代替する機能を果たしているといえよう。

158) 状況は日本法と類似の法を有するイタリア民法においても同様のようである（Battafarano, aaO. (Fn. 90), S. 330）。イタリア民法1260条においては、譲渡禁止特約が絶対的効力を持つのは、債権譲渡の時点で譲受人が譲渡禁止特約を認識していたことを債務者が証明しえた場合のみとされている。それゆえ、債権譲渡が債権発生前、とりわけ譲渡禁止特約の締結前に行われる場合、まだ存在しないものを譲受人が認識しようもない以上、債務者は特約を譲受人に対抗しうる余地がない、ということになりかねないのである。

礎づけるために§185Abs.2が援用され、また内容的に相容れない複数の処分がなされたときに競合関係の処理において§161Abs.1の法定条件への類推適用の可否が議論されている。日本法でも条件法の規定（民法128条）を法定条件にも類推適用することの可否が議論されることがあるものの[159]、将来債権譲渡の場合に、譲渡の効力が将来債権の発生を法定条件として生じるという理解は採られていない。

　第2の相違点は、債権譲渡に関する対抗要件制度の存否である。ドイツ法では無方式でなされる債権譲渡契約によって債権の帰属変動は完全に生じ、対抗要件制度がないため、優先性原理が貫徹される。債務者の利益は別途債務者保護規定で対応する、というシンプルな構造になっている。これに対して、日本法は物権変動同様、優先性原理は対抗要件主義による修正を受ける。さらに日本法では、民法典の原則としては、債務者の認識を基軸とした一体型の対抗要件制度を残しながら、法人による金銭債権譲渡についてのみ債務者対抗要件と第三者対抗要件との分離を実現し、債権譲渡登記制度を導入した。そのため債務者対抗要件と第三者対抗要件が連動しない場面が生じうるため、ますます利益状況が複雑化している。

　これらの違いをふまえた上で、以下、日本法の解釈論・立法論として望ましい方向性につき試論を提示してみたい。

2　将来債権譲渡と譲渡禁止特約の効力に関する解釈論・立法論

(1)　債務者の（契約）形成自由

　ドイツの判例・通説は、譲渡禁止特約が権利の内容を形成する特約であると解した上で、その効力はそれ以前になされた将来債権譲渡の譲受人との関係でも効力を主張できるとし、ことさらに譲受人の担保的利益を害することを目的とした詐害的な特約であると認められる場合のみ別扱いの余地があると示唆している。これに対して特約が処分行為の性質を有するとする理解を前提として、将来債権譲渡の効果を優先性原理に従い、譲渡禁

---

159) 128条の類推適用を肯定したものとして、最判昭和39・10・30民集18巻8号1837頁がある。

止特約に優先させる考え方も主張されているが、少数説に留まっている。判例・通説の根底には、債務者が本来有すべき契約形成の自由が先行する将来債権譲渡契約の締結によって当然に制約されるべきではない、という考え方がある。将来債権譲渡の事実を知る債務者といえども、特約を締結してその効力を譲受人に対抗することができてよい。このような債権譲渡によって債務者が債権譲渡のなかった場合に比べて不利な地位に置かれてはならないという考え方は日本法でも妥当しうる。したがって、【甲案】のように、特約の効力を一律に先行する将来債権譲渡との関係で否定することは問題であり、【丙案】を出発点とすべきである。

(2) 対抗要件制度・将来債権譲渡に基づく権利取得メカニズムとの関連

もっとも、①でみたように、ドイツ法には対抗要件制度がなく、将来債権譲渡の効力発生時が債権発生時とされているのに対して、日本法においては、債権譲渡に関しても対抗要件主義が採用されており、かつ最判平成19・2・25が将来債権譲渡の効果が契約締結と同時に生じるものとし、債権の処分権限が契約時に譲受人に完全に移転するという解釈に道が開かれていることを考慮しなければならない。この点は次のように考えるべきである。確かに将来債権譲渡につき対抗要件が全く具備されていない場合は、(1)で述べたように特約の効力を貫徹させてよい。しかし、仮に有力説にしたがい、譲渡契約による処分権の終局的移転を是認するならば、最判平成19・2・15の事案もそうであったように、目的債権の債務者が譲渡時点で既に特定され、かつ確定日付ある証書による通知・承諾がされ、債務者対抗要件・第三者対抗要件がともに具備されている場合、譲渡人が目的債権の処分権限を喪失したという効果は債務者も拘束し、債務者は譲渡人との合意により目的債権の処分権限を制約する余地はないはずである。468条2項の反対解釈からも、債務者への通知後に締結された譲渡禁止特約の効力を債務者は譲受人に対抗できないことになる。このような場合と債務者対抗要件が具備されていない場合とは区別されるべきである。すなわち将来債権譲渡につき、債務者以外の第三者対抗要件のみならず、債務者対抗

要件も備えられている場合、債務者は特約の効力を主張することはできないと解すべきである。こう解さないと、最判平成19・2・15が譲渡契約により将来債権が確定的に譲渡され、かつその譲渡につき有効に対抗要件を具備することができるとしたことと論理的に整合性しないように思われる。もちろん譲渡時に処分権限が譲受人に完全に移転するという効果を認めない前提で考えるのであれば、話は別である。

　これに対して、第三者対抗要件だけが具備されている場合あるいは対抗要件が全く具備されていない場合、債務者は将来債権譲渡の対抗要件欠缺を主張し、譲渡人との特約により処分権限を制約する合意をし、その効果を主張することが可能でなければならない。ここで債務者対抗要件（467条1項）に関して、債務者は譲渡について悪意でも対抗要件の欠缺を主張して、譲渡の効力を否定することができるかが問題となる。債権の帰属変動関係を客観的な基準により画一的に決定するという対抗要件の制度趣旨から、判例は債務者の個別的な善意悪意を原則として不問とする[160]。もっとも対抗要件の欠缺を主張する正当な利益を有しない特別の事情がある場合（譲受人の権利取得を不当に妨害する目的をもった譲渡禁止特約の締結など）は、例外的に特約の対外的効力を否定すべきであろう[161]。【丙案】は、債務者が債権譲渡につき悪意・善意であるかを問わず、共通のルールとして定立しようとするものであり[162]、その基本方針は正当であると考える。しかし債務者対抗要件具備の有無を問題とすることなく、一律に特約の効力を容認する【丙案】も規定の仕方としては、現在の判例法の到達点との整合性を考慮すると、右に述べたように、不十分な点が残る。

160) 最判昭和49・11・21民集28巻8号1654頁。
161) 背信的悪意者排除論と呼ぶかはともかく、かかる制限解釈は177条・178条と同様に、467条においても要請されるであろう（石田剛「背信的悪意者排除論の一断面(1)」立教法学73号（2007年）79頁）。
162) 第45回議事録14頁では、三上委員の質問に対して松尾関係官が本文の趣旨の返答がある。なお三上委員発言「それから、オの議論の前提は、将来債権の債務者は自分が負う債務に関して譲渡禁止特約が付されているということを知っている場合も、知らない場合も……」とあるのは「譲渡禁止特約が付されているということ」ではなく、「債務に関して既に譲渡されているということ」の誤記であると推測される。

第4節　検討　295

(3) 規定新設の必要性

　【乙案】はどうであろうか。【乙案】は譲渡される債権の性質や、それを発生させる契約の性質に照らし、譲渡禁止特約が付されることが取引慣行上一般的である場合には、譲受人は悪意（または重過失）とみなされるものとする。債務者の利益と譲受人の利益の双方に目配りした折衷的な提案ではあるが、「取引慣行として一般的」という要件設定の妥当性には疑問を払拭しきれない。第2節③で述べたとおり、判例は、重過失という規範的要件の充足判断において、個別事案ごとに、特約の目的・合理性や債権譲渡契約締結の経緯等の様々な事情を総合考慮して、譲受人の権利取得を認めるべきかどうかを柔軟に判断している。譲受人の属性にウエイトを置いて特約を対抗させるに足る正当性の有無を実質的に判断してきた。ところが、そもそも「取引慣行として一般的」かどうかという基準は右のような個別事情を緻密に汲みとりうる枠組みになっていない。既成事実を単に追認する結果になる恐れもあり、ただちに賛同することはできない。

　さらに、規定を設けなくても、「重過失」要件の総合判断のなかで、将来債権譲渡後に結ばれた譲渡禁止特約の効力に固有の問題性を斟酌することも、解釈技術として不可能ではないという指摘にも一理ある。「取引慣行上一般的」という新たな基準を要件化するメリットは大きくないのではないか。

　それでは【丁案】のように、解釈にすべてを委ね、立法論的な検討を見合わせるべきか。当面はそれもやむをえないとしても、長期的な展望としての答えは否である。現行規定のままでは、一方において、①譲渡禁止特約が締結される前に将来債権を譲り受けた者は常に特約の存在につき善意と評価されうるから、特約は一切対抗することができないという解釈が、他方において、②将来債権譲渡の譲受人については、譲渡行為時に存在しない特約に対する譲受人の認識はそもそも問題になる余地がなく、つまり466条2項ただし書が適用される余地はなく、本文が定める原則に従い、譲受人は特約を対抗されるという解釈が、論理的にはいずれも成り立ちうることになる。そのような現状を放置するのは望ましくなく、原則を明ら

かにしたうえで、その原則が対抗する法原理・法準則によってどう修正されるべきかを示すことが求められている。

　譲渡禁止特約の意義につき、相対的効力案に立つ場合、特約違反の譲渡の譲受人は目的債権を一応取得することができる。債務者が特約の効力を譲受人に対抗できることを原則に据えても、譲受人の利益が全く顧慮されないことにはならない。なお議論を尽くす必要はあるが、債務者の契約形成自由を保障すべきこと、債権譲渡によって債務者は譲渡がない場合に比べて劣悪な地位に置かれてはならないとする、特定承継の原則の考え方に忠実に、【丙案】をベースにしつつ、債権譲渡につき債務者対抗要件が具備された場合は、債務者の形成自由も制約を受けるという制度設計が妥当であると考える。もっとも、日本法の議論としては、契約締結時に譲受人に処分権限が完全に移転するという理解を是認するかによって見解が分かれるであろう。将来債権の移転時期の問題に関しては議論の実益に乏しいともいわれ、学界においても深入りが避けられてきたきらいがある。しかし本稿のテーマを掘り下げることによって、この点を正面から検討すべき時期が来ていることが明らかとなった。

　なおドイツ法では、債権取得に向けられた譲受人の利益と相手方を固定したいという債務者の利益の双方に配慮した提案として、譲渡禁止特約付の債権を譲受人が取得するという説も存在する。将来債権譲渡に基づく権利取得メカニズムに関する直接取得説の考え方に依拠した上で、このような構成を日本で検討する余地もあるかもしれない。しかし債務者が自己の意思に反して契約相手方ではない譲受人に対して履行義務を負う結果を認めるのならば、結局特約の効力を事実上否定しているのに等しく、両者の利益を本当の意味で調整したことにならず、直ちには採用しがたい。

　将来債権譲渡および譲渡禁止特約の効力をめぐる問題は、財産権と処分権限との関係、物権・債権区別論の意義、ひいてはそもそも債権とは何かという大問題への対峙を必然的に迫られる難問である。本稿の検討は、巨大な氷山の一角に文字通り小さなスポットライトを当てたものでしかない。このように最近ようやくその存在が認知されたばかりの新しい問題に関し

第4節　検討　297

ては、拙速に具体的な規定へと結実させる前に、実務界・学界において一層活発な議論を行うことが不可欠である。

■事項索引

アルファベット

ABL……………………………230,267,292
ALR……………………………148,207,217

あ行

アイデンミュラー……………200,204,211
悪意の抗弁………36,37,107,132,134,225
悪意の推認…………………63,69,69,77,81
一括決済方式……………………………5
一般条項……………………………71,82,84
一般的譲渡禁止…………………………181
ヴァグナー………………………187,213,221
ヴィロヴァイト………………………185,221
ヴィントシャイト… 135,136,138,153,208
（フォン・）ヴェストファーレン … 172
ヴォルフ…………………………………171
請負代金債権…………………………38,55,126
疑わしきは債務者の利益に…117,185,216
占部洋之……………………………………224
売掛債権……………………………38,62,126
延長された所有権留保…160,276,282,291
大阪弁護士会……………………………263

か行

会社法362条4項……………………96,98
過剰担保…………………………………231
仮装行為……………………………26,28,150
家族世襲財産……………………………148
カナーリス……………………174,177,181
慣習法上の物権…………………………149
期待権……………………………………280
（フォン・）キューベル………………138
旧民法財産編182条……………………21
給料債権…………………………………126,195
強行規定…………………………………186
強制執行…………………………………148
　　──の機能性確保………141,148,208

供託…………………………………63,87,119
供託金還付請求権……………64,66,78,87
共通参照枠草案（DCFR）……204
共働説……………………………13,154,159,209
禁止説……………………………………159,209
金銭債権
　………193,203,214,222,240,240,251,251
クルルバウム……………………………139
契約自由の原則
　…………23,25,145,146,185,209,212,217
経由取得説………………………………278,292
権利外観責任………………………22,26,27
権利外観法理……………………………11
権利推定力………………………………19
権利内容説………………………12,156,159,209
権利の相対的帰属……………………211
権利濫用…………………………………112
更改………………………………………130,207
交互計算……………………126,171,173,187,212
公示の原則………………………………18
公証人……………………………………57
公序良俗違反……………………………112,230
公信力……………………………………17,19
　　不動産登記の──……………………19
公正証書…………………………………27,57
公知性……………………………………7,74,217
抗弁権の放棄……………………38,158,159
公法上の特別財産………………………193,251
公法人……………………………………193,251
国際債権譲渡に関する国連条約
　……………………………………6,113,199
国際的調和………………………………214
国際ファクタリングに関する条約
　……………………………………194,198
国税徴収法24条8項……………………270

さ行

債権者平等原則…………………………178

債権証書………………………… 14,15,24	準訴権………………………… 130,207
債権譲渡	商行為……………………………… 251
国際取引における――………… 112	双方的――…………………193,197,251
――登記……………………………73	譲渡禁止特約
――登記制度………… 29,101,241,249	… 109,111,126,151,153,160,161,167,191,
――の第三者対抗要件制度の登記一	201,237
元化………………………………244	――と簡明化利益……………… 126,171
債権的効果説………2,21,35,81,91,253,266	――と譲渡人の倒産………………237
債権の準占有者に対する弁済………110	――と良俗違反……………………167
債権法改正の基本方針………… 102,228	――の規範的解釈…………………111
債権流動化	――の効力制限論…………… 109,160
…… 5,222,226,229,244,260,268,282,291	――の効力に関する禁止説
債務者	………………………………… 151,153
――の事後承諾………… 3,20,155,218	――の効力に関する処分授権説
――の事後承諾と遡及効……… 20,218	………………………………………191
――の消極的な私的自治	――の非効率性……………… 201,204
……………………… 207,210,216,218	――のブーメラン効果……………161
債務者保護規定……………… 118,121,293	譲渡制限条項………… 125,188,190,216
債務奴隷………………………………230	譲渡制限特約…………………… 29,129
債務引受………………………………158	譲渡排除条項………………125,188,190
詐害行為取消権………………… 257,260	消費者契約法10条……………………112
錯誤無効…………………………… 33,95	情報格差………………………………201
――の主張権者………………………95	情報革命……………………229,240,244
ザクセン民法典…………… 132,136,208	証明責任………………………… 37,225
差押禁止債権…………………………123	将来債権譲渡… 230,269,270,276,288,292
差押禁止財産…………………………234	――における債権移転時期
差押債権者……………………………255	……………………………270,292,297
差押質権………………………… 149,165	将来の収益力の担保把握…………244
三面契約………………………… 157,159	ショルツ………………………………180
資金調達目的…………………… 111,250	人格の自由……………………………208
自然債務…………………………… 23,220	信義則違反……………………………112
質入……………………………………120	信託法11条……………………………110
債権の――…………………………120	ジンテニス…… 135,136,138,153,155,208
失火責任法…………………………33,45	診療報酬債権…………………………187
――における重過失…………………45	生命保険金請求権……………………128
桎梏……………………………… 167,192	税理士…………………………………53
支払猶予………………………119,176,195	ゼーリック………………………… 161,180
重過失……………………………33,45,48	絶対的効力案…………………… 81,263
自由主義………………………………148	善意取得…………………………… 16,17
周知性…………… 39,41,57,60,72,74,238	先履行義務……………………………172
（フォン・）シュミット……132,139,185	ゾイフェルト…………………………136

相殺……110,126,181,182,195,205,206,250
相殺予約……………7,43,57,217,218,238
相対的帰属……………178,181,181,220
　債権の――……………12,176,184,219,220
相対的効力案……81,251,260,261,264,297
相対無効説………………………174,210,236
組織過失………………………………128
訴訟代理……………………………130,207

た行

対抗要件主義……………………………278
対抗要件制度
　…………25,29,36,117,216,242,287,293
第三債務者への照会……………………61
第三者異議訴訟………………175,211,236
代償的取戻権……………………206,283
代理権濫用法理…………………………97
諾成主義…………………………………27
調査確認義務…………56,60,63,69,72,83
直接取得説………………………278,292
賃金債権……………………………195,231
ティーレ……………………152,152,157,210
帝国司法庁準備委員会……………142,145
停止条件………………………………288
デッドロック……………………………258
デルナー……………………………154,192,210
電子記録債権……………………………5
転付命令…………………………3,123,165,180
ドイツ法曹大会…………………………163
ドイツ民法典第一草案……138,142,145,208
ドイツ民法典第二草案……142,144,145,208
ドイツ民法部分草案………………138,140
同一性原理………………116,118,127,177
道垣内弘人……………………………71
登記一元化……………………………242,244
動産占有の権利推定力……………18,19
同時履行の抗弁権……………………172
特定承継の原則………………………12
特別清算人………………79,93,94,255
土地債務……………………………128,186
取立権能……………………………178,180,259

取立授権………………………………166
取引慣行………………………………296
取引基本契約書…………63,65,67,70,72
取戻権…………………………………193
ドロープニック…………………………163
問屋営業………………………………178

な行

内容変更……………………………176,182
二重の差押え……………180,181,184,211
二重弁済の危険…………119,120,125,172
任意規定………………………………185
ネッティング……………………………199

は行

バイエルン民法草案………133,136,208
バウケルマン……………………………196,197
破産管財人……………64,66,178,255,288
ハッディング／ファン・ルーク
　…………………………………162,172
パンデクテン方式………………………113
非金銭債権……………………199,204,214,223
否認権………………………………257,260
ファクタリング……111,129,161,166,198
普通保険約款…………………………189
物権・債権峻別論
　………………141,146,207,209,217,220,297
物権的期待権…………………………149
物権的効果説…2,20,25,35,81,91,236,253
物権法定主義
　…………………2,106,141,145,208,217,232
不当利得返還請求権
　………157,175,193,206,206,211,236,265
不融通物……………………………150,154,208
ブラウム………………………………175
プロイセン一般ラント法（ALR）
　…………………………………130,136,217
不渡異議申立預託金返還請求権……38,50
紛争類型………………………………77,78
ペーパーレス化…………………………240
ベール…………………………………118

別除権……………………193,277,283	未確定的絶対――……………189,191
ベルガー……… 158,181,191,192,210,211	――の主張権者…… 86,94,102,235,254
変更契約…………………………… 155	矛盾行為禁止原則………………… 93,94
弁護士………………………………… 56	ムンメンホフ……………………… 165
弁護士法73条……………………… 110	免除……………………… 119,176,182,195
包括的債権譲渡……… 267,276,282,292	目的論的縮減……………………… 210
――の良俗違反性………………… 168	効果面における――…… 174,178,210
法鎖…………………………… 12,116	要件面における――…………165,174

や 行

契約による――……………………12	ヤコブス…………………………… 177
法制審議会民法（債権関係）部会	約款………………………… 4,109,170,201
……… 33,80,226,228,245,251,261,268	――規制………………… 183,196,210
――における中間的論点整理…… 228	――使用者……………… 160,171,172
法定条件……………………289,292,293	――の司法的コントロール…… 170
法的安定性………………………147,194	優先性原理
法的明確性………………………147,194	……… 117,120,183,216,278,287,288,293
法の国際的調和…… 229,230,236,241,244	有体物
法律上の処分禁止………………… 151	――に対する処分禁止…………… 131
法律要件分類説…………………… 23,28	――の処分制限…………………… 207
保証金（敷金）返還請求権……… 38,50	猶予………………………………… 182
保証債権…………………………… 134	ユニドロワ国際商事契約原則
	……………… 6,198,204,218,251

ま 行

ミューレンブルフ……………132,134,185	与因原理………………………… 16,19
民法（債権法）改正検討委員会… 79,263	ヨーロッパ契約法原則…… 6,218,236,237
民法94条2項…………………… 11,30	預金債権………………… 4,35,38,39,251
民法94条2項類推適用…………… 104	米倉明…………………… 4,109,221
民法95条ただし書における重過失…48	ヨホフ……………………………… 140
民法466条2項ただし書類推適用	
…………………………………88,103	

ら 行

民法典口語化・現代語化………… 83	ライプル…………………………149,175
無因…………………………116,165,217	履行請求権………………………… 219
無権代理…………………………… 91	履行に代わる給付約束…………… 119
無権代理行為の効果不帰属……… 92	立法者意思………………………… 187
無効	良俗違反…………… 169,170,183,196,210
確定的絶対――………………188,189	

わ 行

絶対――………… 124,175,187,238	和解…………………………… 195,195
相対――	
……151,159,174,175,187,194,224,238	

●著者略歴

石田　剛（いしだ・たけし）

1967年　京都府に生まれる
1990年　京都大学法学部卒業
　　　　立教大学法学部教授、同志社大学大学院司法研究科教授を経て、
2011年　大阪大学大学院高等司法研究科教授

《主要著書》

『コンビネーションで考える民法』（共著、商事法務、2008）
『リーガルクエスト民法（1）（2）』（共著、有斐閣、2010）

《主要論文》

「背信的悪意者排除論の一断面（1）（2・完）」
　立教法学73号・74号（2007年）
「財貨獲得をめぐる競争過程の規律に関する序論的考察（上）（下）」
　民研631号（2009年）、636号（2010年）

債権譲渡禁止特約の研究

2013年3月31日　初版第1刷発行

著　者　　石田　剛

発行者　　藤本　眞三

発行所　　株式会社　商事法務
　　　　　〒103-0025　東京都中央区日本橋茅場町3-9-10
　　　　　TEL 03-5614-5643・FAX 03-3664-8844〔営業部〕
　　　　　TEL 03-5614-5649〔書籍出版部〕
　　　　　http://www.shojihomu.co.jp/

落丁・乱丁本はお取り替えいたします。　　印刷／ヨシダ印刷㈱
Ⓒ 2013 Takeshi Ishida　　　　　　　　　Printed in Japan
　　Shojihomu Co., Ltd.
ISBN978-4-7857-2061-2
＊定価はカバーに表示してあります。